914

AF462801

EXERCICES

SUR LA

COMPOSITION LITTÉRAIRE

EN FRANÇAIS

OU

FABLES, NARRATIONS, DIALOGUES, LETTRES, DESCRIPTIONS
DISCOURS ET DISSERTATIONS

avec

1° les sujets qui doivent être proposés aux élèves
2° des conseils sur la manière de traiter chaque matière
3° des réflexions et des notes historiques

PAR MM.

ANOT DE MAIZIÈRES
Professeur de rhétorique au collège royal de Versailles

ET

EVELART
Maître de conférences au collège Henri IV

L. HACHETTE ET Cie

LIBRAIRES DE L'UNIVERSITÉ ROYALE DE FRANCE

A PARIS	A ALGER
RUE PIERRE-SARRAZIN, N° 12	RUE DE LA MARINE, N° 117
(Quartier de l'École de Médecine)	(Librairie centrale de la Méditerranée)

1847

EXERCICES

SUR LA

COMPOSITION LITTÉRAIRE

EN FRANÇAIS

AVIS.

Tout exemplaire de cet ouvrage non revêtu de notre griffe, sera réputé contrefait.

L. Hachette et Cie

Paris. — Imprimerie Panckoucke, rue des Poitevins, 14.

EXERCICES

SUR LA

COMPOSITION LITTÉRAIRE

EN FRANÇAIS

OU

FABLES, NARRATIONS, DIALOGUES, LETTRES, DESCRIPTIONS
DISCOURS ET DISSERTATIONS

avec

1° les sujets qui doivent être proposés aux élèves
2° des conseils sur la manière de traiter chaque matière
3° des réflexions et des notes historiques

PAR MM.

ANOT DE MAIZIÈRES
Professeur de rhétorique au collége royal de Versailles

ET

EVELART
Maître de conférences au collége Henri IV

BIBLIOTHEQUE ROYALE
I

L. HACHETTE ET Cie

LIBRAIRES DE L'UNIVERSITÉ ROYALE DE FRANCE

A PARIS	A ALGER
RUE PIERRE-SARRAZIN, N° 12	RUE DE LA MARINE, N° 117
(Quartier de l'École de Médecine)	(Librairie centrale de la Méditerranée)

1847

1846

PRÉFACE.

Cet ouvrage est un essai sur *l'invention* en littérature; car il a pour objet de montrer aux jeunes gens comment ils doivent envisager, étendre et traiter une fable, une narration, un dialogue, une lettre, un discours, une dissertation, dont on leur a dicté la matière.

Il répond à la question qu'ils ne manquent pas de faire à leur maître, chaque fois que celui-ci leur donne à traiter un des sujets dont nous venons de parler: Que faut-il que je dise? comment dois-je m'y prendre? par où dois-je commencer?

En un mot, il leur donne une *méthode*, une direction pour leur travail.

Cette méthode, à notre avis, ne consiste, ni dans une série de préceptes qui sont toujours vagues pour les enfants, ni dans une collection de modèles dont ils admirent la perfection sans savoir à quoi elle tient.

Elle consiste dans l'indication de la route où ils doivent s'engager, des sources où ils doivent puiser, du guide qu'ils doivent prendre.

Elle doit leur enseigner à chercher et à trouver les faits secondaires et les détails accessoires, à compléter un raisonnement, à combler des lacunes, à citer des faits à l'appui d'une maxime qui, sans cela, serait contestée, à faire sortir une conséquence d'un principe, une idée d'une autre idée, un tableau régulier d'une image indécise.

Nous l'avons formulée dans des *Conseils* qui suivent l'exposé sommaire de chaque sujet, et qui en précèdent le développement.

Ces *Conseils* sont la partie importante de notre ouvrage; c'est par là qu'il est neuf, et qu'il se distingue des recueils ordinaires de *Matières* et de *Corrigés*. Bien que ces Conseils varient suivant l'exigence des sujets, on reconnaîtra, nous l'espérons, qu'ils sont l'exposition constante de principes invariables, et qu'ils constituent réellement une *théorie* de l'invention.

Grâce à eux, un élève ne travaillera plus au hasard; il sera guidé, éclairé et soutenu dans ses efforts; il sera initié aux mystères de la composition, il en pourra étudier le mécanisme secret.

Il ne faut pas s'y tromper : on ne devient pas plus un écrivain en lisant des chefs-d'œuvre littéraires, qu'on ne devient architecte en contemplant la façade de beaux édifices; pour apprendre à bien écrire, comme à construire solidement, il faut pénétrer au delà des apparences, il faut étudier le dessin général, les fondements et la charpente des beaux ouvrages qu'on veut imiter[1].

Par là, on est à même de bien comprendre un sujet, de voir les éléments qu'il renferme, de distinguer les points sur lesquels il faut insister de ceux qui ne méritent que peu d'attention; par là, on travaille sans peine, sans fatigue et même avec plaisir.

Après les *conseils* viennent les *développements*, qui en sont l'application fidèle. Nous n'avons pas eu la prétention de faire ce qu'on est convenu d'appeler des *corrigés*, de proposer des modèles; nous avons voulu seulement présenter des exemples et nous renfermer dans la sphère modeste des compositions universitaires.

Les *développements* sont suivis de *réflexions* critiques ou d'indications de passages d'auteurs que l'élève aurait pu imiter et qu'il fera bien de lire pour les comparer avec son propre travail.

Quant au plan même de notre livre, il nous

[1] Pour ce travail d'analyse, nous renvoyons à l'excellent traité qui a pour titre *Méthode d'analyse et de composition oratoire*, par M. Galeron, auteur du *Nouveau Conciones*. Ces deux ouvrages se trouvent à la librairie de L. Hachette et Cie.

était tracé d'avance par deux grands maîtres, dont on fait toujours sagement d'invoquer l'autorité en matière d'enseignement, par Rollin et par Quintilien.

L'auteur du *Traité des Études* a consacré quelques pages à l'examen des règles de la composition littéraire : ces quelques pages sont admirables; mais elles ne sont que l'exposé sommaire d'un système qui n'est pas développé, et elles ne présentent de ce système qu'un petit nombre d'applications.

Il nous a paru utile d'exécuter le travail que Rollin n'a fait qu'indiquer, et dont il a tracé le plan dans les lignes qui suivent :

« Dans l'étude des règles de la composition, dit-il, il est naturel de commencer par les matières les plus faciles et les plus à la portée des jeunes gens; telles sont les fables, et, pour cela, il ne sera pas inutile de leur faire lire celles de Phèdre.

« On pourra y joindre quelques-unes de celles de La Fontaine, qui leur apprendront à développer davantage leurs idées.

« On fera succéder à ces fables de petites *narrations*, d'abord très-simples, ensuite plus ornées.

« Les *discours* étant ce qu'il y a de plus difficile, il est juste de les réserver pour la fin. »

Quintilien donnait le même conseil aux jeunes gens de son temps.

« Il faut, disait-il, aplanir dans les commencements toutes les difficultés, et donner aux jeunes gens des matières proportionnées à leurs forces.

« C'est à peu près ce que nous voyons faire aux oiseaux : tant que leurs petits sont tendres et faibles, ils leur apportent à manger ; quand ils les voient devenus un peu plus forts, la mère les accoutume à sortir du nid, et leur apprend à voler, en voltigeant elle-même à l'entour ; enfin, quand elle a essayé leurs forces, elle leur fait prendre l'essor et les abandonne à eux-mêmes. »

Cette marche est celle que nous avons suivie. Nous commençons par citer quelques fables de La Fontaine. Aux fables, aux narrations, aux discours, que demandait le savant recteur, nous avons ajouté des dialogues, des lettres, des dissertations morales et religieuses, puis enfin quelques préceptes de littérature.

Toutes les parties de l'enseignement littéraire sont donc traitées dans notre ouvrage, et on y trouvera toujours l'application jointe à la théorie. C'est par là, qu'à défaut de tout autre mérite, il aura celui d'être utile aux progrès des études.

Ajoutons que nos leçons de littérature sont, avant tout, des leçons de morale. Dans un livre d'éducation, l'enseignement des devoirs doit être lié à celui des lettres : il faut que ce qui est honnête soit bien dit, et que ce qui est bien dit excite à bien agir.

EXERCICES

SUR LA

COMPOSITION LITTÉRAIRE.

IMITATIONS.

AVERTISSEMENT.

Rollin désire que les élèves s'exercent à traduire quelques fables, c'est-à-dire à les reproduire en prose. Cet exercice, en les initiant à la composition, à l'invention des idées secondaires et des détails, leur est doublement profitable, surtout si on le fait suivre d'une espèce de compte rendu du texte original. S'agit-il d'une fable de La Fontaine, ils signaleront un vers imitatif, donneront le sens d'un mot vieilli, le compareront à celui qui le remplace, et jugeront, si, toute fixée qu'elle est aujourd'hui, notre langue ne doit pas regretter quelques locutions, quelques tours naïfs qui ne sont plus en usage. Si l'immortel fabuliste était plus rapproché de notre époque, serait-il aussi complétement admirable? Disons oui, de peur de blasphémer, et remarquons toutefois que les mots qui donnent le plus de relief à ses chefs-d'œuvre sont presque toujours empruntés à l'ancien langage, et que c'est leur absence qui rend si inférieures les fables de ses imitateurs; ajoutons que, mal traduit dans toutes les langues, La Fontaine l'a été parfaitement dans deux de nos patois, le gascon et le provençal, nouvelle preuve que la naïveté est essentiellement du domaine de l'apologue. Mais, sans nous arrêter à ces considérations, suivons le conseil de Rollin, traduisons La Fontaine, et, selon l'occurrence, faisons ressortir ses beautés, ou risquons, mais avec la plus grande réserve, quelques critiques. Ainsi préparé, l'élève deviendra plus tard pour lui-même un censeur intelligent et sévère, et cette étude ne contribuera pas peu à former son style et son jugement.

Nous donnons comme essai quatre fables reproduites en prose. Les deux premières, malgré le fini et la grâce des détails, ne sont peut-être pas tout à fait irréprochables; c'est à l'élève d'apprécier nos observations à ce sujet. Quant aux deux autres, ce sont des chefs-d'œuvre depuis le premier vers jusqu'au dernier.

L'exercice que nous conseillons pour La Fontaine, peut s'étendre aux fabulistes de second et de troisième ordre, tels que Aubert, Florian, Lamothe, le duc de Nivernois et autres, et généralement à tous les beaux morceaux de poésie. Nous l'avons nous-même essayé sur un beau passage de Delille.

LE RENARD ET LE BOUC.

(Voyez *Fables* de La Fontaine, III, 5.)[1]

—

Conseils.

Cette fable ne présente aucune difficulté de traduction, et le texte peut être reproduit presque vers pour vers. L'élève, en rejetant les expressions exclusivement poétiques, conservera toutes celles qui peuvent s'accommoder à la prose. Il devra s'attacher à rendre l'idée plutot encore que les mots, et à suivre pas à pas son modèle. Tout au plus pourra-t-il se permettre d'intercaler quelque trait, quelque réflexion, s'il s'en présente à son esprit qui soit de nature à compléter la pensée sans l'altérer en rien, ou à prêter au dialogue plus de piquant et de vivacité. Encore lui recommanderons-nous d'être très-sobre de ces essais, et de se borner, dans les commencements surtout, à un calque précis et fidèle.

IMITATION.

Capitaine Renard faisait route avec son ami le Bouc, un des mieux encornés de sa race ; l'un passé maître en fait de ruses, l'autre ne voyant pas plus loin que son nez. Bref, ils cheminaient ; la soif les prit, et ils descendirent dans un puits pour se désaltérer. Une fois bien abreuvés : Et maintenant, compère, dit le Renard, que ferons-nous ? Nous avons bu, c'est bien ; mais il s'agit de sortir d'ici. — Ah ! oui, reprit l'autre tout stupéfait ; et le moyen ? — Il est tout simple : lève tes pieds et ap-

[1] Nous avons jugé inutile de grossir ce volume en reproduisant les fables de La Fontaine et les beaux vers de Delille qui servent de texte à nos imitations. Nous avons dû nous borner à donner les indications nécessaires pour les retrouver au besoin.

puie-les contre le mur ; roidis ton cou, dresse bien la tête ; vois-tu ? je grimpe le long de ton échine, puis, m'élevant sur tes cornes, j'atteins la margelle, je saute, et me voilà dehors. — Et ensuite ?... — Et ensuite je te retire. — Par ma barbe, dit l'autre, il est bon ! Il n'y a que toi pour de tels expédients ; et dire que moi j'aurais rêvassé deux heures durant sans rien trouver ! A l'œuvre donc ! En trois temps le Renard sortit du puits. Et le Bouc ? — Le Bouc y resta. Est-ce que vous vous imaginez que le Renard ?.... Vous le connaissez bien ! — Cher camarade, lui dit-il, il est vraiment dommage que le ciel, qui a si bien fourni ton menton, ait si mal garni ta cervelle ; une vieille barbe comme toi, donner dans un tel panneau ! Fi ! c'est honteux ; mille remercîments du reste, et mes compliments chez toi. Il se fait tard, une affaire m'appelle ; adieu.

Avant d'entreprendre une affaire, tâchons d'en prévoir l'issue.

Réflexions.

La sottise est dupe de la ruse : le renard sort du puits et y laisse le bouc, rien de mieux ; s'il en était autrement, la morale n'aurait plus de portée ; et cependant on devine que, s'il l'eût voulu, le renard pouvait se dispenser de mystifier son camarade. Il lui eût dit : « Que puis-je faire pour toi ; ce n'est pas la bonne volonté, c'est la force qui me manque ; considère ma petitesse et ta grosseur ; qu'arriverait-il si je tentais de te retirer ? ton poids m'entraînerait, je retomberais dans le puits, etc. » Certes, ces raisons étaient plausibles ; mais si le renard les eût fait valoir, il eût cessé d'être renard ; il n'eût été que fourbe, et La Fontaine veut encore qu'il soit goguenard et égoïste. Toutefois on peut exercer l'élève à faire à ce sujet quelques réflexions, pourvu que le goût préside aux petits développements qu'il se permettra.

LE BERGER ET SON TROUPEAU.

(Voyez *Fables* de LA FONTAINE, IX, 19.)

Conseils.

Ici l'élève a déjà plus d'efforts à faire : les vers sont moins simples; les expressions demandent des équivalents plus difficiles à trouver. Cependant il n'y a rien encore à inventer; il n'y a qu'à reproduire avec exactitude et, s'il se peut, avec goût.

Le ton de La Fontaine dans cette fable est très-familier : plusieurs expressions même pourraient paraître triviales, sans l'art merveilleux avec lequel elles sont enchâssées dans la phrase. On pourra donc se permettre quelques licences, en prenant bien garde toutefois de ne pas tomber dans le mauvais goût ou le burlesque : c'est un écueil à éviter.

IMITATION.

« Quoi ! toujours du déchet dans ce maudit troupeau ! Il est donc écrit qu'il passera tout entier sous la dent du loup ! Hier deux, aujourd'hui trois. Stupides pécores, qui ne savent que fuir et que brailler ! Voyez, ils m'ont laissé enlever Robin, Robin mouton, si gras, si beau, mon élève chéri, qui pour un peu de pain me suivait par tout le village ; lui, si docile à ma voix, si attentif, si joyeux au son de ma musette ! Ah ! Robin, mon pauvre Robin mouton ! »

Guillot ne s'en tint pas à cette oraison funèbre ; il harangua le troupeau, chefs, soldats, grands et petits, toute la multitude ; il leur reprocha leur couardise, il les conjura de tenir ferme. Tout dépendait, disait-il, d'un bon ordre de bataille, où les rangs bien serrés ne laisseraient pas d'intervalle, et rebuteraient l'ennemi. N'était-il pas honteux qu'un seul individu en effrayât mille? Et qu'était-ce, après tout, qu'un loup?... un animal comme eux, et rien de plus. Et puis.... quelle honte! des béliers abandonnant leurs compagnes, des mères abandonnant leurs petits!... Ah!... Et Guillot se cacha la figure dans ses mains.

L'effet de cette péroraison fut électrique. On se serra, on s'encouragea, on prêta serment sur la houlette de Guillot, et ce cri fut unanime : Nous jurons d'étrangler le bandit qui nous a pris Robin mouton.

Guillot les crut si bien que, le soir, pour les entretenir dans leurs dispositions martiales, il cria : Au loup! Bel expédient dont il s'était avisé-là! Ce ne fut plus qu'un sauve qui peut, et tout le troupeau court encore.

Haranguez des troupes mercenaires, elles vous crieront de les conduire à l'ennemi : que l'ennemi se présente, et vos cris pour les rallier ne feront que précipiter leur fuite.

Réflexions.

Cette fable, comme toutes les fables de La Fontaine, est remplie de détails charmants. Mais Guillot est-il bien réellement le berger d'un troupeau? Un troupeau se compose-t-il uniquement de moutons? Ne faut-il pas des chiens pour le défendre; or, les chiens manquant, les moutons ont-ils tort de se débander. Il y a donc ici quelque chose de faux et d'invraisemblable.

LE VIEILLARD
ET
LES TROIS JEUNES HOMMES.

(Voyez *Fables* de La Fontaine, XI, 8.)

—

Conseils.

Le caractère de cette fable est tout différent des deux précédentes : sérieux et philosophique, il demande de la part de l'élève de la réflexion et du sentiment.

Le traducteur pourra se donner un peu carrière, et ne pas se borner à une reproduction sèche et littérale, mais ajouter quelque chose à son texte, toutefois avec la plus grande réserve, de peur d'en altérer la grâce et la pureté.

IMITATION.

Un octogénaire plantait, et trois jouvenceaux des environs le regardaient faire. L'un disait : Bâtir, passe encore, mais planter.... le bonhomme radote: — Oui, bonhomme, vous radotez, excusez ma franchise; car, raisonnons. Vous n'avez pas, que je pense, la prétention de faire un jour la sieste à l'ombre de ces arbres, ni d'y vider quelques pots de bière. Le bon temps des patriarches est passé, c'est dommage : mais qu'y faire? Aujourd'hui soixante et quelques années, voilà, nous dit-on, le terme ordinaire de la vie humaine : vous n'avez donc rien à réclamer. Allons, un bon acte de reconnaissance au ciel qui vous a fait une si belle part ; employez le présent qu'il vous laisse à revenir sur les erreurs du passé, et quant au long espoir, aux vastes projets, et même aux plantations, laissez tout cela, car tout cela est à l'avenir. — Et l'avenir, je n'y dois plus prétendre? il est à vous, n'est-ce pas? leur dit doucement le vieillard ; mais s'il est à vous, il l'est sans doute plus encore à ce jeune enfant qui joue là sur l'herbe, mieux encore à l'enfant qui vient de naître. Où prenez-vous donc le droit de le confisquer à votre profit? Les Parques mesurent-elles également les fils de la vie humaine? Hélas non! leurs tristes ciseaux volent et coupent au hasard ; je ne le sais que trop, moi qui survis à tous les miens. Cette plantation vous étonne, et je ne dois pas voir, dites-vous, l'ombrage de mes arbres : eh bien! qu'importe si mes arrière-neveux doivent en profiter? Voulez-vous défendre au sage de se donner quelque soin pour le bonheur d'autrui, et faut-il ne plus rien aimer parce qu'on s'en va? Ce bonheur, je le goûte aujourd'hui ; j'en puis jouir demain, quelques jours encore, quelques mois peut-être, et qui sait...? et il regardait fixement les jeunes gens ; oui, qui sait si les dernières larmes d'un octogénaire ne doivent pas un jour couler sur vos tombeaux?

Elles y coulèrent en effet. A quelque temps de là, l'un des trois jeunes gens montait un vaisseau qui fit naufrage dès le port ; le second, servant noblement sous les drapeaux de Mars, fut emporté par un boulet ; le troisième enfin tomba d'un arbre qu'il voulut émonder lui-même.

Aujourd'hui trois cyprès se penchent sur trois tombes, et c'est encore le vieillard qui les a plantés.

Réflexions.

On fera remarquer l'admirable précision du début de cette fable :

Un octogénaire plantait....

Toute prose pâlit devant de pareils vers. Nous laisserons l'élève commenter toutes les beautés qu'il trouvera sur son chemin ; qu'il lise et relise dix fois ; qu'il s'arrête surtout à ce trait de sensibilité si vrai :

Et, pleurés du vieillard, il grava....

Cette locution toute latine, et dont nous n'avons peut-être pas trois exemples dans notre langue, est le dernier trait de pinceau donné à ce bon vieux planteur dont la philosophie pouvait, jusque-là, paraître un peu triste et sauvage, mais qu'on aime doublement depuis qu'il a pleuré. Dans l'impossibilité où nous étions de rendre dignement ce passage, nous l'avons paraphrasé. C'est à l'élève à voir s'il sera plus heureux que nous.

L'ALOUETTE ET SES PETITS.

(Voyez *Fables* de LA FONTAINE, IV, 22.)

Conseils.

Ici nous conseillerons à l'enfant d'essayer ses forces : qu'il ne se borne plus à traduire, qu'il commence à imiter. Le voilà aux prises avec une matière plus étendue, comportant des détails variés : qu'il l'étudie, qu'il s'en pénètre, puis qu'il la développe à son gré ; qu'il fasse en quelque sorte une autre fable à côté de celle de La Fontaine, en conservant de l'original tout ce qu'il a de fin, de délicat, de gracieux.

On a pu en juger par ce qui précède, les fables de La Fontaine sont intraduisibles : pour peu qu'on se laisse aller au charme de ses vers, on ne suppose pas qu'on puisse dire autrement qu'il n'a dit. En dépit de tous les efforts, la rime qu'on veut fuir se présente d'elle-même sous la plume, et l'on ne parvient qu'à un calque pâle et décoloré. Ce n'est pas ainsi que l'élève doit procéder : il doit défaire la fable, pour ainsi dire, la réduire à une simple analyse, bien envisager ce texte nu, et voir le parti qu'il en peut tirer.

Les difficultés que nous cherchons ici à éviter et à vaincre, se retrouvent dans toute espèce de traduction. Tel a une manière à lui de voir, de sentir et d'exprimer, qui n'aura plus rien de tout cela, si, avant de se mettre à l'œuvre, il consulte une version primitive qui sera réputée exacte et élégante : quoi qu'il fasse, ses idées se perdront dans les idées de son devancier, et sa phrase indécise perdra l'allure qui lui est propre.

Si l'élève lit dans La Fontaine la fable qui nous occupe, en vain il s'escrime pour la reproduire en prose : à mesure qu'il écrit, il prend son style en pitié ; mais s'il se rappelle que notre fabuliste a emprunté ce sujet à Aulu-Gelle, qui lui-même l'avait emprunté à Ésope ; s'il peut remonter à ces deux auteurs, sa tâche deviendra plus facile, et, prenant un peu de l'un et de l'autre, beaucoup de La Fontaine, un peu de lui-même, il écrira ce qui suit.

IMITATION.

Comptons sur nous, non sur les autres.

Les champs sont la patrie des alouettes; elles y font leur nid dès la venue des zéphyrs, et les plumes de leurs oisillons commencent ordinairement à poindre en même temps que les premières herbes des épis. Une d'elles pourtant, ayant gazouillé tout le printemps, s'y était prise un peu tard pour bâtir un nid, pondre et faire éclore; aussi arriva-t-il que, quand la moisson se trouva mûre, la couvée ne l'était pas.

Prise au dépourvu, la mère, inquiète, allait et venait, croyant par du mouvement activer la besogne; volant et revolant à la pâture, elle doublait la pitance et réchauffait tant qu'elle pouvait. Un matin elle dit à ses enfants : Faites attention, mes petits, on viendra peut-être.... oui, l'on viendra; regardez bien, écoutez bien, et ce que vous aurez vu et entendu, vous me le direz à mon retour.

Ils promirent. L'alouette partit à tire-d'aile, et, comme elle l'avait prévu, le maître du champ arriva. Il égrena quelques épis, et appela son fils : Tiens, vois, lui dit-il, ces blés sont mûrs : va chez nos amis; qu'ils se munissent d'une faucille, et que demain, au petit jour, ils viennent nous aider. Et ils s'en vont.

L'Alouette revient; les petits tremblotants sont perchés sur le bord du nid; ils parlent tous ensemble, conjurent leur mère de les aider, de les conduire : — C'est pour demain, il l'a dit, — au point du jour, — ses amis, pour qu'ils l'aident. — Ses amis, dit la mère : oh ! n'est-ce que cela ? Rentrez, mangez et tenez-vous chauds.

L'aube du jour s'est levée ; l'Alouette prend son essor ; le maître revient ; il se promène, il attend, il s'impatiente, et le soleil monte à l'horizon : Conçoit-on une telle négligence, dit-il à son fils ? Voilà bien les amis, et je devais m'y attendre ; mais ce qu'ils n'ont pas fait, nos parents le feront. Va chez eux, et qu'ils ne manquent pas ; demain, sans faute, de grand matin ; hâte-toi.

Toute la couvée fut en émoi : — Mère, mère, ses parents.... il envoie son fils.... Sauvons-nous. Ne bougeons pas, dit l'autre : les parents ont leur famille, les parents ont leurs affaires, les parents ne sont pas si pressés. Mais demain, oh ! demain il faut redoubler d'attention. Et pour les faire taire, elle les rassembla sous ses ailes, et les endormit.

Mais elle, elle ne dormit pas. Bien avant l'aurore, elle avait l'œil aux aguets ; elle voleta un peu au-dessus du champ, regarda au loin, rien ne bougeait ; elle prit sa volée.

Le maître vint pour la troisième fois ; pas plus de parents que d'amis. En vérité, dit-il, nous sommes bien bons de nous fier à d'autres qu'à nous ! et que le proverbe a bien raison, qui dit que notre plus proche parent, c'est nous-mêmes ! Que cela nous serve de leçon, mon fils. Or, maintenant, voici ce qu'il faut faire : ta mère peut suffire à la ferme et au ménage ; préviens ta sœur, préviens Bastien : qu'ils avisent pour le mieux, et demain, à nous quatre, mettons-nous de bonne heure à l'ouvrage ; sinon, adieu la récolte ; c'est le vent qui moissonnera pour nous.

Quand l'Alouette sut tout cela : C'est pour le

oup qu'il faut décamper, dit-elle ; et ce fut l'affaire 'un instant. Le nid se renversa, tant on mit de hâte l'abandonner, et les petits, voletant, se culbutant la suite de leur mère, s'écoulèrent et disparurent u milieu des blés et des bluets.

Réflexions.

Cette fable, l'une des plus parfaites de La Fontaine, a fait ire un pas de plus à l'élève. Il ne se traîne plus à la suite d'un odèle; il essaye de marcher seul : s'il emprunte encore à n auteur les idées principales, il sait comment trouver les lées secondaires. Avant de lui faire aborder la composition, ous allons l'exercer encore à l'imitation sur un sujet plus aste et plus sérieux, et chercher à montrer comment on peut, ans s'écarter de la marche tracée par le poëte, s'approprier n quelque sorte ses pensées, et les faire revivre dans la rose, en leur conservant jusqu'à un certain point, et sous ne autre forme, leur vigueur et leur originalité. Prenons pour xemple un morceau de Delille.

LES CATACOMBES DE ROME.

(Voyez DELILLE, *l'Imagination*, ch. IV.)

Conseils.

On connaît le sujet qui forme un des plus beaux épisodes du poëme de l'*Imagination*, et que nous nous proposons d'imiter ici.

Un jeune peintre, avant de quitter Rome, veut visiter les catacombes. Muni d'un flambeau et d'un peloton de fil, il s'engage sous ces immenses voûtes, et, à quelques pas de l'entrée, il attache son fil, certain de pouvoir, après mille détours, retrouver son chemin. Mais le spectacle qu'il aura bientôt sous les yeux, l'absorbera tout entier. Après avoir vu ce que voient ordinairement tous ceux qui entreprennent le voyage, c'est-à-dire des urnes funéraires, des inscriptions, des ossements en croix, etc., etc., il a osé aller plus loin; ce qu'il a maintenant sous les yeux, ce ne sont plus des reliques de martyrs, mais des débris de l'antiquité païenne. Il revoit la carrière telle qu'elle fut abandonnée sous les empereurs, quand on cessa d'en extraire de la pierre; il trouve différents objets à l'usage des ouvriers esclaves qui exploitaient ces mines; il les prend, les replace, les reprend encore, et soudain s'aperçoit avec épouvante qu'il n'a plus en main son peloton. Où le retrouver? où l'a-t-il, quand l'a-t-il perdu? Il frissonne, il cherche, il s'égare. Son flambeau pâlit, il le ravive..., le flambeau s'éteint. Nuit profonde! désespoir! Adieu tout ce qu'il aima; il faut qu'il meure l'infortuné! Dejà dix heures sont écoulées depuis qu'il erre, depuis qu'il appelle à grands cris, et qu'il n'a pour réponse que d'horribles échos. Réduit à ramper, tournant dans cet affreux labyrinthe, il se traîne au hasard, quand tout à coup.... sous la main.... un léger obstacle.... son sang ne fait qu'un tour! c'est son peloton!

Si l'élève a lu avec attention les vers si dramatiques de Delille, s'il a été vivement impressionné, s'il a bien senti le noble enthousiasme d'un jeune homme que l'amour des arts, le désir de voir et de connaître, peuvent préoccuper au point d'amener et de rendre vraisemblable la plus horrible des catastrophes, il sera à la hauteur de son sujet; il trouvera des détails pour ajouter à la vraisemblance du récit, et des images pour regagner ce que l'absence de la poésie lui aura fait perdre.

Qu'il se suppose un instant, par la pensée, à la place du personnage qu'il met en scène; qu'il cherche à se rendre compte des émotions que celui-ci doit éprouver, puis qu'il essaye de les décrire : mais qu'il sente avant tout, c'est le secret de l'art d'écrire.

Dans un court exposé, il dira d'abord : 1° que Rome entière avec ses temples, ses portiques, ses colisées, est sortie des Catacombes; mais qu'enfin ces immenses carrières s'épuisèrent; 2° que ces carrières abandonnées servirent d'asile aux chrétiens, lorsque Rome, de conquérante qu'elle était, devint persécutrice; 3° que Rome, après des efforts inouïs pour défendre son territoire de l'invasion des barbares, eut aussi à défendre ses dieux et son culte; que forcée de faire face de tous côtés, elle succomba.

On peut supposer le jeune peintre, élève du gouvernement français à Rome, et à la veille de retourner dans son pays.

S'il est seul dans son excursion, s'il n'en a fait confidence à personne, c'est qu'il a le projet d'un tableau, et qu'il veut prendre des dessins; peut-être est-il persuadé que beaucoup de choses restent à voir; car il ajoute presque foi à une vieille chronique, qui parle d'un amphithéâtre souterrain où se fit une immolation de chrétiens pendant la célébration des saints mystères. C'est en courant après cet amphithéâtre imaginaire qu'il s'égare.

Nous avons dit plus haut comment, préoccupé par d'autres objets, il perd son peloton.

Cet épisode est le principal; il double l'intérêt gradué que doit préparer ce qui précède. C'est à force de prendre, de considérer et de remettre en place, que le jeune peintre, trompé par la forme d'un objet qu'il tient à la main, croit, en le maniant, sentir son peloton qu'il a perdu depuis longtemps. Car s'il lui échappait à l'instant même, et par l'effet d'un contact quelconque, on conçoit qu'à l'aide de son flambeau, il saurait facilement le retrouver.

IMITATION.

Un jeune peintre, avant de quitter Rome où l'avaient envoyé le gouvernement français et un premier prix de peinture, voulut visiter seul les Catacombes, et s'y aventurer plus loin qu'on ne fait ordinairement avec les guides qui, après une heure de visite, reviennent sur leurs pas.

Ces Catacombes, comme chacun sait, sont des voûtes souterraines et sans fin, circulant sous les rues des deux Rome ancienne et moderne; toutes ces pierres, qui servirent aux palais et aux habitations de la première, furent autrefois tirées de leurs entrailles; les débris de celle-ci servirent plus tard à l'édification de la seconde.

Vers les derniers temps de l'empire, ces immenses carrières étaient non-seulement abandonnées, mais même ignorées. Rome ne bâtissait pas : renfermée dans les murailles d'Aurélien, qui enclavaient les sept collines, elle ne songeait plus qu'à conserver et à se défendre; car ce qu'elle avait laissé debout du monde connu en voulait à sa religion comme à sa puissance.

Embarrassée de ses dieux (on comptait dans son enceinte plus de mille temples), elle dut, pour maintenir leur culte, se faire persécutrice; embarrassée de ses conquêtes (déjà elles étaient menacées de toutes parts), elle dut se faire des alliés d'une partie des peuples barbares qui fondaient sur elle, jusqu'à ce qu'elle succombât dans sa lutte avec le dernier d'entre eux.

C'est à l'époque où elle se débattait contre les progrès du christianisme naissant que ces voûtes souterraines, dont nous parlons, furent découvertes par les chrétiens, et leur servirent d'asile contre les persécuteurs. Des autels au vrai Dieu furent élevés dans les entrailles de la terre, pendant que l'encens fumait à la surface du sol en l'honneur de Jupiter. Vingt fois ces saintes retraites furent découvertes; des milliers de victimes furent immolées; mais le sang ne fit que cimenter la foi nouvelle, qui finit par triompher; et dix-huit siècles s'écoulèrent.

Notre jeune peintre avait ajouté foi à une ancienne tradition transmise d'âge en âge, perpétuée jusqu'à nos jours, et qui raconte que, sous le règne de Gallien, deux mille individus de tout sexe, de tout âge, surpris dans ces lieux, y furent égorgés pendant la célébration des saints mystères. Cette tradition parlait d'un vaste amphithéâtre souterrain, avec des degrés creusés dans le tuf et s'élevant en spirale jusqu'aux voûtes. Toute cette foule y était réunie; à l'arrivée des assassins, elle avait entonné un hymne saint qui dut s'affaiblir de minute en minute, et qui s'éteignit enfin avec la dernière voix qui le chantait.

C'est le moment qui précède cette immolation, qu'une fois de retour en France, le jeune peintre veut reproduire sur la toile; mais pour cela il faut qu'il voie les lieux, et son imagination exaltée lui persuade qu'il les retrouvera. Voilà pourquoi il n'a confié son projet à personne, voilà pourquoi il est seul.

Au point du jour il part, muni d'un énorme peloton de fil et d'une torche, et, chemin faisant, il dispose dans sa tête les divers groupes de son tableau.

Au devant de l'amphithéâtre sera un autel de pierre; un vieux prêtre fera face à l'assistance. Il est mutilé; on devine qu'il a passé par les tortures de l'inquisition romaine; son costume rappelle l'anachorète et le laïque. Par-dessus sa robe de bure est une étole, bande de pourpre détachée peut-être d'une toge consulaire. Sa main tient un bâton augural. Sur l'autel quelques vases étrusques; au milieu une croix de roseau. Dans des lacrymatoires l'eau et le vin du sacrifice. Plus loin, un casque servant de bénitier, et une branche de palmier pour les aspersions. Devant l'autel la foule dont nous avons parlé, mélange de vingt peuples, renégats de tous ces cultes qui s'écroulent pour faire place à une religion d'abnégation et de charité. Enfin, sur le premier plan, un vieux centurion, et une prophétesse, la tête encore ceinte de verveine.

Le jeune peintre, dans son imagination, a jeté l'épouvante sur toutes ces figures. Que se passe-t-il donc? Pourquoi le sacrifice est-il interrompu? Ne voyez-vous pas à droite, près d'une colonne, cette femme pâle, et semblant écouter? Un de ses bras est étendu vers les spectateurs, son attitude commande le silence et fait pressentir un danger; en effet, dans le lointain brille une faible lueur. On voit presque reluire des flambeaux et des armes. La retraite des chrétiens est dénoncée; ils vont mourir.

Arrivé à la porte Saint-Paul, hors des murs, l'artiste prit à gauche, fit un quart de lieue, et vit l'entrée de la caverne. Il s'y enfonça, et ne cessa de marcher tant qu'il vit poindre, en se retournant, un rayon du jour extérieur. Puis, forcé de faire un détour, il fixa fortement son fil à un débris de roc, alluma sa torche et, le cœur quelque peu en émoi devant l'obscurité, commença son exploration.

Sa vue se faisait peu à peu aux ténèbres; ses jambes reprenaient leur élasticité, et sa respiration, son mouvement naturel. A l'aide de son flambeau, qu'il promenait le long des murs, il voyait les traces noircies qui indiquaient des pèlerinages comme le sien; mais quand elles cessèrent, quand, au milieu d'un silence de mort, il se trouva dans un carrefour d'où partaient dix routes, et qu'en en suivant une au hasard, il rencontra plus loin d'autres ramifications de chemins, alors il fut inquiet, il se consulta, il se demanda pourquoi il serait plus téméraire qu'un autre. Tous s'étaient arrêtés là. Pour se rassurer, pour s'affermir dans ce voyage, il interrogea sa corde; elle résistait, elle semblait répondre et lui dire : Aie courage! Il avança.

Jusque-là, c'est-à-dire jusqu'à ce carrefour où il s'était aventuré, un même spectacle, et de la plus désolante uniformité, avait frappé ses regards : c'étaient à droite et à gauche des ossements en croix, des inscriptions, des cippes, des colonnettes, des ex-voto, et une série non interrompue de niches où, dans des vases d'argile grossière (ceux d'albâtre et de porphyre ont été enlevés depuis longtemps), dorment les cendres des premiers chrétiens martyrs ou persécutés.

Mais maintenant plus rien de pareil : c'est la carrière toute nue. Sur sa tête, des angles de roc avec leurs aspérités menaçantes; plus rien sur le sol que des cailloux et de la poussière, et sur cette poussière l'empreinte toute fraîche encore des chariots antiques. Où est-il donc? Il s'étonne, s'épouvante presque ; à chaque détour des galeries, il voit une main peinte en rouge, avec un doigt indicateur ; il distingue une large raie de même couleur courant sur la voûte, et indiquant sans doute aux ouvriers d'un autre âge les sinuosités qu'il leur fallait suivre dans ce dédale. Le jeune artiste contemplait en extase. En un instant il venait de vieillir de dix siècles ; il devinait que les chrétiens d'autrefois n'avaient osé s'aventurer jusque-là, de peur de s'égarer ; muet de stupeur, il assistait au travail de l'extraction de la pierre, faite par des esclaves sous les empereurs, sous les consuls, sous les rois peut-être. Que lui importe maintenant l'amphithéâtre de Gallien ? il ne le cherche plus ; mais il va toujours, et voilà que, dans un enfoncement, un pic en bronze se trouve sous sa main ; il le manie, le pèse, le contemple ; plus loin, un vase adossé à un mur enfumé, et reposant sur des tisons noircis et calcinés ; plus loin, enfin, quelques débris d'ustensiles à demi rongés par la rouille et le temps. Tout entier à l'examen de ces curieuses découvertes, il ramasse, il replace, il reprend encore ; et.... il jette un cri affreux ! Son peloton.... il ne l'a plus.

Il l'a perdu ! où ? comment ? Est-ce à l'instant même ? est-ce tout à l'heure ? Est-ce avant, est-ce après le pic trouvé ? Non, le pic était sous son bras ; le pic s'embarrassa dans le fil, il se le rappelle bien, il en est sûr : c'est donc après ; mais après, il a marché, il a fait des tours, des détours, il est revenu dix fois sur ses pas. Immobile, il s'interroge avec angoisse ; ses yeux errent et se promènent autour de lui, car ses pieds n'osent quitter la place. Son fil ! son fil ! il faut qu'il le retrouve ; sa vie en dépend. Où est-il donc ? Peut-être à l'angle opposé de cette galerie. Il s'y appuie, il avance la tête et y dirige son flambeau. O désespoir ! ce flambeau lui-même est presque consumé ; il va périr.

Qu'il brûle, ce flambeau, qu'il brûle du moins jusqu'à ce qu'il ait retrouvé son fil conducteur ! Comme il l'étreint, de peur qu'il ne lui échappe ! comme il retient son haleine haletante, de peur de l'éteindre ! comme il cherche avec précaution, de peur d'en activer la flamme ! Ah ! qui l'eût vu alors errer, pâle, les yeux hagards, les cheveux hérissés, eût frissonné comme il frissonnait lui-même. La pâleur de l'un aurait passé sur le visage de l'autre. Tantôt l'effroi arrête ses pas, tantôt l'effroi les précipite. Les minutes s'écoulent, elles s'accumulent, et le flambeau pâlit toujours. Ah ! c'est ce flambeau seul qui l'occupe maintenant ; il court avec lui, ne regarde plus que lui ; pour le raviver, il donnerait son sang, sa chair ; mais déjà la flamme s'agrandit, elle échauffe sa main, elle pénètre dans ses doigts crispés, elle les dévore. Ah ! l'infortuné, il souffre trop ; il les ouvre, et, tombant à genoux devant cette dernière lueur, il sanglotte, il balbutie devant elle les noms de mère, de sœur, de patrie ; il se tord les bras de désespoir.

Combien de temps resta-t-il dans cette nuit affreuse ? Quels fantômes assiégèrent sa tête folle ? Il ne le sait lui-même. Vingt fois il a cru à la possibilité d'un rêve ; il se secoue, et s'étonne de ne pouvoir se réveiller ; une grande nappe blanche se dessine et se balance devant lui : il la suit de ses yeux hagards ; mais elle s'enfonce et disparaît, et fait place à d'horribles ténèbres. Il écoute, et le bruit de ses artères lui semble un concours de pieds et de voix lointaines ; il appelle, et des échos tumultueux rebondissent et viennent hurler à ses oreilles. Il n'invoque plus que la mort : mais quand viendra-t-elle ? Il faut que le désespoir la précède, qu'au désespoir succède la faim, et à la faim le délire. Des spectres l'assiégent. Debout devant lui se dressent tous ces êtres que la précipitation a enterrés vivants ; ils le regardent et lui tendent un bras mutilé. Que Dieu ait pitié de lui ! Adieu tout ce qu'il aima ! Adieu ses travaux d'avenir ! Adieu cette douce amie qui devait payer par sa main son premier chef-d'œuvre ! Il n'aura pas même une tombe. On le demandera, on le pleurera, on le cherchera : vain espoir ! vaines larmes ! vaine tendresse ! on ne le retrouvera jamais.... jamais !

Il ne manquait plus qu'un paroxysme à cet horrible état : c'était la fureur. Le malheureux se relève, et, les bras croisés, agité par la fièvre, tout trempé d'une sueur froide, il double, il précipite ses pas. Qu'un angle de rocher se présente, qu'il s'y heurte, qu'il s'y brise la tête ! Et voilà que ses pieds rencontrent un obstacle.

Il s'arrête tout d'une pièce ; son cœur bat à briser sa poitrine. Il s'abaisse, tâte, palpe, et ce qu'il ramasse, il le serre, il l'étreint, il le porte à ses lèvres, à ses yeux, à son cœur : il a retrouvé son peloton.

Oh ! il le tient donc ! il va rentrer dans la vie. Il était mort, il a soulevé la pierre de sa tombe. Mais les battements de son cœur sont trop accélérés. Laissez à ce cœur le temps de se remettre ; laissez à ce pauvre jeune homme le temps de reprendre l'haleine, a voix, l'espérance; laissez-le bénir Dieu, l'appeler des noms les plus tendres ; rire et pleurer tout à la fois. Et maintenant, comme il respire librement, il tient son fil; et quand, après une course convulsive, il arrive enfin à la pierre où il l'attacha, et que de ce point il voit, à l'extrémité de la voûte, le jour, le vrai jour, le jour du soleil, alors, comme si toute la nature était intéressée à son retour, il laisse tout tomber, il s'élance, il bondit : Me voilà, me voilà, ma mère ; me voilà, s'écrie-t-il, c'est moi ! Et, tendant les bras aux arbres, aux nuages, aux montagnes, il tombe à genoux et baise la terre.

Réflexions.

On le voit, nous avons conservé le cadre et les données principales; mais, pour le reste, nous avons voulu montrer à l'élève comment il faut chercher en soi-même et écrire d'après ses impressions. Tout l'intérêt devait être reservé pour la fin, pour cette péripétie terrible où le voyageur passe tout à coup des plus beaux rêves de jeunesse et d'avenir aux angoisses de la tombe, puis de l'excès du désespoir à l'extravagance de la joie. Ce passage devait être pathétique, et pour atteindre ce caractère, rapide et animé. Insister longtemps, multiplier les détails, ou ce qui eût été pis encore, les réflexions, c'eût été détruire tout l'effet : l'intérêt se lasse comme la pitié.

Dans le commencement, au contraire, nous nous sommes permis des développements qui ne se rattachaient que subsidiairement au récit, et qui pourraient, à la rigueur, être retranchés sans nuire à l'ensemble. Notre but était de faire voir tous les éléments secondaires que peut fournir un sujet, quand on prend la peine de l'étudier et de l'approfondir.

Que l'élève s'habitue donc, et nous ne saurions trop le lui recommander ici, qu'il s'habitue à analyser une idée principale, à rechercher toutes les circonstances d'un fait. Si ce travail ne peut suppléer à la puissance de l'invention, à la grâce et à l'originalité du style, qualités toutes naturelles, que la lecture et l'exercice perfectionnent sans doute, mais que l'imagination, l'esprit et le goût peuvent seuls donner, du moin fournira-t-il à l'élève de précieuses ressources en lui faisan découvrir beaucoup d'idées secondaires qu'il chercherait vaine ment hors du sujet, tandis qu'elles y sont implicitement con tenues. Supposons, par exemple, la matière qui nous occup réduite à ce simple exposé : « Un jeune homme s'égare dan les Catacombes, perd le fil qui devait lui servir à retrouve son chemin, et le retrouve au moment même où il avai perdu tout espoir. » Analysons ces lignes, et nous y trouve- rons contenues, comme à l'état de germe, tous les dévelop- pements nécessaires à notre récit. Le jeune homme doit êtr un artiste : ce n'est pas la curiosité qui fait braver le danger c'est l'amour de la science ou l'amour de l'art. Quel est l motif de sa présence à Rome? quel est le but de son excur- sion? Lui supposerons-nous le projet de retracer sur la toil les lieux qu'il veut parcourir? Nous pourrons essayer l'esquiss du tableau. Viendra ensuite la description des Catacombes puis tout naturellement nous aurons à rendre compte de l'effe produit sur le voyageur par cet imposant spectacle; puis enfin viendra l'épisode qui termine le sujet. Sans doute, selon qu'on aura plus ou moins d'imagination, qu'on sentira plus ou moins vivement, les faits seront présentés d'une manièr plus ou moins dramatique, plus ou moins saisissante; mais l'analyse aura suffi pour les faire trouver tous, et nous au- rons moins à craindre l'insuffisance qu'à nous garder de la prolixité. La surabondance n'est pas moins un défaut que la sécheresse.

Les détails cependant, même accessoires, ne sont pas com- plétement inutiles ; souvent ils appellent l'attention sur le personnage en scène, complètent l'exposition, font mieux sai- sir les caractères. Mais il faut craindre de les prodiguer : trop multipliés, trop étendus, ils nuisent à l'action princi- pale, et font perdre au récit son unité et son intérêt.

Nous allons maintenant donner à développer à l'élève des narrations, où les difficultés seront graduées avec soin.

NARRATIONS.

AVERTISSEMENT.

La composition littéraire dans tous ses genres, narrations, iscours, dissertations, etc., comprend trois parties essenielles et distinctes : l'invention, la disposition, l'élocution.

L'invention est l'art de trouver les faits, les arguments, les irconstances, les détails ; la disposition, l'art de les disposer le manière à tenir le lecteur en haleine, à ménager et à graluer l'intérêt ; enfin l'élocution ou style est l'art de les exposer de manière à toucher ou à plaire.

Outre ces conditions générales, la narration comporte des ègles particulières : elle a ses qualités nécessaires, et dont ous allons dire ici quelques mots.

Une narration est l'exposé d'un fait et des différentes cironstances qui l'ont précédé, accompagné ou suivi. Ce n'est as une suite de traits isolés, un milieu sans commencement u sans fin ; c'est un tout, complet en soi-même et dans chaune de ses parties : aussi l'a-t-on définie avec raison un petit lrame, ayant son exposition, son nœud et son dénoûment.

Les qualités principales de la narration sont la précision, la raisemblance et l'intérêt.

La *précision* consiste à ne rien dire de trop. Pour être précis, le narrateur doit commencer et finir à propos, éviter les détails inutiles et qui ne concourent pas à l'action, ne point s'égarer dans les digressions, ne jamais perdre le sujet de vue, ne se répéter jamais.

Il ne faut pas confondre la *précision* avec la brièveté : la première, en rejetant tout ce qui est surabondant, conserve au sujet son unité ; la seconde, en le réduisant aux proportions d'une sèche analyse, nuit à la clarté et détruit l'intérêt. Il est bien important aussi que la narration soit complète, c'est-à-dire que le narrateur n'omette rien d'essentiel et que l'on puisse toujours, de ce qu'il dit, conclure ce qu'il ne dit pas.

La *vraisemblance* exige que toutes les convenances temps, de personne, d'action, de lieu, soient observées av soin; que le narrateur se conforme à l'usage, à l'opinion, la nature; que l'ordre réel ou probable des choses et des tem soit scrupuleusement conservé. On peut ajouter à la *vraiser blance* en exposant les motifs et les conséquences, en insistan mais toujours avec mesure, sur tous les points importants d récit.

L'*intérêt* dépend avant tout de la nature du sujet: cepen dant il est presque toujours possible de l'augmenter et que quefois même de le faire naître. Il faut, pour cela, dispos adroitement les faits, y rattacher des détails agréables, fai ressortir les contrastes, et, quand on le peut, ménager d épisodes inattendus ou pathétiques.

Deux figures de pensée, le *dialogisme* et la *démonstratio* concourent puissamment à donner de l'intérêt au récit. I *dialogisme,* ou l'usage du dialogue, lui prête une forme dra matique : il met les personnages en scène, les fait parler presque agir sous nos yeux, et par là nous met à même de nou rendre compte des motifs qui les dirigent et des sentimen qu'ils éprouvent. La *démonstration* ou peinture, nous fai pour ainsi dire, assister au spectacle de ce qui nous est ra conté. « Peindre, dit Fénelon, c'est non-seulement décrire le choses, mais en représenter les circonstances d'une maniè si vive et si sensible, que l'auditeur s'imagine presque le voir. » L'emploi de cette figure a pour résultat d'agrandir sujet et de produire l'émotion.

Terminons par une observation générale, et sur laquell nous ne saurions trop insister : c'est qu'avant toute chos l'élève doit étudier la nature du sujet qu'on lui donne traiter, et y approprier les développements et jusqu'au styl lui-même : des détails gracieux, qui plairont dans une histo riette légère, seront déplacés s'il s'agit d'exposer des fait touchants ou sérieux. On devra donc s'attacher à développe chez l'enfant le discernement et le goût.

LA MAISONNETTE.

—

SUJET.

Un parvenu avait laissé son père à la campagne; mais le vieillard étant tombé malade, il fut forcé de le faire venir à la ville. Il voulût alors le loger dans un pavillon caché derrière un massif d'arbres, à l'extrémité de son jardin. Un jour qu'il faisait préparer cette nouvelle habitation, son propre fils, enfant de six ans, qui l'accompagnait, lui demanda à qui il la destinait : C'est à ton grand-père, répondit le parvenu; à cet âge on est triste, on aime le repos, on est déplacé dans le monde. — Tu as raison, reprit l'enfant, et, quand tu seras vieux, j'en ferai autant pour toi.

Conseils.

Dans l'exposé qu'on vient de lire, rien de nécessaire, sans doute, n'est omis; le récit est rapide et clair, il amène naturellement la moralité qui le termine. Il se peut donc qu'on ne voie pas d'abord en quoi il est insuffisant, et qu'on ne trouve rien d'utile à y ajouter. On en jugera peut-être autrement, si on le compare avec celui qu'on va lire, et dans lequel cependant nous n'avons rien mis de superflu.

Nous nous sommes contentés de développer chacune des idées énoncées ci-dessus. Ainsi il ne suffit pas de dire que le parvenu laisse son père à la campagne; il faut encore indiquer les raisons par lesquelles il le décide à y rester. Il ne faut pas supposer le fils perverti et n'aimant pas son père : car alors il ne le ferait pas venir même dans la maisonnette; mais le représenter seulement comme égaré par la vanité. Ce sentiment même ne doit percer que légèrement dans le dialogue du parvenu et de son fils : l'enfant doit demeurer convaincu par les raisons que lui donne son père, et trouver son action si juste et si naturelle qu'il se propose bien de l'imiter.

DÉVELOPPEMENT.

Un riche citadin, autrefois paysan, avait persuadé à son vieux père de rester dans le village où il était né. Là, lui avait-il dit, vous vivrez plus paisible, dans un air plus sain, entouré de vos vieux serviteurs, au milieu des habitudes qui vous sont chères, à l'ombre des arbres que vous avez plantés. A quelque temps de là, on lui écrivit que le vieillard était tombé malade, et que son état réclamait les soins d'un médecin de la ville. L'idée ne lui vint pas de repousser une telle demande, car au fond il n'était pas inhumain, et il aimait son père; cependant il ne pouvait le loger à l'hôtel : les façons rustiques du paysan, son manque d'éducation, forceraient son fils à rougir vingt fois le jour aux yeux des gens qu'il recevait; d'ailleurs, la vue seule du bonhomme donnerait un démenti terrible aux fables que le parvenu avait su accréditer sur sa noble origine, et cet édifice de mensonges, construit avec tant d'art, s'écroulerait en un moment. Notre enrichi chercha donc à concilier avec ses devoirs et ses sentiments les exigences de sa vanité. A l'extrémité de ses immenses jardins, se trouvait un pavillon que masquait un rideau d'arbres exotiques achetés à grands frais. C'est là qu'il se proposa de reléguer son vieux père, et, en l'attendant, il faisait tout préparer pour le recevoir. Un jour qu'il présidait à ces travaux, accompagné de son propre fils, enfant de six ans : Mon père, lui demanda celui-ci, à qui donc destines-tu cette maisonnette? — A ton grand-père, mon enfant. — Mais il est à la campagne, loin d'ici, m'as tu toujours dit. — Oui, mais il va revenir. — Et pourquoi ne pas lui donner un des appartements de l'hôtel? — Parce que les vieillards aiment le repos et la solitude; il sera ici comme à la campagne, loin du bruit et du mouvement. — Mais il s'ennuiera. — A son âge on est triste, on n'aime pas le monde; il y serait déplacé, gêné lui-même et gênant pour les autres. — Tu as raison, reprit l'enfant enfin convaincu, et, quand tu seras vieux, je te mettrai aussi dans la maisonnette.

Réflexions.

Aucun des changements que nous venons de faire au texte ne présentait de difficulté sérieuse; nous désirons que l'élève fasse le premier cette réflexion : si en comparant les deux récits, il est amené à reconnaître qu'il n'y a rien dans les développements donnés au second qu'il n'eût pu trouver lui-même, nous aurons obtenu le résultat que nous désirons; nous lui aurons inspiré de la confiance. Persuader aux enfants qu'ils peuvent bien faire, c'est souvent leur en donner la force et les moyens.

UN VOYAGE EN DILIGENCE. — INCIDENT.

—

SUJET.

Des voyageurs traversent dans une diligence une plaine de la Silésie, et le spectacle qu'ils ont sous les yeux suggère à chacun d'eux une réflexion analogue à sa position ou à son caractère.

Conseils.

Ce sujet ne présente aucune difficulté, et ne saurait admettre de longs détails. Il s'agit simplement d'approprier quelques mots au caractère ou aux occupations de plusieurs voyageurs réunis dans une diligence. Ces voyageurs seront nécessairement de professions et de classes différentes.

La diligence rapproche bien des positions : prenez, par exemple, un officier, un agronome, un Anglais, une modiste, un poëte, un touriste, un secrétaire de légation : mettez dans la bouche de chacun d'eux une phrase analogue à ses goûts, à ses habitudes ou à son caractère, et, bien que l'incident soit par lui-même sans intérêt, on pourra cependant lui donner quelque physionomie par l'effet du contraste, si l'on sait lier les diverses parties du dialogue et les faire naître les unes des autres.

Ce qui nous frappe tout d'abord dans les objets, c'est ce qu'ils peuvent avoir de commun avec nos penchants, nos occupations, nos habitudes. Ainsi, dans une plaine, le militaire remarquera la configuration du terrain favorable ou non aux opérations d'attaque et de défense; l'agronome s'occupera de la nature du sol, de la qualité des produits qu'il peut donner; l'Anglais, fidèle aux habitudes positives de sa nation, ne sera pressé que d'arriver au but et de se mettre à table, tandis que la modiste ne donnera d'attention qu'aux papillons ou aux fleurs. Un diplomate est circonspect, il a toujours peur de laisser surprendre sa pensée, aussi répondra-t-il d'un air distrait aux observations du touriste qui, malgré ses efforts, ne pourra réussir à engager la conversation. Quant au poëte, dont l'imagination ne saurait descendre à ces idées vulgaires, nous n'aurons pas besoin de l'associer à nos interlocuteurs, nous l'abandonnerons à ses rêveries.

Ces sortes d'incidents peuvent se présenter dans toute espèce de récit; il faut donc s'exercer à les traiter, à leur donner le degré de vraisemblance qu'ils réclament, sans oublier toutefois qu'en leur qualité d'incidents ils sont sans importance, et qu'ils n'ont besoin que de quelques coups de pinceau qui les rattachent à l'idée principale du tableau. Trop de développements les rendraient oiseux, et dénoteraient chez l'écrivain une ridicule observation des petites choses.

Dans tout voyage, une diligence peut jouer un rôle ; cette diligence, selon la nature du récit, peut courir d'une ville à une autre, sans que le lecteur ait besoin d'être mis dans la confidence de ce qui s'y passe; mais l'écrivain peut user du privilége du romancier, et soulever l'impériale d'une voiture pour nous faire assister aux différentes scènes dont elle est le théâtre, comme celui-ci nous fait pénétrer dans l'intérieur des maisons et jusqu'au sein de la famille.

DÉVELOPPEMENT.

Par une chaude journée du mois de juin, une diligence roulait rapidement de Francfort à Breslaw. A la suite d'une de ces pluies d'orage, si fréquentes dans la saison des chaleurs, le temps avait recouvré sa sérénité, et la végétation étalait ses plus riches merveilles sous un ciel d'azur. A la demande des voyageurs, qui avaient été enfermés pendant la plus grande partie du trajet, le conducteur fit faire la bascule aux deux moitiés de l'impériale, et tout le monde eut ainsi la liberté de voir et de respirer. Les interjections de rigueur partirent simultanément : Ah! enfin! — c'est bien heureux! — on respire! Les pieds, les mains se détendirent, et tous les regards vaguèrent au loin.

*

Le soleil était déjà au tiers de sa course, et une plaine immense se déroulait jusqu'au plus lointain horizon.

— Attendez que je m'oriente, dit à un agronome un vieil officier dont le père avait aidé Frédéric à faire la conquête de la Silésie[1].... Oui! ce doit être là. Voilà sur la hauteur les trois vieux chênes à notre droite. Hein! mon voisin, quel beau champ de bataille! Savez-vous que là sont tombés sous nos coups dix mille Autrichiens! Rien que cela, dix mille! — En effet, dit l'agronome, ces champs sont fertiles.... superbes blés, ma foi! Les conquêtes sont donc bonnes à quelque chose, et les victoires font un excellent engrais : il faut en convenir! — Ah! des bluets! des coquelicots! s'écria une modiste. Dites donc, conducteur, soyez aimable : faites arrêter un peu, je vous prie, que je puisse en cueillir quelques-uns. — Ah!... dit un Anglais avec un effroi visible, la motion être beaucoup intempestive, jeune miss : point arrêtez-vous, conducteur; je avais faim beaucoup. Celle qui avait provoqué cette exclamation fit une petite moue boudeuse : le conducteur n'en prit nul souci, et la diligence continua sa route.

Deux voyageurs du fond risquaient fort d'avoir fait le voyage sans échanger une seule parole : l'un, déjà d'un certain âge, semblait absorbé dans de profondes réflexions; l'autre, plus jeune et plus communicatif,

[1] La Silésie, province des États prussiens (chef-lieu Breslaw), après avoir fait partie du gouvernement de Pologne, fut démembrée sous les descendants de Wladislas II. Conquise d'abord par Jean de Luxembourg, roi de Bohême, en 1322, incorporée ensuite à l'empire d'Allemagne par l'empereur Charles IV, son fils, elle fut envahie en 1742 par le roi de Prusse, Frédéric II, qui la disputait à Marie-Thérèse, et qui, après la victoire de Friedberg, en 1745 se la fit attribuer par le traité de Dresde.

essaya d'entamer la conversation par quelques-unes de ces banalités d'usage, et interpella ainsi son voisin : Pays assez nu. — Peu boisé, répondit le diplomate. — Assez triste, ajouta le premier. — Complétement insignifiant, reprit le second. — Et ce soleil, comme il est pâle. — Comme vous le dites, tout à fait décoloré. Voyant l'inutilité de ses efforts, le touriste se tut et l'entretien finit là.

Et pendant ce temps, du haut du cabriolet de derrière, un poëte, qui avait voulu être tout à ses rêveries, interpellait les mille objets qui passaient devant ses yeux, invoquait sa muse, et, fatigué d'attendre inutilement l'inspiration, se contenta bientôt de suivre paresseusement les ondulations légères de la fumée de son cigare.

Cependant on était arrivé à Breslaw : la modiste était déjà devant une glace ; l'agronome demandait la mercuriale du dernier marché ; l'officier, un journal ; le poëte lisait le programme de la représentation du jour ; le touriste revoyait ses croquis ; le diplomate prenait quelques notes. Quant à l'Anglais, qui s'était installé dans un large fauteuil, il avait déjà rangé quatre plats autour de son assiette, et criait qu'on servît le potage.

Réflexions.

Dans un pareil sujet, on ne peut se proposer qu'une chose : observer dans les paroles qu'on prête à chaque personnage son sexe, son âge, sa position. Il faut, nous le répétons, éviter tout épisode sérieux : la nature du sujet ne le comporterait pas.

L'ENFANT ET L'ÉCHO.

—

SUJET.

Un enfant, après avoir longtemps joué dans un parc, se met à chanter, et l'écho répétant ses chansons, il s'imagine qu'un mauvais plaisant s'amuse à le contrefaire. Dans sa colère, il injurie le railleur ; on lui réplique par des injures. En ce moment survient son père qui, pour le calmer, lui dit d'adresser à celui dont il se plaint de douces paroles, l'assurant qu'on répondra sur le même ton. L'enfant obéit, et des mots aimables lui sont renvoyés.

Conseils.

Ce canevas est si simple et si clair en même temps, que l'enfant qui voudra le développer, désespérant peut-être de sa tâche, croira ne pouvoir le faire qu'à l'aide de quelques lieux communs, et de ce qu'en style d'école, on nomme du remplissage. Il se trompe, car chaque ligne de ce petit texte prête à une observation.

1°. Un enfant joue dans un parc ; un écho lui répond. Or un lieu plat n'a pas d'écho. Ce parc est donc environné de coteaux, ou accidenté par quelques anfractuosités, par quelques ruines, quelques constructions qui expliquent les phénomènes dont l'enfant ne se rend pas compte. On pourra placer ici quelques descriptions, mais faites en peu de mots.

2°. Si l'enfant ne comprend pas la cause de ce qui lui arrive, c'est qu'il a été élevé à la ville ; car un petit paysan ne se fût pas mépris comme lui.

3°. S'il se fâche, c'est sans doute un enfant gâté, et cette qualification implique celle d'enfant d'un homme riche.

4°. Il joue seul, donc l'habitation paternelle n'est pas loin ;

s'il en était autrement, l'enfant serait sous la garde d'un gouverneur ou d'un domestique.

5°. C'est quand il se fâche et qu'il trépigne que le père survient : donc celui-ci surveillait son fils, et, dès lors, il ne laissera pas échapper l'occasion de lui donner une explication de ce qui l'étonne, et de se moquer doucement de sa crédulité et de sa petite colère.

DÉVELOPPEMENT.

A l'exemple du Jeannot lapin de La Fontaine, le petit Louis de Mergy, enfant de sept ans, voulut un jour prendre ses ébats, *jouer, trotter, faire tous ses tours*. Le parc de son père renfermait ici, des ponts, des pièces d'eau, là, des rocs, des ravins, des cascades. Louis n'avait eu, jusqu'à présent, que la jouissance d'une pelouse d'où l'on surveillait tous ses mouvements; mais, pour cette fois, liberté complète, point de gouverneur, point de domestique ; il pouvait errer à sa guise; il le croyait du moins. Il ne se fit pas faute d'user de cette liberté d'une demi-journée (car c'était dans l'après-midi); il prit sa course, courut d'allée en allée, gambada sur les bords de l'étang, s'y trempa bravement les mains, y lança des pierres pour faire des ricochets. Voilà ce pont chinois dont on lui faisait tant de peur; il le passe à cloche-pied; vient le tour du labyrinthe, il y grimpe comme un chat, en descend comme un écureuil. Quelle belle chose que le loisir, l'espace et la liberté!

Cependant le jour baisse, il faudra bientôt rentrer au logis; mais il a le temps encore de faire le tour de la pièce d'eau, et d'aller s'enfoncer sous une belle grotte rocailleuse. Quand il y arrive tout essoufflé, il est d'abord un peu interdit; il lui semble entendre comme un léger bruit de pas; quelque chose paraît respirer doucement à côté de lui. Bientôt ce bruit cesse ; mais pour recommencer quand l'enfant reprend sa course et ses chansons. A coup sûr quelqu'un s'est introduit dans le parc, et ce quelqu'un se moque de Louis en répétant ses paroles, en imitant sa voix. Ce ne peut être que Bastien, le fils du meunier ; ce Bastien ricane toujours en le voyant, et puis il ose le mystifier. Pas plus tard qu'hier, ne voulait-il pas lui faire croire les choses les plus invraisemblables pour se rire après de sa crédulité. Louis veut s'assurer du fait : il chante, on chante ; il crie, on crie ; il crie plus fort, et sa voix lui revient accompagnée des consonnances les plus bizarres, quelquefois même, il obtient des répliques précises, de véritables réponses à ses paroles. C'est là ce qui l'exaspère davantage encore. — Qui ose se moquer de moi ? — Moi. — Je veux savoir ton nom ? — Non. — Tu t'en repentiras, je t'en préviens. — Viens. — Où es-tu ? dans quel endroit ? — Droit. — Où donc ? Par ici, par là ? — Là, là, là.

Et il courait à droite, à gauche, haletant, n'en pouvant plus. Il tourne autour des buissons, il trépigne, il pleure de dépit, et il s'arrache les cheveux. C'est alors qu'un éclat de rire bien réel se fait entendre, et que l'enfant se trouve en face de son père.

Ce fut pour celui-ci le motif d'une petite semonce et d'une admonition paternelle. L'enfant se remit peu à peu, et put enfin se bien convaincre que personne n'était caché là pour se moquer de lui. M. de Mergy fit comprendre à son fils que l'air agité par la voix peut, comme corps élastique, rebondir et se répercuter, si la disposition des objets ne lui laisse pas un libre passage; et, pour joindre l'exemple au précepte, il fit à son tour parler l'écho en l'interpellant d'une voix caressante. Écoute bien, mon fils, dit-il, et tu vas voir comme son ton est radouci. — N'est-ce pas que tu aimes bien mon petit Louis? — Oui, oui, oui. — Et moi, ne m'aimes-tu pas aussi? — Si, si, si.

Louis avait pris plaisir à cette petite leçon : il promit de la mettre à profit, embrassa son père, et tous deux rentrèrent au château.

Réflexions.

L'élève a pu voir, par ce qui précède, que dans des sujets aussi simples, au lieu de créer des détails, de multiplier les incidents, il suffit de développer les idées principales, et d'en faire sortir les idées accessoires qui en dépendent et qui y sont pour ainsi dire contenues. Il reconnaît en même temps combien il est nécessaire d'approprier le style à la nature des faits qu'on veut raconter, et combien des détails sérieux, un style noble ou brillant, eussent été déplacés ici.

LE VENTRILOQUE.

SUJET.

La scène est dans un village. Des femmes, des enfants, des jeunes filles sont réunies pour la veillée. Survient un paysan, l'esprit fort de la troupe ; il raconte une histoire de revenants, et c'est au milieu de son récit, et lorsqu'il cherche à faire peur aux autres, qu'il a peur lui-même : car une voix mystérieuse se fait entendre, et lui dit qu'il a menti. Effroi général. Le narrateur se sauve tout des premiers, et court chez le curé, qui vient sur le lieu de la scène et découvre le mystificateur dans un jeune peintre, son neveu.

Conseils.

Il n'est personne qui ne sache ce que c'est qu'une veillée au village. L'élève dira en peu de mots ce qui s'y passe ; à quelle époque de l'année ces veillées ont lieu ; pourquoi elles ont été instituées.

Pour ajouter à l'effet de la scène, on pourra supposer que le lieu de la réunion est voisin du cimetière. Le site est romantique. A quelques pas, sont les ruines d'un vieux manoir, puis aussi quelques vieux chênes séculaires, ou tout autre objet qui puisse appeler le pinceau d'un peintre; car il y a un peintre dans notre histoire ; c'est lui qui est le ventriloque, et il ne figure qu'au dénoûment.

Tous les hommes sont amis du merveilleux, et surtout les villageois, que le manque d'éducation rend plus crédules que d'autres. Aussi les histoires de revenants, de loups-garous ont-elles toujours cours au village : c'est le sujet favori des récits qui se font à la veillée : on les écoute avec intérêt, comme avec terreur, et bien souvent le narrateur, qui se pose en esprit fort et qui veut s'amuser de la peur des autres, n'est pas le moins effrayé de tous.

Supposons donc que pendant qu'on travaille, qu'on chante, qu'on cause et qu'on médit un peu de tel ou tel, arrive un paysan beau parleur; il a improvisé, chemin faisant, une histoire de revenants qui doit produire un effet magnifique; c'est en passant près du cimetière qu'il a été témoin du fait incroyable qu'il va raconter. Il commence son récit; mais ce n'est pas lui qui le terminera : tout à coup une voix mystérieuse sort du plancher et interpelle notre paysan lui-même, qui, plus poltron que tous les autres, jette un cri, prend ses jambes à son cou, et entraînant tout le monde à sa suite, va sonner l'alarme.

Il faudra peindre ici l'effet produit par les interpellations du ventriloque, qui se croisent en tous sens et semblent partir de vingt côtés à la fois. On aura soin cependant d'en laisser ignorer la cause, pour piquer la curiosité jusqu'au bout.

Le bon curé, arraché de son presbytère, arrive enfin sur le lieu de la scène et parvient à se faire rendre compte de ce qui s'est passé. Il devine alors que les paysans sont la dupe de quelque ventriloque; il fait des recherches et découvre qu'un sien neveu, jeune peintre arrivé de la veille, a causé cette vive alerte. En sa qualité de paysagiste, et voulant prendre la nature sur le fait, l'artiste s'était glissé dans un coin de la grange, pour bien saisir l'ensemble d'une veillée de village, et pouvoir donner à ses personnages le costume et l'attitude qui leur conviennent.

Si l'on connaît l'humeur un peu excentrique des élèves en peinture et les habitudes de l'atelier, on pourra admettre que notre jeune fou sait un peu de ventriloquie, et qu'il n'a pu résister au plaisir de mystifier un mystificateur.

Le calme renaît, et les veilleuses reprennent leurs travaux.

DÉVELOPPEMENT.

La moisson était faite depuis longtemps; la vendange venait de l'être; les champs se reposaient, et attendaient l'époque de nouvelles semailles.

Par une belle nuit, bien froide et bien étoilée, du

mois de décembre, vers la Noël, les femmes et les filles de la classe pauvre et travailleuse du village de Bérigny, se rendaient au lieu ordinaire de la veillée. C'était une vaste grange, reste d'un vieux cloître, et adossée au cimetière. Les jeunes vinrent avec leurs quenouilles, les vieilles avec leur tricot, les enfants avec leurs tartines et leurs jouets. C'était au tour de Madeleine à fournir la chandelle; de Gertrude à chanter la complainte; de la mère Gervais à faire les frais de la galette. Les garçons devaient fournir la piquette ou le cidre. Ils vinrent; on n'attendait plus que Rigobert Dudut, le coq et le boute-en-train de la localité.

Pendant que le travail s'organisait à l'intérieur, un jeune peintre venait de faire le tour du cloître. Il cherchait un point de vue avec tous ses détails romantiques : effet de neige et de lune, clocher, arbres dépouillés, ruines, arceaux, fûts de colonnes, et lierre grimpant. Il ne pouvait mieux choisir. Assis sur un pan de muraille, il prit des notes, ébaucha des esquisses, étudia les ombres et les lumières, avança, recula les plans; puis, après s'être bien inspiré de tous les objets environnants, il ferma son album, et remit son travail à un autre jour, à la manière de Claude Lorrain, qui ne peignait que de souvenir. Au surplus, la nuit était froide, et la grosse gaîté qui bourdonnait à quelques pas de lui l'attirait. Sans être aperçu, il se glissa dans un endroit retiré de la grange. C'était encore un sujet d'étude qu'il voulut saisir dans toute sa vérité rustique; car il fallait un pendant à son tableau. C'est à ce moment que Rigobert arriva.

Il était tout pâle et avait les cheveux en désordre.

Rien qu'à le voir, les petits garçons et les petites filles s'entre-regardèrent avec effroi, sautèrent sur leurs jambes, et coururent se presser contre les genoux de leurs mères. Il y eut un mouvement général et instantané. — A qui en a donc cet imbécile de Rigobert? dit la plus brave, en se signant toutefois par précaution. — Il n'en fait jamais d'autres, reprit une deuxième; il veut encore nous faire peur, c'est sûr. Mais Rigobert, les yeux équarquillés, et assourdissant sa voix : Sans bêtise, dit-il, v'là c'que c'est : j'en ai encore la chair de poule. A preuve, c'est qu'il m'a pris ma casquette. — Qui donc? — Lui; sans ça il m'enlevait par les cheveux. — Mais qui donc? — Lui. — Mais enfin qui, lui? — V'là c'que c'est : J'passais sous les murs du cimetière; j'vois quelque chose de tout blanc qui se penche sur le mur, et puis un bras qui s'allonge, tout blanc aussi, comme du marbre, et tout froid. Et puis v'là une voix lugubre qui me dit.... Or, Rigobert regardait à droite et à gauche, et s'apprêtait à jeter un cri affreux, pour le plaisir d'en faire pousser vingt autres, et finir son histoire par ce beau coup de théâtre; mais il fut prévenu. Comme il répétait : V'là une voix lugubre qui me dit.... il eut la parole coupée : — Tu mens, dit une voix sourde! tu mens, dit une voix grêle! tu mens, dit une voix de stentor! tu mens, dit une voix nasillarde! Puis du toit, du plancher, de droite, de gauche, de près, de loin, la même phrase était répétée sur tous les tons : Tu mens! oui, tu mens! c'est vrai qu'il ment! ah! comme il ment! et des éclats de rire, des miaulements, des sifflets, des éternuments se croisaient, s'entre-mêlaient, et n'avaient plus de fin.

Nous ne dirons pas ce qui se passait dans l'assemblée pendant ce brouhaha et cette confusion de cris discordants ; elle avait disparu, et Rigobert tout des premiers. Il arpenta les champs, les bras tendus et toujours criant, tomba, se releva, sonna chez le bedeau, chez le sacristain, enfonça presque la porte du presbytère, fit lever monsieur le curé, gronder la gouvernante, lâcha un gros chien dans la cour, ouvrit même la cabane aux lapins, et, dans l'impossibilité où il était d'articuler un mot, poussa tout le monde devant lui en fermant la marche.

Le bon curé crut que le feu était au village. On lui faisait doubler le pas; il interrogeait, apostrophait : point de réponse. Tout le monde allait, venait et se groupait autour de lui. Arrivé au lieu de la veillée, la place était vide : bancs, chaises, rouets, tartines, sabots, quenouilles, chaufferettes, tout était confondu, pêle-mêle. Enfin, sa voix sévère gourmanda tant de poltrons, il imposa silence, se fit expliquer le fait, et le sut enfin, ou plutôt le devina. Muni d'une lanterne, il sonda les recoins de la grange, et en ramena un jeune homme qui, lui seul, manqua presque d'étouffer à force de rire d'un incident qui avait failli faire mourir de peur tous les autres.

Réflexions.

Dans ce morceau, comme dans les précédents, il s'agissait seulement de reproduire, en les développant, des idées déjà indiquées dans la matière, en y ajoutant çà et là quelques traits simples et faciles à trouver. Les sujets qui suivent demanderont un peu plus d'invention.

RAOUL ET BRIGITTE.

SUJET.

Au moment où les preux de la France partaient pour la Palestine, une jeune bergère était assise au seuil d'une chapelle consacrée à *Notre-Dame des Bois;* sa tête était appuyée sur une de ses mains ; ses yeux se levaient par intervalles vers la statue de la madone, dont la niche grillée surmontait la porte du vieil édifice ; parfois aussi ils se tournaient vers une des avenues du manoir de Presles. Par ce chemin, accourut bientôt un beau page. Les deux jeunes gens, après avoir échangé beaucoup de ces regards muets qui disent tant de choses, se jurèrent une affection éternelle, en prenant la Vierge à témoin de leur serment. Au tintement de l'Angelus, on se quitta ; et quand on se revit après dix ans, on était bien changé ; on n'avait plus ni le même visage, ni les mêmes sentiments ; enfin on ne s'aimait plus, on ne se reconnaissait même pas.

Conseils.

Ce sujet demande à être traité simplement. Le point principal à développer, c'est la rencontre des deux amants qui se revoient sans le savoir : l'un a été mutilé par la guerre, l'autre brisée par le travail ; ils apprennent enfin ce qu'ils sont : ils sont libres tous les deux ; mais leur amour n'est plus. Chacun aimait l'image qu'il avait conservée dans son cœur et non la triste réalité qui se présente maintenant à ses yeux. Si Raoul et Brigitte s'étaient reconnus tout d'abord, la liaison pourrait renaître ; peut-être pourrait-on leur supposer encor quelques années heureuses ; mais vieillis, changés comm ils le sont, ce ne serait qu'un bonheur bien pâle et sans dout aussi bien éphémère.

DÉVELOPPEMENT.

Quand, aux paroles chaudes et persuasives de sain Bernard[1], tous les preux de la France s'agitaient sou leurs armes au cri de *Dieu le veut!* une timide jeun fille priait sur le seuil d'une chapelle consacrée à *Notre-Dame des Bois,* dans le voisinage du château de Presles. Il était presque nuit ; une de ses mains soutenait sa tête blonde, de l'autre s'échappaient quelques marguerites effeuillées. Immobile et dans une douce extase, elle avait les yeux fixés sur une petite niche grillée élevée au-dessus de la porte, et qui renfermait la statue de la madone ; puis enfin ses regards s'abaissèrent et se détournèrent lentement vers l'avenue du gothique manoir : c'était par là que devait arriver et qu'arriva en effet bientôt Raoul, l'un des pages les plus brillants de la cour. L'entretien fut long, et tout plein de ces douces paroles que savent si bien trouver les cœurs de seize ans.

A l'heure où le beffroi annonça que le pont-levis du château allait se lever, il fallut, bien à regret, se dire un dernier adieu. Raoul reçut de Brigitte une écharpe humide de quelques larmes : Brigitte prit des mains de son bien-aimé un anneau de fiancée qui, en s'ouvrant, laissait voir une hirondelle, avec ces mots : *Je reviendrai.*

[1] Saint Bernard, né en 1091, fondateur de l'ordre des Bernardins, fut chargé, en 1147, de prêcher la deuxième croisade, et, entraînés par son éloquence, le roi de France, Louis VII, dit le Jeune, et l'empereur d'Allemagne, Conrad III, prirent la croix : ils n'éprouvèrent que des revers, et furent obligés d'abandonner leur entreprise en 1149.

Dix ans après, un pèlerin se dirigeait lentement vers ces lieux ; ses yeux cherchaient dans le lointain d'antiques tourelles, et lorsqu'il les vit, il pleura de joie. Quand il toucha le seuil du château, on ne le reconnut pas, et quand, d'une voix pleine d'émotion, il demanda où était une jeune fille nommée Brigitte, et ce qu'elle était devenue pendant ces dix années, on lui apprit que Brigitte était mariée. Au surplus, lui dit un manant, cette personne, mieux que moi, pourra répondre à vos questions. L'infortuné leva machinalement la tête ; il vit alors à quelques pas de lui une femme au teint hâlé, au visage couturé et amaigri : qu'avait-il à apprendre d'elle ? Il s'en fut s'asseoir tristement sur le parapet du fossé. Et le valet se ravisant : Avez-vous bien observé l'étranger qui me parlait tout à l'heure ? dit-il à la ménagère (car elle avait un emploi dans le château). — Non. — Sa figure ne vous a point frappée ? — Pas le moins du monde : j'ai seulement remarqué qu'il est bronzé comme un nègre, que son front est chauve, et que son nez n'est pas complet ; son grand œil noir m'a paru assez beau, mais, hélas ! le pauvre homme n'en a plus qu'un.

Raoul, en effet, nos lecteurs l'ont reconnu, Raoul était bien changé ; la guerre l'avait rendu méconnaissable, de même que Brigitte s'était vieillie et cassée aux pénibles travaux des champs.

Pendant ce colloque, il rêvait à celle qu'il aimait toujours, et déplorait son inconstance : Hélas ! disait-il, croyez donc aux serments les plus solennels ! Brigitte devait m'attendre, m'aimer toujours ; elle me l'avait promis ; elle me l'avait juré : je reviens, elle est à un autre. L'infidèle m'a oublié, trahi.

Et cependant Brigitte n'était pas coupable d'inconstance : c'était pour sauver son vieux père de l'indigence qu'elle avait consenti à se marier ; mais son cœur était toujours à Raoul. D'ailleurs elle était devenue veuve ; et, libre désormais, elle rêvait à cet heureux moment où Raoul reviendrait lui demander sa main.

Les deux amants apprirent plus tard qu'ils s'étaient revus sans se reconnaître, et qu'ils pouvaient encore être l'un à l'autre. Ils essayèrent de renouer le fil brisé de leurs affections ; mais ce fut en vain. Leur indifférence était vraie maintenant, comme dix ans auparavant avait été vrai leur amour.

A quoi tiennent les affections humaines!

Réflexions.

Voilà un sujet dont le contraste est un élément essentiel : nous concevons fort bien l'indifférence de Brigitte pour ce débris des guerres de la chevalerie, et nous serions étonnés que Raoul, en voyant cette ménagère au teint hâlé, aux formes rustiques, retrouvât ces fraîches et suaves impressions que son cœur ressentait en présence de la jeune bergère. Pour conserver au récit plus d'imprévu, nous n'indiquons pas tout d'abord le triste changement que dix années de fatigues ont produit sur Raoul : c'est dans la bouche de Brigitte que nous plaçons cette remarque.

C'est, au reste, un sentiment bien pénible, que celui de la triste différence qui existe si souvent entre les souvenirs et la réalité. La mémoire, fidèle dépositaire des faits et des impressions, leur conserve tout leur charme, toute leur fraîcheur; et l'imagination, sa complice, se plaît, en outre, à jeter sur le passé son riche et brillant coloris : ainsi nous aimons à nous retracer ce qui fut; nous l'embellissons encore, sans soupçonner, hélas ! que le temps a marché, que tout autour de nous s'est fait vieux, que l'enfançe a fait place à la décrépitude. L'illusion, que nous avons perdue pour l'avenir qui nous échappe et pour le présent que nous jugeons tel qu'il est, se réfugie dans le passé, nous berçant de mille rêves trompeurs : puis, si nous venons tout à coup à nous rencontrer face à face avec ces objets que nous voulions revoir, nous ne retrouvons plus rien de ce qui nous charmait autrefois : toutes les choses ont perdu ces attraits dont la séduisante image récréait nos souvenirs; il ne reste devant nos yeux qu'une pénible réalité. Et ce n'est pas seulement sur la nature périssable de l'homme, sur l'éclat passager de la beauté, de la jeunesse que se fait cruellement sentir l'influence destructive du temps; les choses aussi cèdent à cette nécessité fatale : le même site, après une longue absence, a perdu bien souvent tous ses charmes, l'impression qu'on éprouve n'est plus qu'une amère déception. C'est ce que nous allons essayer de montrer dans le morceau suivant.

LE DÉSENCHANTEMENT.

—

SUJET.

Un jeune homme, peintre et poëte, veut, apr une longue absence, revoir des lieux qu'il a aimé qu'il a retracés sur son album et qu'il a chantés da ses vers. Une jeune fille, qui animait ce lieu roma tique, a eu la plus grande part de ses inspirations. S projets d'avenir la lui faisaient alors entrevoir comn compagne, si jamais il faisait fortune. Or, cette fo tune est faite. Il est revenu d'Amérique, riche de succession d'un oncle millionnaire.

A peine débarqué au Havre, il vole aux lieux c son cœur l'appelle; mais un chemin de fer les bouleversés. Plus de cabanes de chaume, de vieill tourelles, de grottes ni de cascades. Le manoir mên s'est changé en usine, et la jeune châtelaine est mari maintenant, et femme d'un industriel; elle préside tous les détails de l'administration domestique. I jeune homme la reconnaît à peine. Adieu ses rêv d'avenir et de bonheur; il s'éloigne désenchanté.

Conseils.

Ce sujet demande plus de détails que celui qui précède; no pouvons supposer que notre jeune homme a fait une absence sept ans, et qu'il revient d'un lointain pays; ainsi nous do nons aux lieux qu'il doit revoir le temps de revêtir une ph sionomie nouvelle, tandis qu'il sait lui-même peu de cho des grands bouleversements que produisent à notre époq les créations si rapides et si gigantesques de l'industrie. Ce laps de temps est plus que suffisant aussi pour faire d'une jeune personne de dix-sept ans une femme mariée, une mère de famille.

Notre voyageur n'a pas calculé tout cela : son album lui représente vingt aspects du site romantique où il veut fixer son séjour, s'il devient riche ; pourquoi ne pourrait-il pas s'unir alors à une jeune fille que bien des fois il a vue, tout en dessinant, se promener dans la campagne, que si souvent il a revue depuis dans ses rêves.

Peut-être, comme un peu de présomption se mêle toujours aux rêveries d'un jeune homme, celui-ci est-il parti persuadé qu'il était pour quelque chose dans les promenades de la jeune fille. Aussi tous ses croquis la représentent-ils rêveuse et mélancolique.

Mais il n'en est absolument rien ; son héroïne ne soupçonnait pas même son existence, ou du moins elle songeait à tout autre qu'à lui. Un parti avantageux s'est présenté pour elle ; elle l'a accepté avec l'agrément de ses parents. Le manoir s'est changé en une usine dont elle dirige les travaux ; la poétique jeune fille est devenue une femme de ménage.

Cette historiette comporte peu d'incidents ; le principal est la déconvenue du jeune voyageur, qui, arrivé à son rendez-vous d'autrefois, ne retrouve plus rien de ce qu'il cherchait, et qui enfin, bien persuadé qu'il a pris des illusions pour des réalités, s'éloigne en s'abandonnant à ses tristes réflexions.

DÉVELOPPEMENT.

Après avoir passé sept ans à la Guadeloupe, où l'avaient appelé une riche succession à recueillir et des affaires à régler, Mérinval revoyait la France, son pays natal. Un petit coin de cette France était surtout cher à son cœur : c'était un joli canton situé dans le département de Loir-et-Cher. Peintre et poëte, il avait vingt fois reproduit, célébré, chanté un paysage délicieux, où il avait juré de passer ses jours, si jamais la fortune venait à lui sourire ; or, la capricieuse déesse avait dépassé ses espérance Mérinval revenait millionnaire ; ses biens étaient portefeuille, et, nouveau Bias, il portait tout avec lu

Débarqué au Havre, il prit la poste, se laissa emporter vers le pays, objet de tous ses désirs. Ai de son album, il cherchait à reconnaître tous l points de vue de ce site enchanteur : un coteau soleil levant; sur la droite, un petit bois de châta gniers, retraite délicieuse et solitaire, confidente ses premières rêveries ; au loin, une antique tour av ses vieux lierres, et les hirondelles qui planaient sommet; ici, quelques toits de chaume; là, une vas ceinture de peupliers; à ses pieds, la plus jolie vière ornée de berges fleuries, et coupée vers s milieu par une cascade bruissante.

C'était jusqu'au bord de cette rivière que descen daient des jardins, dépendances d'un vieux manoi qui était pour lui un lieu de féerie.

Sous la double rangée de tilleuls qui le dominaie en terrasse, il avait vu se promener quelquefoi tantôt folâtre, tantôt pensive, une jeune fille, don vu la distance, il ne connaissait bien que la ro blanche et le chapeau de paille; toutefois, son pi ceau en avait fait une nymphe, une sylphide, plus délicieuse créature du monde. Elle figurait da tous ses croquis, comme aussi dans toutes ses ins rations poétiques. Qu'elle devait être embellie, sel lui, après sept ans d'absence! C'est en songeant elle et aux lieux qu'elle animait de sa présenc qu'il arriva.... Et quand il fut arrivé, il ne vit ri de ce qu'il cherchait, de ce que son cœur avait ta d'intérêt à trouver. Et pourtant il n'avait pu se m prendre. Ne venait-il pas de s'arrêter et de reprend haleine dans un petit hameau nommé Barneuil, où dix fois, se trouvant attardé, il avait soupé et passé la nuit? ne venait-il pas de suivre le sentier qui longeait ce hameau? n'avait-il pas descendu cette clairière si connue, bordée de bruyères et d'aubépines en fleur, puis remonté le chemin abrupte, sa halte accoutumée d'autrefois?

Pourquoi donc maintenant ce nouveau point de vue qui confondait toutes ses idées, et qui donnait un démenti à ses crayons et à ses inspirations poétiques? Était-il fou naguère, ou l'est-il devenu subitement? Un paysan passait; il l'interrogea : Brave homme, où est Souville? — Devant vous, monsieur. Et il continua son chemin. Mérinval refeuilleta son album, se frotta les yeux, et confronta de nouveau; sa tête se perdait. Une paysanne poussait un âne devant elle : Souville, ma brave femme? — Eh ben! quoi? le v'là, Souville! et elle passa.

Il fallait bien que Mérinval fût persuadé, aussi se résigna-t-il à l'être. Peu à peu il entra dans la réalité de ce qu'il avait devant lui; tout était bouleversé. Il devina que la civilisation venait de jeter sa barbarie sur ce vieux pays de souvenirs. La colline qu'il cherchait n'était plus au couchant; il la retrouva derrière lui : ainsi l'avaient voulu les ingénieurs du gouvernement, à qui rien n'est impossible. Seulement, au lieu d'être ombragée de chênes séculaires, celle-ci n'était qu'un composé de remblais, de cailloux et de terre jaunâtre; mais, dans quelques siècles, elle n'en serait que plus favorable à la vigne : c'est ainsi que l'on a réponse à tout. Mérinval s'était obstiné aussi à retrouver sa belle allée de tilleuls; il en découvrit les deux derniers arbres, organisés en balançoire dans un clos d'un quart d'arpent. U monsieur s'y pavanait en se frottant les mains. C beau domaine était un véritable échiquier, distribu en petits lots, ayant chacun leur petite clôture, leu petit potager, leur petit revenu, leur petit proprié-taire. Ce bras de rivière d'un effet si romantique étai perdu : quatre rangées de rails l'avaient dévoré su leur passage. Et ces jolies chaumières! elles n'exis-taient plus que sur son album. A leur place s'élevaien trois édifices industriels, premiers éléments d'un ville en espérance, c'est-à-dire un four à plâtre, u cabaret et un débit de tabac.

Il s'empressa de détourner ses regards, et, s'orien-tant de nouveau, il attendit qu'un léger brouillard s dissipât pour contempler à son aise le manoir féoda qui, sans doute, renfermait encore sa charmante châ-telaine.

Nouvelle surprise! nouvelle déception! Les deu ailes ont disparu ; la façade vient d'être badigeonnée Une allée sablée de résidus de charbon de terre con-duit à la porte principale. C'est une usine ; il enten le bruit des machines à vapeur. De lourds chariot vont et viennent. Une jeune femme, munie d'un car-net et d'un trousseau de clefs, se tient sur le perron Elle veille aux entrées, aux sorties, et semble donne des ordres. Sa mise est des plus simples ; ell parle fort ; elle gronde. Dans ce moment même et comme si elle se fût impatientée d'un ordre ma compris, elle venait de descendre rapidement troi degrés pour aller sonner une cloche. Un ouvrie sembla vouloir lui parler ; elle fit un geste de mau-vaise humeur, poussa deux enfants devant elle, e disparut.

Adieu la poésie de Mérinval! Il avait tout compris : il avait devant lui le bruit, l'égoïsme, les tracas, les soucis du ménage.

Toutes ses illusions s'envolaient donc les unes après les autres. Cette jeune fille qu'il avait rêvée, qui avait embelli tous les moments de sa vie, n'avait jamais soupçonné son existence. Il s'absorba un moment dans ses idées mélancoliques; il voulut pourtant faire revivre un moment l'ancienne décoration de ces lieux désolés; il jeta un cri pour éveiller un écho; une grosse voix lui répondit, lui demandant ce qu'il voulait. C'en était trop, le prestige était détruit; il plia son album, déchira ses méditations de poëte, et descendit tristement la colline.

Réflexions.

Ce sujet peut se traiter de plusieurs manières. Si l'on voulait lui donner une teinte plus poétique et plus mélancolique à la fois, on supposerait un poëte proscrit pour avoir chanté la liberté avec trop d'enthousiasme, forcé de fuir au loin, et gardant au fond de son exil un pieux souvenir du pays natal, de la fiancée qu'il aima, de la forêt confidente de ses premières rêveries.

Enfin l'arrêt cruel est révoqué : libre désormais, il peut retourner aux lieux de son enfance, revoir les êtres qu'il chérit; il part, il arrive plein d'empressement, d'espérance et de bonheur; hélas! quelle amère déception l'attend au retour!

Depuis son départ tout est changé; adieu ce coteau délicieux, cette forêt solitaire, ce ruisseau limpide, ces chaumières rustiques! Un chemin de fer a passé par là : le coteau est détruit; la forêt abattue ou percée de toutes parts, les chaumières ont fait place aux usines, le retentissement des marteaux remplace l'écho mystérieux, de prosaïques moulins entravent le cours du ruisseau; partout le bruit, l'agitation, le travail : plus de calme, de solitude, de rêverie!

Du moins, si les choses ont changé, les cœurs seront restés

les mêmes : déception plus amère encore ; les parents n'existent plus, les amis ont formé d'autres liaisons ; la jeune fille qui lui est chère s'est lassée d'attendre son retour ; elle est unie à un autre, et sur cette terre de la patrie, il ne retrouve ni poésie ni affection. Réalité affreuse ! L'exil n'était-il pas meilleur ? Là, du moins, il avait l'espérance ! Ici plus même d'illusions !

Aussi quelques jours après, il s'arrache de ces lieux qui ne lui offrent plus que de tristes tableaux ; il retourne en exil vivre avec ses souvenirs.

Nous laisserons l'enfant développer le sujet sous ce nouveau point de vue, l'avertissant toutefois que, traité dans ce sens, il exige de la part du narrateur plus de délicatesse et de sensibilité.

LA CHANTEUSE VOILÉE.

—

SUJET.

Dans les premières années de l'Empire, une pauvre femme voilée chante devant l'entrée d'un jardin public. C'est en vain qu'une petite fille sollicite pour sa mère les dons de la pitié, et que son jeune frère, âgé de sept ans, joue du violon; chacun passe indifférent, et la pauvre famille va s'éloigner, quand plusieurs artistes s'offrent tout bas de chanter pour elle. La guitare et le violon passent en des mains plus habiles. La foule, surprise et charmée, prête une oreille attentive, et applaudit. Les bienfaiteurs disparaissent après avoir jeté leur offrande dans la sébille de l'enfant.

La foule imite cette générosité, et la pauvre famille se retire avec une abondante recette.

Conseils.

L'élève commencera par dépeindre l'aspect animé d'un jardin public, où se presse la foule par un beau soir d'été : les jeux de toute espèce qui appellent les promeneurs, le bruit, le mouvement de la fête, qu'il fera contraster avec la tristesse et l'isolement de la chanteuse.

Il représentera ensuite la pauvre famille : la mère voilée, et toute honteuse, conservant encore, au milieu de sa misère, un reste de dignité; le fils, cherchant à seconder sa mère; la petite fille enfin ne recueillant, au lieu d'argent, que des brusqueries et des injures. Enfin, il développera, mais succinctement le fait suivant, qui est du reste historique. Un soir, voyant qu'une pauvre femme chantait afin d'émouvoir la pitié publique, et ne recueillait rien, quatre artistes, madame Duret, Elleviou, Baptiste de Feydeau et Rode, le célèbre violoniste, revenant d'une partie de campagne, profitèrent de l'obscurité pour prendre sa place et chanter pour elle. La recette fut énorme. Nos artistes ne s'en tinrent pas là : ils prirent des renseignements sur la pauvre femme; aidés des états de service de son mari, mort glorieusement en Égypte, ils obtinrent une pension pour la veuve.

DÉVELOPPEMENT.

Il y a bien longtemps de cela : C'était dans les premiers temps de l'Empire; une grande affluence s'était portée aux Champs-Élysées; on était en juillet, la soirée était superbe et, de plus, c'était un dimanche. Aussi les affiches annonçaient-elles une fête extraordinaire à deux jardins publics, l'Élysée-Bourbon et Marbeuf. Vous connaissez le premier; c'est cette belle propriété, aujourd'hui demeure princière : vous pouvez parcourir de l'œil, malgré la haie de peupliers qui lui sert de rideau, cette vaste pelouse, où autrefois, entre sept et neuf heures du soir, cinq cents parties de volant étaient engagées. Quant à Marbeuf, il faut le chercher maintenant sous les hangars de carrosserie et de sellerie qui, partant de l'allée des Veuves, s'étendent jusqu'à la caserne qui fait le coin de la grande rue de Chaillot. De ce jardin, dont les allées formaient tant de sinuosités et se perdaient dans des profondeurs ombragées, il ne reste plus que le nom écrit en lettres bleues : Rue Marbeuf. C'est comme un nom d'homme sur une tombe.

Qui ne vit pas depuis cinquante ans au moins ne sait rien de ces deux jardins, de la foule qui s'y pressait alors, de leurs illuminations, de leurs grottes, de leurs bosquets, de leurs mille jeux, annoncés les uns par le tambourin, les autres par la trompette, ceux-ci par l'éclat des fusées, ceux-là par le fracas d'une boîte d'artifice. Puis venait un aérostat illuminé; puis, pour renvoyer tout le monde content, un bouquet, chef-d'œuvre de pyrotechnie.

Qui ne vit pas depuis cinquante ans ne sait pas, non plus, que Paris était plein de jardins semblables : car alors Paris était dans Paris; les moyens de transport n'étaient ni aussi multipliés, ni aussi commodes qu'aujourd'hui. On cherchait dans les promenades publiques un peu d'espace, de verdure et d'air; Saint-Cloud, Meudon, Saint-Germain, Versailles, n'étaient pas encore devenus des faubourgs de Paris.

Devant la porte de l'Élysée-Bourbon, une femme voilée, accompagnée de deux enfants, dont l'un tient un violon et l'autre une guitare, est appuyée contre un arbre, attendant l'heure où les huit rangées de chaises qui longent la chaussée des Champs-Élysées devant le jardin seront occupées par le beau monde, celui des équipages : car l'aristocratie d'alors ne se mêlait pas trop aux plaisirs de la bourgeoisie : elle voyait les entrants, mais n'entrait pas; il suffisait que l'éclat des bombes et les élans de la joie publique parvinssent à ses oreilles. Elle était au grand air, et tenait, pour ainsi dire, salon. Devant elle allait et venait la foule des fashionables du temps : on se reconnaissait, on se saluait, et, pendant ce temps, cent garçons de café faisaient circuler les glaces et les sorbets.

C'est au milieu de cette bruyante cohue que va préluder notre chanteuse. Sa voix est timide et chevrotante, et se perd bientôt au milieu du bourdonnement général.

La petite fille a fait le tour du cercle ; elle ne recueille pas d'argent, mais bien des mots de brusquerie et d'impatience. — Va t'en, petite. — Que veux-tu? tu m'ennuies. L'enfant retournait à sa mère, et la mendiante pleurait sous son voile. Comment donc émouvoir la pitié? Le petit garçon accorda son violon, en joua le mieux qu'il put ; c'était son plus beau morceau ; on ne l'écouta pas davantage.

La petite fit encore une tournée. Même indifférence. Cette femme et son attirail obstruaient la voie publique. — Cette pleureuse nous laissera-t-elle tranquilles ? disait l'un. — Est-ce qu'il n'y a point d'asiles pour les mendiants? disait l'autre.

Or, la pauvre femme allait se lever, et chercher de la pitié plus loin. Aussi bien on la chassait. Des quatre petites chandelles qui brûlaient devant elle, deux avaient été écrasées par les passants, les deux autres allaient s'éteindre. Sa faible voix n'éveillait plus que des échos moqueurs. La malheureuse famille pliait donc bagage, quand un bras doux et potelé pesa doucement sur les épaules de la mère : « Restez, lui dit-on tout bas, et laissez-nous faire ; seulement donnez-moi cette guitare : puis une voix chanta, voix délicieuse, et qui bientôt commanda le plus profond silence. On reconnaissait une romance alors en grande vogue à Paris, implorant la pitié pour une jeune orpheline. Mais jamais cette romance n'avait trouvé si divine interprète. Le troisième couplet finissait à peine, qu'un duo le remplaça, et l'enthousiasme fut au comble. De toutes parts on criait bravo, et l'on applaudissait. Un air brillamment chanté par une troisième voix, et dont chaque couplet se perdait en variations allant toujours crescendo, acheva d'électriser la foule. Enfin, des doigts savants firent parler si harmonieusement les cordes du maigre et chétif violon de l'enfant, que la lyre d'Apollon n'eût pas fait plus de merveilles; et, quand on se pressa pour reconnaître à quels artistes on était redevable d'une émotion aussi vivement sentie, il était trop tard; les exécutants avaient disparu dans la foule, ne laissant de trace de leur passage que quatre pièces d'or qui retentirent dans la petite sébille. L'élan était donné : chacun jeta son offrande; la petite fille ne glanait plus, elle moissonnait à pleines mains.

Le lendemain, on ne s'occupait à Paris que de l'épisode des Champs-Élysées. On avait découvert les noms des artistes de la veille : on admirait leur bienfaisance délicate; mais ils ne devaient pas en rester là. Des informations furent prises sur la pauvre chanteuse; on connut ses malheurs : c'était la veuve d'un officier. Ses bienfaiteurs improvisés firent des démarches, et, à quelque temps de là, un journal annonçait que, grâce à l'intervention de deux artistes d'un de nos premiers théâtres, une pauvre femme, bien connue à Paris sous le nom de la Chanteuse voilée, venait d'obtenir une pension de 1,000 fr. en qualité de veuve d'un officier distingué mort en Égypte.

Réflexions.

Ce sujet ne demandait pas de grands développements : il fallait seulement bien décrire le lieu de la scène, puis raconter le fait en lui conservant toute sa simplicité. C'eût été le gâter que de vouloir l'embellir. De parcils traits sont trop beaux par eux-mêmes pour ne pas perdre beaucoup aux ornements qu'on tenterait d'y ajouter.

Remarquons toutefois que si nous ne nous étions pas fait un devoir de conserver à cet épisode toute la vérité historique, si c'était, en un mot, un sujet d'imagination, il aurait fallu le traiter autrement. Supposons, par exemple, que l'élève, au lieu d'être renfermé dans des données nécessaires, soit libre de disposer à son gré la composition, et voyons comment il devra procéder.

Nous lui avons appris déjà que le grand mérite d'une narration quelconque est d'être intéressante; or, elle peut l'être de trois manières :

Il y a un intérêt qui résulte des agréments du style et qui charme l'esprit.

Il y a un intérêt qui tient à une habile disposition des faits, qui pique la curiosité et qui plaît à l'imagination.

Enfin, il y a un intérêt qui parle au cœur : celui-là tient aux qualités qu'on prête aux personnages, et aux malheurs qu'ils éprouvent.

Ce dernier genre d'intérêt est surtout celui que comporte le sujet qui nous occupe. Il devra se porter à la fois sur la personne qui fait le bien et sur celle à qui le bien est fait.

Voyons d'abord ce que doit être celle-ci :

Une femme; elle est plus sensible au malheur et a moins de moyens d'y échapper; une mère, elle est doublement à plaindre, car elle souffre et de son malheur et de celui de son enfant; une femme veuve, elle est frappée à la fois dans ses affections et dans sa fortune; une femme d'officier, elle tombe soudainement d'une position honorable et même élevée, dans l'humiliation et la misère. Il fut d'ailleurs une époque de notre histoire, où cette espèce d'infortune était assez fréquente et devait provoquer, par cela même, une plus facile sympathie.

Quel sera maintenant le bienfaiteur? sera-t-il seul à faire le bien?

Sans doute le bienfaiteur peut être un jeune homme, un artiste sensible à la souffrance d'autrui. L'élève sentira cependant que le personnage inspirera plus d'intérêt si c'est une femme, et une femme jeune et belle. Pour donner de la vraisemblance à l'action, il ne faudra pas choisir notre bienfaitrice dans la classe élevée. Les riches sont trop loin du malheur pour y être sensibles, le bien d'ailleurs leur est trop facile à faire pour qu'il soit aussi méritoire, et puis, quand ils le font, ils le font d'une autre manière. Un bienfait aussi ingénieux, aussi délicat ne vient qu'au cœur de ceux qui ont souffert aussi et qui sont disposés à la pitié par le souvenir de leur propre malheur. Ceux-là ne se contentent pas de jeter dédaigneusement un peu d'or à l'infortune : ils lui tendent la main, ils savent lui donner leur temps, leur labeur, leurs douces paroles et leurs larmes, leurs larmes qui sont la plus belle des aumônes, celle du cœur. La bienfaitrice sera donc une artiste autrefois pauvre aussi; elle sera seule : évitons d'attribuer à plusieurs une noble inspiration; l'intérêt qui se divise s'affaiblit.

Reste à choisir le lieu de la scène : pour obtenir un effet de contraste, l'élève supposera la chanteuse essayant en vain de faire entendre ses couplets devant la porte d'un riche et brillant hôtel où se presse un grand nombre de visiteurs. Pour rendre vraisemblable la présence de la cantatrice, on supposera que des artistes de premier ordre ont été invités pour donner plus d'éclat à la fête : une longue file de voitures encombre la rue.

Tout à coup la portière d'un coupé s'ouvre; une femme en descend : elle est dans tout l'éclat de la jeunesse et de la beauté, et mise avec une riche élégance; elle s'approche de la chanteuse, et bientôt les accents d'une voix savante et pure frappent les oreilles distraites de la foule étonnée. On se groupe autour de la pauvre femme qu'on dédaignait tout à l'heure, on ne peut comprendre, on écoute, on s'interroge, on admire; déjà le morceau est terminé, déjà l'artiste généreuse a donné son offrande et regagné sa voiture, et la foule écoute encore attentive et recueillie. Mais on a compris ce trait sublime de bienfaisance; chacun alors de donner son offrande, et ce soir-là, la pauvre chanteuse fit une abondante recette.

Le nom de l'artiste était le lendemain dans toutes les bouches. On doit supposer que sa bonté ne s'arrêta pas là, un bienfait en appelle un autre; en faisant assurer un sort à la veuve, elle acheva ce qu'elle avait si bien commencé. Nous allons développer succinctement le sujet envisagé sous ce nouveau point de vue.

DEUXIÈME DÉVELOPPEMENT.

Pendant une des soirées les plus glaciales de l'hiver, une femme, jeune encore, mais dont le visage pâli par la souffrance portait les signes d'une vieillesse prématurée, errait dans les rues de Paris avec un enfant qu'elle tenait par la main, et qui paraissait avoir environ six ans; ses yeux ne donnaient plus de larmes, mais on voyait qu'ils en avaient beaucoup versé; tantôt elle les abaissait sur son fils avec l'expression d'une indicible pitié; tantôt elle les élevait vers le ciel, comme pour lui demander des secours qu'elle ne trouvait point sur la terre.

Avec son mari, officier distingué de l'Empire, qui avait été chercher la gloire sur un champ de bataille où il avait trouvé la mort, elle avait perdu tout à la fois sa position dans le monde, son appui, ses espérances et le pain de son enfant.

Comme le travail lui avait manqué dans le village où elle avait d'abord caché son infortune, elle était venue à Paris à petites journées et à pied, vivant en route du peu d'argent qu'elle avait retiré de la vente de son anneau de mariage, son plus cher souvenir, et de la croix de son mari, qui était toute la fortune de l'ancien soldat.

Son voyage n'était point encore achevé, et elle avait déjà épuisé ses dernières ressources; elle avait pu cependant terminer sa route, grâce à quelques bonnes villageoises qui, la voyant cheminer en pleurant, avaient eu pitié de sa misère.

Maintenant elle se trouvait à Paris, inconnue à tous, sans asile, sans pain et malade, adossée à la porte d'un hôtel qui brillait de l'éclat d'une fête, et qu'entourait une foule oisive et curieuse, avide de contempler les riches toilettes des invités, que d'élégants équipages amenaient de moment en moment dans la cour de l'hôtel. La pauvre femme songeait à son dénûment et cherchait le moyen de gagner au moins un peu de pain pour son enfant; elle essaya de chanter, se souvenant que sa voix était belle autrefois, et qu'elle avait souvent été applaudie dans des soirées heureuses; mais cette voix maintenant était brisée par la douleur, et se perdait au milieu du bruit; la foule passait avec indifférence auprès de l'enfant, qui lui tendait en vain sa petite main rougie par le froid. Les uns, trouvant dans le spectacle de la misère d'autrui un sentiment plus doux de leur bien-être personnel, s'enfonçaient avec complaisance dans leur voiture, ou s'enveloppaient de leur manteau; les autres, plus inhumains, joignaient à l'indifférence le mépris et la dureté : « Éloigne-toi, pleurard! — Arrière la vieille! » s'écriaient-ils avec humeur : comme si le pauvre n'avait pas le droit d'affliger par sa présence importune les plaisirs des heureux du monde!

Et la foule passait, et la pauvre femme ne recevait rien. Elle allait s'éloigner, le désespoir dans le cœur, et levant au ciel ses yeux consternés, comme pour le prendre à témoin de ses souffrances et l'implorer une dernière fois. En ce moment, un brillant équipage allait franchir la porte de l'hôtel. Une femme jeune et belle avança la tête à la portière, elle rencontra le regard de la pauvre chanteuse, elle comprit tout, et soudain une idée généreuse, sublime, a fait battre son cœur. La voiture s'est arrêtée; l'artiste, car c'était une de nos premières virtuoses, en est descendue; elle a dit quelques mots à la veuve, puis, sans attendre sa réponse, elle a pris place à ses côtés. Alors une voix sonore et pure se fait entendre, et de son éclat domine le bruit de la foule; puis, devenue tendre, quand le silence s'est établi, elle fait résonner un de ces chants que la Muse des camps avait consacrés au souvenir de nos victoires et de nos revers, et qui alors réveillaient dans les cœurs de si vives sympathies.

La foule s'était pressée, muette, attentive, recueillie. On s'était étonné d'abord de voir cette femme richement parée, pleine de grâces et de charmes, parler à la mendiante; l'étonnement avait redoublé quand on l'avait vue rester à côté d'elle et se disposer à chanter; puis on avait écouté avec admiration, mais sans comprendre encore. Cependant tous les yeux étaient humides, et les pièces d'argent pleuvaient autour de la pauvre veuve. La foule grossissait toujours; l'attendrissement avait gagné tout le monde; la malheureuse veuve elle-même avait retrouvé des larmes. Cependant on prêtait l'oreille à de nouveaux accents; mais la bonne œuvre était accomplie, les chants avaient cessé.

Vainement on chercha celle dont la voix avait produit de si douces émotions. La cantatrice s'était dérobée aux remercîments, aux bravos des auditeurs. Elle était déjà dans les salons de l'hôtel, où de nouvelles ovations l'attendaient. Une pièce d'or qui brillait dans la sébille de l'enfant témoignait seule de son passage. Ce fut alors un enthousiasme général. On sentait tout ce qu'il y avait dans cette action de généreux et de délicat, et le lendemain on en parlait dans toute la ville. Le nom de la virtuose fut bientôt dans toutes les bouches : c'était une cantatrice célèbre qui, elle aussi, avait connu de mauvais jours. Née pauvre, et forcée de mendier d'abord, elle était devenue, par ses grâces et par son talent, l'idole du public et la reine des concerts ; mais née en même temps bonne et généreuse, la fortune ne l'avait pas gâtée, et, malgré la richesse et le bonheur, elle avait su rester compatissante et sensible.

Aussi ne crut-elle pas devoir s'en tenir à ce qu'elle avait fait déjà. Elle prit des renseignements, connut les malheurs de la pauvre veuve, fit des démarches, et ne se donna pas de repos qu'elle n'eût fait obtenir à sa protégée une pension, qui la mît pour toujours à l'abri du besoin.

Réflexions.

Cette esquisse, bien qu'imparfaite, suffit pour faire voir à l'élève comment le sujet devrait être traité. Nous voudrions aussi que l'enfant tirât de ce qu'on vient de lire cette conclusion, que la bienfaisance ne consiste pas dans une prodigalité aveugle, et que pour faire le bien il n'est pas toujours besoin d'être riche, mais bien plutôt d'être compatissant, délicat et sensible.

LE FIDÈLE GARDIEN.

—

SUJET.

Un vieux soldat est marié. En l'absence de sa femme, il veille sur un enfant au berceau. Mais ce soldat est mandé par son chef; il faut qu'il se rende à ses ordres.

A qui va-t-il confier la garde de son enfant? A son chien, dont il connaît la force et l'instinct admirable. Il le siffle, lui fait comprendre quelle est sa mission, et il part.

Quelque temps s'écoule; un sifflement se fait entendre; c'est un serpent qui dresse la tête à une fenêtre ouverte, et qui pénètre dans l'intérieur. Horrible lutte entre le serpent et le chien. Celui-ci reste vainqueur.

Le maître rentre; la gueule du chien est ensanglantée; le berceau est renversé. Plus de doute, le chien a dévoré l'enfant. Le chien est tué; et quand le maître reconnaît son erreur, il est trop tard.

Conseils.

Cette histoire est bien connue : il s'agit de la rajeunir par quelques détails, et de la rendre en tout point vraisemblable. D'abord, où se passera la scène? Elle serait déplacée en France; les serpents n'y sont pas venimeux. Elle le serait également dans d'autres parties de l'Europe, même dans les contrées méridionales; ce n'est pas encore là qu'il faut chercher ces reptiles dont la plus légère atteinte peut donner la mort.

Mais elle peut sembler naturelle en Afrique, dans l'Amérique méridionale, dans les Indes, etc.

Si elle se passe dans une de ces contrées, une rapide esquisse des lieux est nécessaire; le soldat aura telles armes, telles fonctions, tel grade; il obéira soit à un cacique, soit à un calife, soit à un cheik, soit à tout autre chef, suivant le pays qu'aura choisi le narrateur.

Sa femme le commet à la garde d'un berceau ; une mère ne quitte guère son enfant ; mais les soins du ménage ont pu nécessiter sa sortie; d'ailleurs son absence ne sera pas longue. Si ses exhortations à son mari sont pressantes, si la surveillance de celui-ci doit être active, c'est que sans doute un danger peut menacer l'enfant : l'habitation est peut-être mal close; elle est peut-être à l'écart, dans le voisinage d'un bois; les crevasses du mur peuvent livrer passage à quelque reptile, à quelque animal malfaisant.

La femme doit compter sur la surveillance de son mari; mais un ordre impérieux appelle celui-ci au dehors. Il faut qu'il obéisse.

Si le chien le remplace, c'est qu'il mérite la confiance qu'on a en lui. Il faudra donc donner quelques détails qui l'expliquent et la justifient.

Un serpent montre sa tête à la fenêtre ; sans doute il est attiré par quelques vases de lait qui sont dans l'habitation.

Si le berceau est renversé, c'est que, au plus fort de la lutte, le chien aura voulu faire à l'enfant un rempart de son corps. Une fois vainqueur, en voulant le caresser, il aura souillé de sang sa figure et ses langes.

L'épouvante d'abord, puis le désespoir du soldat sont suffisamment motivés; cependant sa colère peut sembler bien prompte et bien injuste, car jusque-là son chien s'était toujours montré fidèle et dévoué : il sera donc bon de justifier ses soupçons contre l'animal en exposant qu'il en avait été mécontent et l'avait châtié le matin même.

Terminer par de courtes réflexions.

DÉVELOPPEMENT.

Barcouf avait obtenu son congé : c'était un janissaire, assez jeune encore, mais que de nombreuses blessures rendaient impropre au service; toutefois il était en relation avec ses anciens camarades; c'était lui qui faisait manœuvrer les recrues.

Barcouf avait pris femme, et de plus il était père. Tous les moments qu'il pouvait dérober à son ancien métier, il les consacrait à Kirma, et à un enfant encore au berceau. Ajoutez un chien, et vous aurez tout le personnel de son petit intérieur.

Or, ce chien était célèbre dans les environs. Issu d'un père gardeur de moutons et d'une mère de Terre-Neuve, il participait de leurs admirables instincts, perfectionnés encore par le savoir-faire de son maître. Les manœuvres auxquelles il assistait (Barcouf lui permettait quelquefois cette distraction) étaient toujours les mieux exécutées. Avec lui pas de rangs disjoints ou de files mal alignées : car, prenant la ligne droite et courant comme le vent, il accélérait tous les pieds retardataires. Rompant le pas en même temps que Barcouf, il épiait tous les mouvements des soldats, et, selon que son maître approuvait ou était mécontent, il remuait la queue ou aboyait; quelquefois même il tournait le dos; alors le cas était grave : à coup sûr quelqu'un avait causé, ou s'était gratté l'oreille, ou s'était rendu coupable de quelque infraction semblable. On riait; Barcouf riait aussi, et commandait le repos. Alors la paix était faite. Devenu mouton, l'énorme molosse prenait sa part de tous les déjeuners, et se laissait rouler au gré de chacun.

Barcouf habitait, à une demi-lieue de Galata, une maisonnette dont lui-même avait été l'architecte. Elle était un peu isolée, un peu perdue au milieu des bois, un peu éloignée de tout secours en cas d'alarme ou de danger ; mais n'était-elle pas sous la sauvegarde de la bravoure et de la vigilance ?

Un jour, Barcouf revenait d'une course dans les environs, avec son compagnon ordinaire ; et, pour la première fois, il l'avait châtié chemin faisant. Dix fois le sifflet l'avait inutilement appelé. Le chien s'arrêtait immobile dans la plaine, semblait éventer une piste, puis une autre, et ne réussissait qu'à faire lever au loin quelque pauvre gibier, qu'il laissait aller sans le poursuivre, sans même s'en occuper. Ce n'était pas son métier : de quoi s'avisait-il ? Barcouf s'époumona à le rallier ; puis, le poussant devant lui en faisant claquer son fouet, il rentra, et le chien honteux s'accula dans un coin.

La femme attendait, et s'apprêtait à sortir. Elle recommanda l'enfant à Barcouf. A peine absente, un soldat vint frapper à la porte de la maisonnette : « Le capitaine te demande, dit-il : prends bien vite tes armes, et suis-moi ; point de retard ; c'est un service pressé. »

Barcouf était voué à l'obéissance passive. Il s'habilla et siffla son chien, qui vint et attendit la consigne. Il la lut si bien dans les yeux de son maître, qu'il se dirigea vers le berceau, en fit le tour, et s'étendit auprès. Voilà l'enfant sous la garde du chien. Une demi-heure s'écoule ; l'enfant dort toujours. Le chien fait de nouveau sa ronde, et s'accroupit tranquille en apparence, le museau allongé sur ses pattes. Il va dormir aussi. Cependant un frémissement insensible parcourt son corps ; ses yeux inquiets font un mouvement de gauche et de droite, sa queue est tendue, et ses oreilles se lèvent et s'abaissent alternativement. On dirait qu'il pressent quelque danger éloigné, puisqu'il s'en inquiète, puisqu'il va comme au devant, et qu'il semble l'attendre. Sa tête s'allonge et s'étale sur le sol ; il l'incline en grognant sourdement ; quelques minutes s'écoulent, il fait un bond, il est en arrêt, et voilà que la tête hideuse d'un serpent se dresse à une fenêtre ouverte. C'est l'odeur du lait qui l'attire ; un vase en est plein, et ce vase ne se trouverait pas là que le danger serait le même ; car, avant de s'endormir, l'enfant a pris le sein de sa mère ; ses petites lèvres en sont encore imbibées. Les deux ennemis se regardent ; le poil du chien se hérisse, et la tête du reptile avance toujours. D'anneaux en anneaux, il est dans l'habitation, et la lutte commence. Elle sera terrible. Non-seulement il faut que le chien défende l'enfant ; mais il faut qu'il se défende lui-même, il faut qu'il saisisse son ennemi à la gorge pour se mettre à l'abri de ses morsures. Ses aboiements retentissent horriblement ; mais personne ne les entend, et ils ne servent qu'à fatiguer sa voix. Ses feintes, ses bonds, ses efforts n'empêchent pas qu'il ne batte en retraite. Alors il hurle, il saute convulsivement sur le berceau qu'il renverse, et c'est dans le moment où le serpent se glisse dessous, que le chien lui saute à la gorge, qu'il l'étrangle, et que, s'acharnant sur sa proie, la déchirant de ses ongles, il finit par lui séparer la tête du tronc. Puis, vainqueur, il court à l'enfant qui pousse des vagissements, il le lèche comme pour le rassurer, semble lui demander grâce, et se couche enfin tout joyeux sur les langes ensanglantés.

C'est dans ce moment que le soldat rentre. Haletant, enroué, sanglant, couvert d'écume, la langue pendante, le chien court au devant de son maître, il bondit jusqu'à la hauteur de son épaule, et semble lui interdire le passage. L'autre pâlit, une vague terreur l'agite. La scène du matin, les distractions de son chien, son humeur, ses caprices viennent se représenter à son imagination ; son chien serait-il devenu furieux, enragé ? Il le repousse rudement, le rudoie, le frappe, et pénètre dans la chambre. Quel désordre ! du sang partout, le berceau renversé, l'enfant immobile. O désespoir ! il est mort ! C'est le chien qui l'a tué. Meurs ! lui dit le malheureux père, et il le perce d'un coup d'épée.

Mais l'enfant pleure et tend ses petites mains ; il n'est donc pas mort. Barcouf le relève, et avec lui il entraîne la dépouille d'un serpent. Il a tout compris ; mais il est trop tard ; il n'a plus qu'à gémir ; il se retourne ; son chien le regarde tristement et meurt.

Nous ne dirons pas les regrets de Barcouf. Le temps seul, cet unique consolateur, put les diminuer un peu.

Ce malheur fut comme le prélude de maux plus grands encore. A quelque temps de là, sa femme et son enfant moururent : Barcouf alors brûla sa maison, la rebâtit, en changea le plan, les dispositions, et, de tout ce qu'il avait connu jadis, rien ne resta vivant que sa douleur.

Réflexions.

On a dû voir par ce qui précède qu'il est possible, dans de certaines limites du moins, de donner de l'intérêt à un sujet rebattu, et pour ainsi dire usé. Il faut alors s'attacher à y jeter quelques détails nouveaux, à décrire les circonstances d'une manière un peu dramatique, enfin à racheter par la forme ce qui semble défectueux, quant au fond.

LES FLEURS ANIMÉES.

LÉGENDE ORIENTALE.

—

SUJET.

C'est en Orient qu'il faut aller chercher les l gendes merveilleuses. Nous supposons qu'un jeu Arabe, nommé Ali, habite Bagdad, et qu'il est arrièr petit-fils du fameux Ali, compagnon du Prophète. est immensément riche, sans être plus heureux po cela. C'est en vain que les premières familles vou draient l'avoir pour gendre : Ali a rêvé un pays où bonheur l'attend, et où il trouvera la femme qui do être la compagne de sa vie. Il ira à la recherche cette terre promise ; car, selon lui, les voyageu peu nombreux qui l'ont précédé n'ont vu que très imparfaitement les choses.

Dès le matin, la caravane se met en route ; pendant quinze jours ses provisions lui suffisent ; pu vient le désert ; il faut aller à la recherche des source et des oasis ; le temps s'écoule ; toutes les privation se font sentir ; la sécheresse, la soif, la faim déci ment la troupe ; ils périssent tous, excepté Ali ; lorsque, découvrant enfin la terre objet de ses re cherches, il se retourne pour haranguer ses cama rades, il ne voit plus personne.

Après avoir gravi une pente escarpée, il en at teint le faîte couronné d'arbustes odoriférants, e devant lui se déploie un pays merveilleux.

Merveilleux, en effet, car il a son soleil à lui, il ne semble peuplé que de fleurs, et du sein de ces fleurs sortent le matin de jeunes nymphes, d'abord à l'état d'atomes organisés, puis grandissant à mesure que le soleil monte à l'horizon, et décroissant de même à mesure qu'il descend vers l'occident : le soir venu, elles se retirent dans la fleur qui leur a donné naissance.

Ali veut pénétrer ce mystère, et s'attache à la poursuite de l'une d'elles, mais le jour baisse ; la sylphide diminue peu à peu, et c'est quand il va la saisir qu'il la voit disparaître dans le calice d'une rose.

Mieux avisé le lendemain, il recommence ses recherches aux premières lueurs du jour et décide une des nymphes à le suivre ; mais, arrivé au haut de la colline, il la voit se décolorer, et bientôt de la brillante sylphide il ne reste plus qu'une fleur desséchée.

Stupéfait, désespéré, il jette un grand cri.... et s'éveille : tout ce qu'il avait vu n'était qu'un songe.

Conseils.

Nous avons dû donner au texte quelques développements. Cette historiette présente une suite de descriptions : les préparatifs d'Ali, sa marche à travers le désert, le spectacle de cette région fantastique, et des fleurs qui l'animent, tout prête à des développements. Les enfants qui ont lu les contes des *Mille et une Nuits*, pourront mettre à profit leurs souvenirs : aux autres nous conseillerons de se donner carrière ; ce sujet demande un peu d'imagination, et l'élève ne doit pas se faire scrupule d'employer le merveilleux, pour peindre un pays fantastique.

DÉVELOPPEMENT.

Ali aurait dû se trouver heureux ; car il était riche,

jeune et beau, et de plus arrière-petit-fils du compagnon du Prophète[1]. Ali s'ennuyait pourtant. Il avait beau se dire que Bagdad[2] était la plus belle des villes, que les distractions y abondaient, il rêvait mieux que cela encore. C'est qu'il avait lu les poëtes de l'Orient, c'est qu'il était poëte lui-même, et doué de la plus vive imagination.

Le bonheur n'existant pas à Bagdad, Ali pouvait conclure de là qu'il n'existait sur aucun point de la terre habitée. Mais cette terre était-elle entièrement connue? et bien loin, par delà les montagnes bleues, qui bornaient l'empire du sublime calife, ne pouvait-il pas se trouver un pays plus heureux, comme le croyaient les poëtes, une terre promise où toutes les rêveries d'Ali seraient des réalités? Et cette terre promise, pourquoi ne la chercherait-il pas?

A l'époque où il vivait, le monde n'avait guère pour voyageurs que des conquérants, espèce exceptionnelle, comme chacun sait, courant toujours sans voir, dévastant, sabrant, brûlant tout, sans se soucier le moins du monde de mœurs, de climats, de productions ou de latitudes. Vive la position d'Ali pour bien voir, bien apprécier, bien connaître! Ses coffres

[1] Mahomet, en arabe Mohammed, fondateur de la religion musulmane, dont les dogmes et les préceptes sont consignés dans le Coran, naquit à la Mecque, l'an 570 après J.-C. Il commença, vers l'an 610, à répandre ses nouvelles doctrines, et mourut à Médine, en 632. Il convertit d'abord sa famille : son cousin Ali fut un de ses disciples les plus fervents, et contribua puissamment à répandre l'islamisme et à étendre au loin les conquêtes des Musulmans. Proclamé calife, c'est-à-dire lieutenant du prophète, l'an 656, Ali mourut assassiné quatre ans après. Ses descendants, les Alides, longtemps exclus du pouvoir, régnèrent en Égypte sous le nom de Fatimites (Ali avait épousé Fatime, fille de Mahomet). Ali est encore regardé par quelques Orientaux comme un martyr. C'était un prince doux et vertueux.

[2] Ville de la Turquie d'Asie sur le Tigre, capitale du pachalik de ce nom, autrefois capitale de l'empire arabe, aujourd'hui gouvernée par un pacha, à peu près indépendant de la Porte.

regorgeaient de sequins, et mille esclaves obéissaient à ses moindres volontés.

Il rêvait donc soir et matin à son projet, et certain jour il y rêva plus que de coutume. Il s'était acheminé vers un kiosque dont un moelleux divan tapissait le fond; il s'y étendit bien horizontalement, déplaça, replaça vingt fois ses coussins, rabattit son caftan sur ses yeux, croisa ses pieds l'un sur l'autre, puis ses mains sur sa poitrine, et, savourant la fumée d'un tabac délicieux, se laissa doucement aller à ses réflexions. Son entreprise était hardie, périlleuse même; c'était bien le moins qu'il en pesât toutes les chances.

Doucement bercé par le bruit d'une cascade qui gazouillait à deux pas de lui, il en écouta quelque temps le murmure plaintif et cadencé; puis il se reprit à penser au voyage qu'il méditait sans cesse, et il en disposa minutieusement dans son esprit tous les préparatifs.

Le lendemain, au point du jour, une longue et interminable caravane d'hommes, de dromadaires et de caissons d'argent, défilait dans la ville et passait sous la porte de Massoul-Addji. Tout Bagdad était aux fenêtres. Les applaudissements et les acclamations durèrent pendant tout le défilé. Ils éclatèrent avec une nouvelle force au passage d'Ali, qui, porté dans un riche palanquin au son des cymbales et des trompettes, occupait le milieu du cortége et saluait gracieusement la foule émerveillée.

Le convoi se dirigeait vers le sud; les premiers jours on voyagea à petites journées; chaque soir, on arrivait à un de ces caravansérails qui ont huit parasanges[1] de distance de l'un à l'autre, et qu'on

[1] Mesure itinéraire chez les Perses, valant environ 6 kilomètres.

désigne dans le pays sous le nom d'*hospitalité des Califes;* puis le désert s'ouvrit devant Ali.

Il ne fallait plus compter alors que sur les oasis, qui sont l'*hospitalité de Dieu;* on en trouva, mais bientôt, elles devinrent rares ; puis, plus rares encore ; enfin, elles disparurent entièrement. Le désert s'étendait, immense, incommensurable ; la caravane allait, allait toujours, et Bagdad était à mille lieues.

Outre la fatigue, les voyageurs avaient à combattre l'extrême chaleur ; ils languissaient, invoquaient les nuages ; hélas, ils n'obtinrent que de la poussière et des sauterelles. Cependant les hommes et les animaux mouraient : la caravane diminuait tous les jours ; on se fût révolté, comme il arrive dans toutes ces déceptions, si, par un de ces effets de mirage, fréquents au désert, on n'eût eu constamment devant les yeux des cédrats pendants aux branches, des ruisseaux fuyant sous l'herbe et des bancs d'un gazon frais tout parsemé de fleurs.

Par suite de cette illusion fantastique, les compagnons d'Ali buvaient et mangeaient à vide; et, croyant s'asseoir, ils tombaient lourdement sur le sol, sans pouvoir se relever. Ali seul, comme soutenu par une force mystérieuse, semblait n'avoir rien perdu de sa vigueur et de son énergie. En sa qualité de chef de l'expédition, et voyant cette mortalité progressive, il s'était sagement administré le reste des provisions, faisant dire à sa troupe qu'elle se recommandât au Prophète, qui n'abandonne jamais les vrais croyants.

Le soir même de cet ordre du jour, tous les vrais croyants étaient étendus sur le sable, et quand Ali, qui venait enfin de voir apparaître à l'horizon cette terre, objet de ses désirs, se retourna pour les haranguer, sa voix n'eut pour écho que les cris des vautours qui dépeçaient ses camarades.

Frappé d'épouvante, il hâta sa marche; il voyait devant lui des montagnes nues, décrivant un cercle immense et dont le sommet seul était couvert d'arbustes verdoyants. On pouvait juger de la forme et de l'étendue de ce cercle par la forme et l'étendue qu'il affectait dans le ciel, où, comme dans un miroir magique, il semblait se refléter, avec toutes les merveilles qu'il renfermait. Les vents, les rafales, les tourbillons du désert venaient mugir et se briser contre cette enceinte.

Ces roches étaient trop à pic pour que la monture d'Ali pût les gravir. Elle resta là, dernière pâture abandonnée aux oiseaux de proie. Quant à lui, saisissant, comme il put, les saillies des rochers, se traînant et rampant sur les genoux, sur les mains, plantant son poignard dans les interstices des pierres, et peut-être aussi secondé par quelque puissance invisible, il put en atteindre le sommet. Quand une fois il fut arrivé à la haie odoriférante, quand il eut fait face au pays enchanté qui réalisait ses songes les plus doux, un sang plus subtil circula dans ses veines; ses pieds semblaient marcher d'eux-mêmes, et effleurer à peine les pentes les plus douces, les plus veloutées; il nageait, pour ainsi dire, dans une atmosphère tiède et embaumée; il se sentait vivre d'une nouvelle vie.

Ce qui distinguait ces lieux de tous ceux dont Ali avait lu les descriptions plus ou moins poétiques, c'était l'espèce d'émoi et de doux frémissement qui semblaient agiter les fleurs. Autour de leurs calices bourdonnaient de légers essaims, non d'abeilles, mais de formes aériennes, sorties des pétales des fleurs, se nourrissant de la rosée qui couvrait leur berceau, puis, peu à peu croissant et se développant aux rayons du soleil. C'était un soleil à part, tout pailleté d'or et d'azur, tout ruisselant de rubis et de saphirs. Ali stupéfait considérait toutes ces merveilles et croyait être le jouet d'un songe. Revenu de son extase, il voulut pénétrer le mystère qui enveloppait ces légères créatures; il se mit à la poursuite de l'une d'elles : la sylphide fuyait à travers les massifs et les bosquets, s'y cachait un moment, pour reparaître ensuite, et cependant, le soleil décroissant, la belle fugitive décroissait aussi à vue d'œil; et quand Ali fut sur le point de l'atteindre, elle avait revêtu sa forme la plus mignonne, et disparaissait bien vite dans le calice d'une rose.

Un bourdonnement général eut lieu dans les prés, dans les bosquets, sur les montagnes : les fleurs se couchaient. Ali fit comme elles, après avoir toutefois pris possession, au nom du calife, de cette contrée merveilleuse, qu'il appela la terre des fleurs.

Il médita toute la nuit; il comprit que pour forcer un de ces êtres charmants à lui révéler son secret, il fallait procéder autrement qu'il ne l'avait fait la veille. Aussi devança-t-il l'aurore, et, caché dans un épais buisson, il attendit l'heure de l'épanouissement des calices. Cette merveille eut lieu avec plus de charmes encore que la veille. Déjà les fleurs étaient écloses; bientôt elles confondirent leurs jeux, leurs danses et leurs parfums; cependant elles semblaient inquiètes. Tout à coup le feuillage trembla : elles jetèrent un cri plaintif et disparurent; mais cette fois Ali, s'élançant, avait coupé la retraite à l'une d'elles; sa main même effleura la sienne, elle dut s'arrêter; c'était une sensitive.

La curiosité d'Ali va être satisfaite. Il persuade à la jeune fille de quitter ce pays de merveilles, et gravit la montagne avec elle. Mais à mesure qu'ils montent, ô prodige, la nymphe mystérieuse s'étiole, s'amincit, se décompose; et, quand il touche enfin à la frontière de cette région mystérieuse, il ne reste à ses pieds qu'une fleur desséchée et flétrie.

Éperdu, hors de lui, il jette un grand cri et se sent défaillir.... Quand il revint à lui, il se trouva couché sur de moelleux coussins, dans le kiosque où il était la veille de son départ. Devait-il en croire ses yeux, son retour était-il un prodige de plus, ou bien tout ce qu'il avait vu, tout ce qu'il avait éprouvé, n'était-il que l'effet d'un songe?

Réflexions.

Ce sujet pourrait recevoir des développements plus importants; nous nous sommes bornés aux détails nécessaires, laissant à l'élève le soin de compléter cette esquisse.

Dans la légende à laquelle nous avons emprunté l'idée première de notre récit, le poëte suppose qu'il existe aux confins de l'Asie une région merveilleuse, séjour de Péris ravissantes qui, prenant naissance dans le calice d'une fleur, se développent aux moelleuses caresses du Zéphire, et vivent d'une jeunesse éternelle au milieu d'un éternel printemps. Un voyageur, épuisé de fatigue, pénètre un jour dans ce délicieux Éden; il y reçoit le plus touchant accueil, les soins les plus empressés. Il y vécut heureux quelque temps : mais enfin, car on se lasse aussi du bonheur, il rêva le retour au pays natal; il parla de son départ. L'une des sylphides voulut le suivre, curieuse de connaître un monde nouveau dont il lui avait tant de fois dépeint les plaisirs et les joies. Les voilà donc partis tous deux ; mais à peine ont-ils franchi les limites de cette terre fortunée, que le voyageur voit sa compagne chanceler et pâlir. En vain il cherche à la ranimer, en vain il l'appelle des noms les plus tendres, il ne reste entre ses bras qu'une fleur décolorée et flétrie.

Ainsi envisagé, le sujet aurait des proportions plus poétiques, et demanderait à être traité d'une manière plus sérieuse et plus élevée. Nous avons dû le modifier pour le mettre plus à la portée des enfants, auxquels s'adresse particulièrement cette première partie.

RIXE ENTRE DEUX PERSONNES DU PEUPLE.

—

SUJET.

Deux personnes du peuple, hommes ou femmes, se prennent de querelle, et se battent dans la rue. On suppose le combat raconté par un témoin oculaire.

Conseils.

Ce sujet peut fournir indifféremment le récit d'une scène comique ou d'un spectacle affreux.

De la manière dont il sera envisagé dépend le choix de l'historien qu'on lui donnera.

Voulez-vous qu'il effraye? faites le raconter par une jeune fille, encore sous l'impression d'une lutte qui réclame l'intervention de la force armée, et dont elle a été témoin involontairement. Que le style soit rapide, concis, simple, animé.

Pour lui donner de l'intérêt, ayez recours à un épisode, à une scène de courage. Qu'au milieu de la stupéfaction, de l'effroi général, un étranger intervienne, et, qu'à ses risques et périls, il fasse cesser le combat.

Voulez-vous qu'il divertisse? Donnez-lui pour cause l'ivresse de deux hommes ou de deux femmes, et qu'il excite plutôt les huées que la commisération.

Le sujet deviendra plus plaisant au moyen d'une méprise comique, d'après laquelle le narrateur, témoin innocent du désordre, sera sur le point d'être arrêté comme s'il en était lui-même l'auteur.

Au premier abord le fait en lui-même paraît si simple, que le développement en semble impossible : mais ne peut-on pas lui trouver une cause qui l'explique; un théâtre qui lui donne des spectateurs; une ou plusieurs péripéties qui prolongent sa durée, et tiennent la curiosité en suspens?

DÉVELOPPEMENT.

1°. Sujet envisagé sous le point de vue sérieux.

Une jeune fille de dix-sept ans, Eugénie, était à moitié évanouie dans un fauteuil, quand une de ses amies entra. — Ah! ma chère Adolphine, lui dit-elle, tu me vois encore toute bouleversée. Il n'y a pas un quart d'heure, là.... j'étais présente.... deux hommes, ou plutôt deux tigres! et, sans ce pauvre jeune homme....

Son amie la regardait stupéfaite et sans la comprendre. Eugénie, obligée de mettre de l'ordre dans ses idées, appuya ses deux mains sur son cœur, respira avec effort, demanda un moment pour se remettre, et dit :

Oui, tout à l'heure, dans la rue, sous mes yeux, deux portefaix.... A quel propos cette horrible lutte?... Je l'ignore. Ils avaient d'abord échangé quelques paroles assez vives, et moi, curieuse, j'avais couru à la fenêtre. Ah! je n'eus que le temps de la refermer. Quelque chose avait rebondi sur le pavé.... Mon sang se glaça; je m'élançai sur l'escalier; j'appelai : personne à la maison.... Je revins; cependant la rumeur croissait; les fenêtres s'ouvraient dans le voisinage; je rouvris la mienne, et, avec désespoir, je criai : Au secours! On accourait de toutes parts. Cent, deux cents, puis trois cents personnes.... Notre rue était encombrée. On se pressait; chacun voulait voir; des femmes aussi, oui, des femmes! Cette foule compacte allait, venait, se rapprochait, puis se dissipait en tumulte devant les combattants, dont la fureur était au comble. Enfin, l'un des deux trébucha; il était couvert de sang, et l'autre s'acharnait sur lui. C'était horrible ! J'entendais ces mots : C'est une tuerie.... qu'on les sépare.... et personne n'osait. Et moi, à défaut de voix, mes bras s'agitaient ; et, à droite, à gauche, dans le lointain, je cherchais des yeux un sergent de ville, un soldat, un homme de police.... Rien. Ah ! ma chère, j'avais la tête perdue. Réunissant toutes mes forces, j'allais apostropher ces hommes en masse ; j'allais leur dire : vous êtes des lâches.... quand les rangs s'ouvrirent brusquement.

Un jeune homme.... un ouvrier, je crois.... Ah ! je n'oublierai jamais sa figure !... Il se débarrasse brusquement de quelques objets qu'il porte, rajuste la ceinture de sa blouse, s'affermit sur ses jambes, et s'élance. Quel courage ! ou plutôt quelle adresse ! car il ne portait pas un coup. Comment aurait-il pu le faire ? il était frêle et délicat. Les bras fortement croisés, il s'était rué d'un coup d'épaule sur l'assaillant vainqueur ; puis s'était jeté dans ses jambes, et l'avait culbuté. Un long bravo se fit entendre, et les applaudissements partirent de tous les étages. Mais l'effroi succéda aussitôt, car l'horrible homme s'était redressé et revenait à la charge, l'œil en feu, les bras levés.... Une nouvelle feinte l'étendit par terre ; il se releva encore ; une troisième le précipita dans le ruisseau. Toute la multitude alors se jeta sur lui, et, pressé de tous côtés, se débattant en vain, il fut remis à un piquet de soldats. On emporta l'autre sur un brancard.

Le brave jeune homme eut de la peine à se défendre des empressements de la foule ; il reprit son paquet, rajusta rapidement sa toilette, prit sa course, et disparut.

Réflexions.

On pourrait joindre une courte moralité à cette narration, dans laquelle nous supposerions que des exercices gymnastiques ont mis un jeune homme en état de lutter avec avantage contre un individu qui a dix fois sa force. Le même rapprochement peut avoir lieu sous le rapport intellectuel : savoir se posséder dans une discussion, ce sera toujours le meilleur des arguments. De même en stratégie, tel homme, à la tête d'une poignée de braves, pourra mettre en fuite des hordes de barbares qui ne savent que se ruer, piller et brûler. Ainsi, presque toujours l'adresse triomphe de la force ; l'expérience, de la routine ; le sang-froid, de la colère. La Fontaine ne va pas chercher un tigre ou un ours pour répondre au défi du lion ; il lui oppose un moucheron. Le contraste sert encore ici à produire plus d'effet : cette scène de brutalité et d'horreur racontée par une timide jeune fille ; ces deux combattants furieux et acharnés séparés par un frêle jeune homme, voilà deux circonstances qui ne sont pas indifférentes. Placez le récit dans la bouche d'un homme du peuple vigoureux ; faites séparer les combattants par la force armée, tout l'effet sera détruit.

2°. Sujet envisagé sous le point de vue comique.

Ohé ! ohé ! arrivez donc ! on se bat là-bas devant le marchand de vin ! Ces mots me firent tourner la tête. Je m'arrêtai un moment ; puis je fis comme tout le monde : car les portiers quittaient leurs loges, les passants rebroussaient chemin, et les cochers se haussaient sur leurs siéges. C'était sur la place Maubert ; je ne l'ai pas oublié. Ce fut bientôt une cohue ; on me poussa, je poussai. Tout le quartier était là : l'ouvrier avec sa lime ou son rabot, le commissionnaire avec ses crochets, la marchande avec son éventaire ; puis les gamins, filles et garçons, se faufilant à travers les jambes des spectateurs.—Viens donc, Louisa ! — Par ici, Bastien !... Ah ! deux chiffonnières ! Et je vis deux malheureuses qui, après s'être disputé quelques tas de papiers, débris des affiches de spectacles de la veille, en étaient venues aux gestes, puis aux cris, puis aux coups. A la fenêtre de l'entresol du marchand de vin était un petit bossu, tenant une queue de billard, et faisant rire la foule par ses lazzis. — Bien tapé; bien riposté ; halte-là ; emparez-vous des crochets ; armes courtoises ; donnez du champ à ces dames ! Et la foule de les exciter, et d'applaudir à chaque coup de langue, de poing ou de pied. Bientôt les débris échappés de leurs mannequins ameutèrent tous les chiens du voisinage, qui, après s'être jetés sur les os, s'accrochèrent aux jupes des combattantes. Et voilà qu'un chat lancé d'un second étage vint augmenter le désordre. Les miaulements, les cris, les sifflets, les aboiements, les éclats de rire se confondaient. Cette scène me faisait pitié, je m'avançai, priant, suppliant qu'on y mît un terme. Ce ne fut plus qu'un haro sur moi. — A bas l'homme à l'habit noir et aux gants jaunes! — De quoi se mêle-t-il? — Qu'il aille faire la police dans son quartier!.... Et vingt autres quolibets.

Je cherchais une issue pour m'esquiver.... nouvelle bagarre! La foule se pressait de toutes parts, je faillis être renversé ; l'éventaire de pommes heurta l'éventaire d'œufs, qui culbuta l'éventaire de harengs! Une trentaine de spectateurs, hommes, femmes, enfants, étaient sur le pavé, hurlant, jurant et sacrant. C'était un pêle-mêle affreux, et ce cri se fit entendre : Garde à vous! v'là la patrouille!

C'était elle, en effet. Elle se fit jour, heurta, rudoya, et arrêta.... savez-vous qui? moi, qui vous parle. J'eus beau protester, me débattre, peine inutile ; tous les yeux, tous les doigts me désignaient. Je me fis conduire au petit bossu de la fenêtre ; je le pris à témoin. Il réclama le silence ; il déclara que je lui faisais l'effet d'un parfait honnête homme ; qu'au besoin même il jurerait de ma moralité ; mais que sa conscience le forçait d'avouer que, dans cette affaire, je m'étais conduit d'une manière bien inconséquente. Et il indiqua du doigt mon pantalon.

J'y regardai comme tout le monde. Un œuf accusateur y était écrasé ; et quand je tirai mon mouchoir pour y porter remède, je fis sortir de ma poche deux pommes et un hareng. C'était un vrai guet-apens. Je m'exécutai d'assez mauvaise grâce, pour en finir, et, après avoir jeté dans chaque éventaire une pièce de monnaie, je montai bien vite dans un fiacre, et je rentrai chez moi.

Réflexions.

Nous avons voulu peindre les mœurs des barrières et des faubourgs. La même scène, transportée dans un autre quartier, exigerait d'autres détails et d'autres nuances. Ce genre est au reste d'une application très-rare, et, disons-le, presque toujours de mauvais goût. Il ne faudrait donc pas qu'on y exerçât souvent les enfants : nous n'en avons donné d'exemple ici que pour faire voir que le même sujet peut recevoir plusieurs interprétations, être traité sous des points de vue bien différents, et qu'il suffit quelquefois de fort peu de chose pour en changer complétement la nature.

Dans ce récit, comme dans celui qui le précède, on voit l'application de cette figure que nous avons désignée dans l'avertissement sous le nom de *représentation* ou peinture, et dont nous recommandions l'emploi pour donner à la narration de la couleur et du mouvement.

LA DÉSOBÉISSANCE.

SUJET.

Une jeune fille a entraîné ses compagnes à un acte de désobéissance. Les voilà dans la campagne, puis sur les bords d'une rivière où est amarré un bateau. L'une d'elles tombe à l'eau ; et, sans un secours inespéré, elle serait perdue.

Conseils.

Le sujet donné est bien court, et cependant il peut prêter à des développements assez étendus. Analysons les différentes idées secondaires qui, en donnant au récit de la vraisemblance et de l'intérêt, peuvent nous fournir de précieux détails.

L'époque des vacances peut rendre vraisemblable la réunion de ces jeunes filles dans un château. — Un vaste parc est le lieu de leurs récréations. Un jour qu'elles sont seules, elles forment le projet d'une excursion au dehors. Ne se fatigue-t-on pas du même séjour, quelque beau qu'il soit d'ailleurs, quand on y est renfermé? et puis n'ont-elles pas confiance dans l'indulgence bien connue de leurs mères, et la beauté du jour, le plaisir de courir après les papillons, de faire un déjeuner de laitage, etc., etc., comment résister à de pareilles tentations! Les voilà dans la campagne. Cependant l'ardeur du jeu les a conduites près d'une rivière où se balance une jolie gondole; mais les abords de cette rivière sont dangereux. Ici se présente un épisode : il faut un sauveur à la jeune fille; supposons donc la rencontre d'un individu, chasseur, berger ou paysan. — Nécessité de lier cet individu à l'action, pour qu'il soit plus à même de porter secours. — Conseils négligés. — Une des imprudentes tombe à l'eau, et disparaît. Ne serait-ce pas elle qui a conseillé l'excursion? — Est-elle méchante? n'est-elle que légère et étourdie? — L'individu en question qui aura suivi tous les mouvements des jeunes filles ne sera-t-il pas le sauveur?

Ce sujet peut comporter plusieurs genres d'intérêt; il offre une suite de descriptions; il admet le dialogue. Le principal épisode est la chute de la jeune fille; il doit être saisissant et pathétique.

DÉVELOPPEMENT.

Marie avait obtenu de sa mère la permission de retenir auprès d'elle, pendant les vacances, deux de ses plus chères amies; quelques jeunes filles des environs étaient venues grossir ce petit groupe, et, depuis quinze jours, le vaste parc retentissait de leurs chants et de leurs ébats joyeux. Mais ce parc était enclos de murs, et l'impatiente Anna, la plus jeune des amies de Marie, s'aidant des indications du jardinier, s'était fait une idée charmante des environs. Selon elle, tous les plaisirs étaient en dehors du parc : petit bois, cabane de paysan, double crème, œufs frais, pain bis. Quel plaisir de faire un déjeuner champêtre! Comme sa pétulance prenait toujours les devants, elle avait déjà mis la main à la clef de la petite porte qui donnait sur la campagne. Et la permission! avait dit Marie. — Eh bien, demandons-la. — Mais, maman est sortie. — Bah! elle est si bonne! elle nous excusera : d'ailleurs c'est à deux pas; avant une heure nous serons de retour. Qui m'aime me suive! On hésita, et puis l'on suivit. Quel charmant paysage! Des haies d'aubépine avec leurs senteurs embaumées, et le plus gracieux des sentiers sillonnant la colline!... On courut, on folâtra; on poursuivit les papillons, et, de déurs en détours, on se trouva en face d'une fontaine ont l'eau limpide tenta nos jeunes étourdies. Un eux ménétrier était auprès, raccommodant l'in- rument qui, le lendemain, devait mettre en joie ut le village.

Par un instinct naturel aux enfants, il y eut ercle auprès du bonhomme, qu'on regardait faire. - Eh! eh! dit celui-ci en souriant, ne me trompé- pas? Voilà de jeunes demoiselles qui m'ont bien air de faire l'école buissonnière? J'ai l'œil bon, et i vu tout à l'heure de petites têtes hésiter en ou- rant une porte, puis se hasarder peu à peu, comme raient des souris qui tâtent le terrain.

Cette observation allait droit à Anna, auteur de motion d'escapade. — Eh bien, après, mon brave digne homme, dit-elle, un peu confuse, ne ommes-nous pas d'âge à être raisonnables? Puis, abandonnant à sa loquacité que stimulait encore ramage des oiseaux, elle brouillait, croisait ses iestions. — Que faites-vous donc à votre violon? - J'y mets une corde. — Tiens, c'est comme votre iien, il lui manque une queue.... Ah! le vilain ca- iche! il est tout crotté! Et le vieillard de sourire : ataud n'est pas beau, c'est vrai; mais il est bon, t surtout obéissant. C'était encore un reproche in- irect à la petite moquerie d'Anna; elle le sentit, t se baissant vers le chien, elle le caressa de ses iains mignonnes, comme pour effacer ses torts et se éconcilier avec lui. Puis toute la troupe prit sa volée.

Anna la devançait, comme toujours. Elle eut bientôt ravi le sentier, qu'elle redescendit en courant.—Ah! ies amies, venez donc voir! une plaine émaillée de eurs, et plus encore de papillons; et une rivière qui la traverse, et un bijou, un délicieux batelet qu est amarré à la rive. — N'allez pas là, cria le vieil lard ; à deux pas de ce batelet est un poteau qui in dique un courant, et à cent pas plus loin est u moulin. Des malheurs sont arrivés ; défiez-vous croyez-moi. — Bah ! nous serons sages comme de images! Et le bonhomme les vit partir à regret, e leur faisant un signe amical, et en les suivant long temps des yeux ; car il aimait bien la jeunesse, lı qui la faisait danser tous les dimanches.

Ce beau plateau fut le théâtre de nouveaux ébat Les fleurs des champs furent cueillies à pleines mains on en forma des bouquets, des couronnes ; les gril lons furent traqués sous l'herbe, les fraises récolté dans des feuilles transformées en paniers. La joi s'épanouissait sur tous les visages ; puis vinrent en fin tous les jeux de jeunes filles.

Ces mille distractions avaient un peu changé l lieu de la scène. Plus d'une fois les yeux s'étaier tournés vers la gracieuse embarcation qu'Anna ava signalée. Vue de plus près, elle devait se dessine avec plus d'élégance encore. Sa coquille était d'u blanc mat ; de larges bandes bleu d'azur la sillonnaier dans son pourtour, et une voile légère s'enflait dou cement au souffle de la brise.

Comme on avait fait cercle autour du ménétrie on fit cercle autour de la barque. Tenter une expé dition, et prendre place sur les bancs qui la garnis saient à l'intérieur, c'eût été outrepasser toutes le convenances ; on n'y songea pas. Mais toutes le mains pesèrent sur les bords, et le remou de l'ea lui donnait les plus gracieuses courbures. Pendant c jeu de va et vient, Anna était debout, les bras croi s; puis tout à coup : — Le sort en est jeté, dit-le! et, légère comme une biche, elle sauta dans la rque. Toute fraîche encore des souvenirs de la dis-ibution des prix, elle singeait César, qui lui avait lu le plus joli prix d'histoire romaine, les *Conseils ma fille*, de Bouilly. Hélas! à qui s'adressaient ces nseils! La petite fille, se penchant alternativement côté et d'autre, faisait faire au bateau de péril-uses évolutions; puis continuant son rôle : — Mon tit batelet, disait-elle, ne va pas chavirer; tu portes nna et sa fortune. Anna venait d'inquiéter sérieuse-ent ses compagnes; non contente de cette épreuve, le voulut aussi les épouvanter. Imitant le mouvement quelqu'un qui veut prendre le large : — Adieu, es bonnes amies, dit-elle; c'en est fait, au revoir; pars pour les Grandes Indes. Puis, pour accroître ur frayeur, feignant de détacher l'amarre, elle s'y rend si étourdiment, qu'elle la détache en effet. Tout quiète, elle se penche, et veut la rattacher. Mais bateau a fait un mouvement.... il vient de dériver n peu, et le voilà qui dérive encore. Un gémisse-ent, présage d'angoisse, part du rivage; car Anna pâli. Un croc était là; on s'empresse; on le jette; effleure le bord de la barque. L'amarre est encore isible; toutes les mains veulent la saisir; elle s'en-uit avec le bateau. Anna est perdue! sa figure boule-ersée révèle les agitations de son âme. Le courant, moulin, sa désobéissance, sa mère, sa sœur qui i tend les bras.... tout a passé comme un éclair de-ant ses yeux.... et la barque s'éloigne toujours. Dé-illante, hors d'elle, presque en délire, Anna n'en-end plus que les cris qui l'appellent; elle s'élance... ais trop tard. Elle disparaît!!!

Au cri aigu, déchirant, que viennent de pousser ses compagnes, un cri plus énergique, suivi d'un coup de sifflet, a répondu. Un chien, stimulé par un homme qui le suit de près, traverse la plaine avec la rapidité de l'éclair : — A l'eau, Pataud! à l'eau, mon brave chien!!! Et deux minutes ne s'étaient pas écoulées, que ce même homme tenait et réchauffait dans ses bras une jeune fille mourante, qu'un chien avait traînée au rivage.

Anna fut remise à ses compagnes; mais nous n'essayerons pas de peindre la scène qui se passa au château. Disons seulement qu'aux reproches succédèrent les larmes, et que l'indulgence fut grande comme le repentir. Au bout de quelques jours, Anna fut rendue à sa mère. A quelques jours de distance encore, ses deux libérateurs furent auprès d'elle. On profita de l'absence du pauvre ménétrier pour restaurer sa cabane, pour la garnir de ce qui y manquait, et y joindre quelque peu de terre environnante. Pataud, quelque effort qu'on fît pour le retenir, s'en retourna avec son maître. Mais l'année d'après, il était chef de famille; et Anna n'a pas, en ce moment, de gardien, nous allions dire d'ami plus fidèle, qu'un petit chién noir, au poil ébouriffé, qu'elle n'échangerait pas contre le plus élégant des épagneuls.

Réflexions.

Nous supposons la jeune fille sauvée : sa mort donnerait à notre récit un caractère trop triste. Ne serait-ce pas d'ailleurs un châtiment hors de proportion avec la faute qu'elle a commise; châtiment qui frapperait tant d'innocents, la mère de la victime, sa sœur, sa famille, ses compagnes, etc. Elle est assez punie par sa frayeur. La rencontre du ménétrier auprès de la fontaine n'est pas absolument nécessaire, et pour-

t à la rigueur être supprimée ; cependant elle est loin d'être
tile : le bonhomme se trouve ainsi mêlé à l'action dès le
ncipe : il a fait connaissance avec nos jeunes filles ; il les
t en quelque sorte des yeux : sa présence au moment du
nger en est plus vraisemblable, son dévouement plus na-
el. — Le dialogue doit toujours mettre en relief le carac-
e des interlocuteurs : ainsi les paroles d'Anna partent d'une
e espiègle, étourdie et légère ; celles du paysan nous font
t d'abord comprendre qu'il est bon, indulgent, généreux.
Le principal épisode est la chute de la jeune fille, et ce-
ndant il faut se garder d'y insister trop longtemps : les
ails seraient ici tout à fait déplacés ; c'est par la rapidité,
la vivacité du récit, qu'on peut le rendre, comme nous
recommandons dans les conseils qui précèdent, saisissant
pathétique. — Si le brave homme auquel Anna doit la
restait sans récompense, il semble qu'il nous manquerait
elque chose ; le lecteur lui sait gré de son dévouement
apprend avec plaisir que la dette de la reconnaissance est
yée.

Ce sujet emprunte aux *contrastes* un puissant élément
ntérêt. Le riant tableau de ces jeunes filles folâtrant, heu-
ıses et libres à travers la prairie, rend la catastrophe plus
rible, plus douloureuse encore, et quand après avoir cru
na perdue, on la retrouve auprès de sa mère, joyeuse
pardonnée, on sent que le danger auquel elle vient d'é-
apper doit ajouter à son bonheur. La sensibilité n'est pas
oins nécessaire ici ; quel intérêt le récit aurait-il pour
us, si nous n'étions touchés ni du danger d'Anna, ni du
vouement de son sauveur ?

L'ANGE EXILÉ.

LÉGENDE ALLEMANDE.

SUJET.

Un ange avait encouru la colère du Seigneur. S méprenant sur ses fonctions d'ange gardien, ou plu tôt les interprétant à sa manière, il avait laissé l misère s'appesantir sur la famille qui lui était confiée Fatiguée d'un labeur inutile, la famille se dispersa de deux garçons, l'un se fit soldat, l'autre marin leur jeune sœur alla chercher à la ville un travai qui lui donnât du pain; elle avait promis de revenir et ne revint pas. A quelque temps de là, le pèr mourut, la mère resta seule, et ses plaintes montè rent au trône de l'Éternel.

Azaël dut comparaître devant le tribunal céleste son exil fut prononcé : il fut condamné à errer sur l terre jusqu'à ce qu'il en eût rapporté, comme expiation, la chose qui fût la plus précieuse, et qu'il croirait devoir être la plus agréable à Dieu.

Or, aux yeux d'Azaël, il n'y avait de précieux qu ce qui brillait. A Ispahan, il est témoin du faste d monarque de Perse; il s'empare de son sceptre étincelant de rubis, et s'envole avec lui; la puissanc n'est-elle pas ce qu'il y a de plus précieux au monde mais son offrande n'est pas agréée; une voix sor d'un nuage et lui crie : Cherche mieux!

Il s'abat sur les bords du Gange. Dans un templ

âtre, un livre est exposé à la vénération des fidè- c'est celui de Brama : ce livre, dit-on, renferme e la sagesse humaine. Azaël cette fois croit avoir ssi : que peut-il y avoir de plus précieux que la esse : il enlève le livre et remonte vers les cieux. s la même voix perce la nue : Cherche encore ! dit-elle.

zaël commence à douter de sa perspicacité ; il tinue ses recherches ; mais toujours sans succès.

In jour il tombe, épuisé de fatigue, au pied d'un re qui dominait un abîme ; il entend des soupirs ; femme est devant lui ; c'est cette jeune fille qui tta sa mère ; c'est la pauvre enfant qui lui fut fiée dès sa naissance, qu'il berçait autrefois, et il oublia depuis. Il l'entend déplorer son ingrati- e, puis il la voit faire un pas vers l'abîme. Trois elle veut s'y précipiter, et trois fois Azaël invi- e s'oppose à son dessein.

Alors elle tombe à genoux et sanglotte ; Azaël at- dri s'agenouille auprès d'elle : profondément ému sa douleur, il devine alors ce que veut l'Éternel, se glissant sous le visage de la jeune fille, il re- eille une de ses larmes et tend sa main vers les ux. L'exil d'Azaël est fini ; Dieu agrée la larme repentir.

Conseils.

Azaël est un ange étourdi, léger, mais bon et compatis- t. C'est par suite de la légèreté de son caractère, qu'il a du stérile le champ de la pauvre famille. Il s'est trompé, croyant tout faire pour le mieux.

Bien que le personnage de la jeune fille ne soit qu'épiso- ue, l'intérêt doit porter sur elle. Tant qu'elle fut petite, aël ne la perdit pas de vue ; quand elle marcha seule, il crut sa mission terminée. C'est parce qu'il l'a abandonnée, qu'el à son tour, abandonne sa mère.

L'élève donnera un peu de solennité à l'arrêt qui frap Azaël; en vain les archanges, les séraphins intercèdent po leur frère; il est condamné à l'exil.

L'élève pourra aussi assigner diverses fonctions à ces d verses légions d'esprits de lumière, supposer que les uns pr sident à l'harmonie de tous les globes, et à leurs révolutio annuelles; les autres aux planètes; que ceux-ci habitent l plus hautes régions de l'éther, tandis que ceux-là surveille les choses d'ici-bas.

Ici l'imagination de l'élève est libre; et puisqu'il emprun son historiette à une vieille légende, il peut user du priv lége des chroniqueurs du bon vieux temps, confondre un p le sacré avec le profane, pourvu cependant que ses fictio respectent le fond de sa croyance; car avant tout, il d rester chrétien.

On peut supposer que chaque tentative d'Azaël pour tro ver l'offrande agréable tourne à sa confusion, et amène que que malheur.

On insistera peu sur les autres essais de l'ange pour reco quérir le royaume céleste.

Vient enfin l'épisode de la jeune fille. C'est celui-là surto qu'il faut mettre en relief, sans toutefois y insister trop lon temps.

DÉVELOPPEMENT.

Dieu, dit une vieille légende, en même temp qu'il créa le monde, a donné naissance à des myriade d'esprits de lumière, ministres célestes de sa puis sance. Les uns veillent à ce que les grandes loi qu'il a établies ne souffrent aucune atteinte; les au tres servent d'intermédiaires entre les créatures e la divinité.

Les premiers, d'un geste de leur épée flamboyante font tourbillonner les globes autour de leurs soleil respectifs, mesurent la durée de leurs révolutions maintiennent les satellites dans le centre de leur

lanètes, les forcent de tourner avec elles, dirigent
es incommensurables ellipses des astres aux queues
chevelées, et, se transportant comme l'éclair aux
aille points de l'immensité, entretiennent partout
ette grande et ineffable harmonie qui chante éter-
ellement la gloire du Très-Haut.

Les seconds vivent et se jouent dans l'atmosphère
es globes, leur dispensent les rayons ou les nuages,
t font que tout ce qui y vit, pullule ou végète, ait
n lieu, une forme, une manière d'être, un com-
iencement, une durée, une fin.

Or, Azaël était un ange de cette dernière classe.
)epuis quelque temps, des plaintes montées de la
erre au ciel accusaient son peu de surveillance :
coupable dut comparaître devant le tribunal de
ieu.

Quel était donc le crime du brillant Azaël? Hélas !
er de ses ailes et de sa beauté, il avait oublié la
iission qui lui était départie. Préposé comme ange
ardien au bien-être d'une famille qui n'avait pour
out bien qu'un modeste coin de terre, il avait laissé
épérir ce petit patrimoine. Azaël assistait bien tous
es ans aux semailles ; mais pour rendre la moisson
lus belle, il y semait tant de graines de coqueli-
ots et de bluets que les blés en étaient étouffés ;
uant à la prairie, il l'avait tellement diaprée de pa-
illons aux mille couleurs, que chaque brin d'herbe
vait le sien. C'était, à la vérité, la plus délicieuse
igarrure de rubis, de topazes et d'émeraudes ; mais
es moutons ne pouvaient en approcher, et les pau-
res vaches, meuglant tristement, s'en retournaient
jeun à l'étable.

Au bout de douze ans, la ruine des pauvres gens

BIBLIOTHÈQUE ... NATIONALE

fut complète, au grand étonnement d'Azaël, qui croyait tout faire pour le mieux. De deux fils, espoir de la famille, l'un s'engagea comme soldat, l'autre se fit marin; restait une jeune fille qui disparut. Le père et la mère n'eurent plus qu'à pleurer, et c'est de leurs larmes et de leurs sanglots que résulta l'acte d'accusation d'Azaël.

C'est en vain que ses frères intercédèrent pour lui; son exil fut prononcé; il devait errer sur la terre jusqu'à ce qu'il eût rapporté, en expiation de sa faute, ce qu'il trouverait de plus digne d'être offert à Dieu. La sentence ne s'expliquait pas davantage. Azaël resta stupéfait. Il était si léger, si étourdi, que les légions d'archanges et de séraphins qui l'entouraient le prirent en pitié; en vain chercha-t-il à lire dans leurs yeux de quelle manière il pourrait terminer son exil; tous se voilèrent de leurs ailes, et Azaël prit son vol en gémissant.

Il se dirigea vers l'Orient, là où le soleil étincelle toujours, là où tout mûrit, où tout est de couleur d'or et d'azur. Et d'abord il vit un cortége magnifique qui défilait sous les portiques d'un palais aux mille colonnes. Un monarque d'Asie donnait audience; il allait mettre la main sur son sceptre au sommet duquel étincelait le plus gros diamant de la terre. Azaël le prévint, s'en empara, et s'éleva vers les nuées. Il croyait avoir tout d'abord rencontré ce qu'il cherchait. Le sceptre est le symbole de la puissance, et la puissance n'est-elle pas ce qu'il y a de plus précieux ici-bas, ce qui doit être le plus agréable à Dieu? Une voix se fit entendre : Cherche mieux, lui dit-elle. Le sceptre s'échappa des mains d'Azaël et tomba sur le sol : un paysan le ramassa, reconnut le symbole de la puissance de son maître et le porta humblement au palais. Convaincu de l'avoir volé, il reçut pour ce fait vingt-cinq coups de verges, puis cinquante pour avoir osé y porter la main.

Et Azaël se frappa la poitrine, car il était bon et sensible, et il venait de voir souffrir par sa faute une créature innocente. Quelle était donc l'offrande que demandait le Seigneur? Azaël s'abattit sur les bords du Gange.

Dans une pagode immense, un livre était exposé à la vénération des assistants. Chacun s'en approchait à son tour, y lisait un précepte, puis y collait ses lèvres, et, s'inclinant, prononçait des mots mystérieux.

Toute la sagesse humaine, disait-on, était renfermée dans ce livre. Azaël le saisit pendant la cérémonie même, s'éleva de nouveau dans les airs, et descendit bientôt presque foudroyé par la même voix qui lui disait : Cherche toujours! Et le livre tomba au milieu de l'assistance. Or, la foule qui venait de le voir disparaître à travers la voûte, et qui avait poussé des cris d'admiration, en poussa d'enthousiasme et de délire quand elle le vit redescendre. Le lendemain Brama comptait dix mille sectateurs de plus.

Et Azaël se frappa encore la poitrine; il venait d'encourager l'idolâtrie. Et tous les anges, ses compagnons de lumière, désespérèrent de revoir jamais leur frère au milieu d'eux.

Azaël se méprenait totalement. En vain il interrogea les quatre règnes de la nature, plongea dans le fond des mers, pénétra dans les entrailles de la terre, plana sur le haut des montagnes; rien de ce qu'il y recueillit ne trouva grâce aux yeux de Dieu. Passant des plus riches aux plus humbles objets, des infiniment grands aux infiniment petits, il épuisa tout, depuis les métaux les plus précieux jusqu'au grain de blé, depuis le cèdre jusqu'à l'hysope.

Confus, désespéré, il s'arrêta un jour dans un lieu sauvage, près d'un abîme. Hélas! que l'ange était changé! Ses ailes fatiguées traînaient languissamment, ses yeux, qui naguère brillaient d'un si vif éclat, s'abaissaient vers la terre, mornes et découragés, et l'auréole divine qui entourait sa tête ne jetait plus qu'une pâle clarté. Quelques soupirs attirèrent son attention. Il leva la tête. Devant lui était une jeune fille; Azaël la reconnut. Pendant plus de douze ans son enfance lui avait été confiée; il l'aimait bien alors, car elle était innocente et bonne, c'était lui qui, se penchant sur son berceau, la faisait sourire, la faisait rêver de marguerites et de petits oiseaux. Maintenant elle était agenouillée et disait : « Tu me maudis, ma pauvre mère; mais le bon Dieu t'a vengée, je devais être l'appui de ta vieillesse, et je t'ai laissée seule. Malheur! malheur aux enfants ingrats! Hélas! abandonnée à moi-même et sans expérience, pourquoi mon bon ange n'a-t-il pas veillé sur moi? »

Et pâle, défaillante, elle mesurait l'abîme qui était devant elle; trois fois elle s'avança pour s'y précipiter, trois fois Azaël invisible, la fit reculer malgré elle. Et la jeune fille reprenait : « Mon Dieu! vous ne le voulez pas; eh bien! descendez dans le cœur de ma mère; inspirez-lui de me pardonner. »

Et ses sanglots éclatèrent. Immobile devant elle,

Azaël la regardait avec attendrissement. Il ne pleurait pas, car les anges ignorent les larmes, mais il comprenait le bien qu'elles font au cœur; il admirait l'expression divine qu'elles donnaient au visage de la pauvre enfant. Puis ses yeux se dessillant, il sentit combien ces larmes étaient précieuses; il ramassa une petite coquille, et se glissant près de la jeune fille, il en recueillit une; c'était la larme du repentir; il l'éleva vers le ciel, et l'offrit au Seigneur.

Un hosanna solennel retentit dans la voûte céleste. Les nuées s'entr'ouvrirent; Azaël recouvra sa splendeur première. Une force inconnue lui faisait quitter la terre et le rappelait vers son ancienne patrie. Son exil était terminé. Mais avant de partir, il caressa de ses ailes les cheveux de la jeune fille et fit entendre à son cœur ce mot consolant : Espère !

Réflexions.

Si l'on voulait présenter ce sujet sous un point de vue plus sérieux, on pourrait supposer que c'est un vieillard, un cénobite, que l'ange entend gémir et regretter ses erreurs. Il y aurait peut-être dans cette larme d'un vieillard, mise en balance avec ce qu'il y a de plus précieux, la puissance et le savoir, quelque chose de plus profond et de plus touchant.

Ce récit se rapproche de celui d'un autre poëte allemand, qui, malgré de grandes différences, part néanmoins des mêmes données générales. Le narrateur suppose qu'un seigneur, après avoir commis beaucoup de crimes, vient à résipiscence, et veut à tout prix obtenir son pardon. Un saint homme, auquel il s'adresse, le lui fait espérer s'il parvient à remplir une coupe qu'il lui remet. Le seigneur se croit déjà absous : il part; mais en vain il essaye de remplir cette coupe fatale; l'eau qu'il y verse s'écoule à l'instant. Après bien des efforts, bien des pèlerinages, il assemble ses vassaux, leur confesse ses crimes, leur montre cette coupe maudite, leur demande le pardon qu'il ne peut plus espérer de Dieu. Dans son repentir une larme s'échappe de ses yeux et va tomber dans la coupe : ô merveille, le vase est à l'instant rempli; le coupable est pardonné.

Dans les narrations qui vont suivre, nous laisserons deviner à l'élève le trait final. C'est un moyen de mettre en jeu son imagination, et de lui faire trouver à son travail plus de piquant et d'intérêt.

LA CHEMISE.

—

SUJET.

Un calife s'ennuie ; il convoque les trois ministres de ses plaisirs : l'intendant de ses jardins, son majordome et l'ordonnateur des fêtes de la cour ; il veut qu'ils trouvent un remède à son hypocondrie ; ceux-ci consultent un vieux dervis, qui vit retiré du monde. Voici la recette de ce dernier : « Cherchez dans le royaume un homme qui s'avoue parfaitement heureux ; une fois cet homme trouvé, obtenez de lui qu'il vous donne sa chemise ; le calife la revêtira, et il sera guéri. » On porte cette réponse au calife. — Je vous donne un mois, dit-il, pour trouver cet homme ; ce délai passé, malheur à vous ! Et les trois fonctionnaires partent, chacun de son côté, après toutefois s'être donné rendez-vous à quelques parasanges de la capitale. Or, quand ils s'y rejoignent, ils n'ont rien trouvé. Ils s'acheminaient donc tristement vers Bagdad, lorsque, sur les bords du Tigre, ils rencontrent un paysan riant, sautant, gambadant. Auraient-ils enfin trouvé l'homme exceptionnel ! Plus de doute ; à entendre cet homme, rien ne manque à son bonheur ; il est, il a toujours été heureux.

Maintenant, qu'adviendra-t-il de cette rencontre ? Le précieux talisman est-il enfin trouvé ? L'élève fera la conclusion à son gré.

Conseils.

Ce sujet demande à être traité avec quelques détails qui lui donnent de la gaîté. Ces détails exigent, de la part de l'élève, un peu d'imagination. Nous ne pouvons donner ici de conseils bien précis : contentons-nous de dire qu'il faut observer toujours les mœurs du pays où la scène se passe. Le despotisme le plus absolu règne en Perse : il faut donc peindre la volonté tyrannique du prince et la soumission pleine de terreur de ses conseillers. Les dervis sont loin d'être édifiants dans leur conduite : on pourra donc s'égayer un peu aux dépens du nôtre. Quant au dénoûment, c'est à l'élève à l'imaginer.

DÉVELOPPEMENT.

Le calife Abugiafar s'ennuyait.

Il fit venir les trois ministres de ses plaisirs : le majordome, l'intendant des jardins et l'ordonnateur des fêtes, et il leur dit : Je m'ennuie.

Ceux-ci étaient quelque peu inquiets ; pour distraire leur monarque ils avaient épuisé toutes les ressources de leur esprit, et aussi celles de l'empire. De quoi s'aviseraient-ils maintenant ?

Ils tremblaient même ; car Abugiafar avait l'humeur brutale, et de plus, le chef des muets était là le cimeterre au poing, à côté de son maître.

Ils assurèrent qu'ils allaient aviser, firent trois saluts et baisèrent la poussière.

Puis ils expédièrent en toute hâte un message à un dervis [1] des environs, en lui exposant le fait. Celui-ci était un vieux madré, fugitif de Bassora [2], et que

[1] Moine musulman, qui fait vœu de pauvreté et de chasteté, et se livre à la prédication, mais souvent aussi à la sorcellerie.

[2] Ville dépendant du pachalik de Bagdad, dont elle est éloignée de 410 kilomètres environ ; l'une des plus commerçantes de l'Asie.

quelques coups de bâton sous la plante des pieds avait fait anachorète à son corps défendant ; mais du moins il vivait ignoré sous sa peau d'ermite. En sa double qualité de saint homme et de demi-sorcier, il donna sa recette : selon lui, l'affection du calife disparaîtrait par l'affection contraire ; il n'était question que d'acquérir la chemise d'un homme qui confesserait être et avoir toujours été parfaitement heureux : Le calife la revêtira, disait-il, et il sera guéri ; et il ajoutait : Sous le règne du grand, du sublime, du vertueux Abugiafar, la rencontre d'un tel homme est des plus faciles ; pour un que l'on cherche, on en trouvera dix mille.

Puis, le messager parti, il tira de sa cachette une vieille peau de bouc, pleine de vin de Skyro [1], et but à la mort du tyran.

On apporta la recette au calife qui s'écria qu'on eût mieux fait d'apporter le talisman ; on lui répondit respectueusement que le vrai bonheur se combinait de tant de petites nuances si fugitives, si insaisissables, qu'encore fallait-il quelque temps pour faire un digne choix ; que le commandeur des croyants devait être non pas heureux comme un autre, mais heureux en comparaison de tous les autres, et que, puisqu'il y avait bonheur et bonheur, il s'ensuivait qu'il y avait aussi chemises et chemises.

Le calife caressa lentement sa barbe, en aspira les senteurs, hésita un moment, et finit par accorder un mois ; mais ce terme écoulé. . . .

Les trois intendants finirent mentalement sa phrase.

[1] Ile de l'Archipel (Grèce), renommée par ses vins. On sait que, d'après la loi du Coran, les Orientaux doivent s'abstenir de vin. Il en est beaucoup cependant qui ne se font pas faute de la transgresser, mais toujours en secret.

« . . . . Nous serons empalés, » se dirent-ils. Et ils partirent.

Ils se mirent à l'œuvre, et se partagèrent les différents quartiers de Bagdad ; ils visitèrent toutes les maisons, frappèrent à tous les étages, et partout furent mal reçus : aux uns, la question paraissait ironique ; aux autres, cruelle ; à tous intempestive et du plus mauvais goût. Quelques-uns renvoyaient à leurs voisins, et les voisins, aux premiers. D'autres admettaient qu'on pouvait être heureux. — Je le serais, si.... — Je devrais l'être, car.... — On me donne ce nom, mais....

Décidément, se dirent-ils, le bonheur n'est pas à la ville. Et ils parcoururent les environs, puis la province, puis les villages et les moindres hameaux. — Voyez à cette cabane. — Adressez-vous à ce monastère. Ils y couraient, mais c'était en vain ; nulle part un homme content, ou à demi content de son sort. Ils avaient tout interrogé, tout visité, frappé aux asiles de la vertu, sondé les repaires du vice, parcouru les palais, secoué la paille des grabats. L'homme heureux était introuvable, et sa chemise aussi. Et pourtant l'un de nos intendants crut la tenir ; frappé d'une réflexion subite, il s'était dit : le bonheur est dans la tombe ! L'idée n'était pas mauvaise, et un linceul est en effet une dernière chemise : mais encore fallait-il que son propriétaire fît l'aveu de son bonheur ; et les morts ne parlent pas.

Bref, le mois s'était écoulé, et ils n'avaient rien trouvé de ce qu'ils cherchaient ; mais, comme ils s'étaient donné rendez-vous à une petite mosquée, située sur le bord du Tigre, chacun d'eux se flattait de l'espoir que son collègue aurait été plus heureux que lui.

Hélas! ils eurent à échanger de bien tristes confidences, et ils ne savaient plus que résoudre.

Il cheminaient donc lentement vers Bagdad, prenant le plus long, afin de mieux rêver au moyen de donner le change au calife. Et voilà qu'ils avisèrent dans le lointain un homme pauvrement vêtu, mais sautant, gambadant, et portant une mandoline en sautoir. — Voyez, se disaient-ils, ce qui peut manquer à ce rustre : il rit, il chante ; ce sont bien là les signes du bonheur ; eh bien, interrogez-le, il vous répondra que tout cela ne prouve rien. Ils l'abordèrent toutefois. — Allons, l'homme à la mandoline, dit l'un d'eux, laisse là ces grimaces et songe à ta condition. — Que fait ici ma condition, dit l'autre ; m'est-il défendu de rire? — Oui, car pourquoi ris-tu? — Parce que je suis heureux. A ces mots ils firent un bond. — Tu veux dire que tu l'es dans ce moment? — Et ce moment dure depuis que j'ai l'âge de raison. — Quoi! tu jurerais par la barbe de notre calife que tu es heureux? — Oui. — Que tu l'as toujours été? — Sans doute. (C'étaient les deux réponses qu'ils attendaient depuis si longtemps.) — Ecoute l'ami : voudrais-tu être riche? — Oui-da. — Avoir des esclaves, des jardins, un palais? — D'accord. — Eh bien, faisons un troc; nous te donnerons tout cela, et tu vas nous donner ta chemise. — Ma chemise? Je n'en ai pas!

Réflexions.

Cette réponse, qui vient tout à coup détruire les espérances de nos trois fonctionnaires, au moment où ils se croyaient sauvés, offre un dénoûment imprévu. Il a le double mérite de donner un sens à la prédiction du dervis, prédiction équivoque comme les anciens oracles, et d'être à la fois une leçon de philosophie, en nous montrant, sous les haillons de la misère, ce bonheur qu'on cherche, souvent en vain, dans les plus brillantes positions. La narration s'arrête à ce trait. Le désappointement des ministres, la colère du roi, sa vengeance peut-être, pourraient se décrire en peu de mots. Mais ce développement, vulgaire d'ailleurs, ne ferait que ralentir l'action, sans y ajouter aucun intérêt.

SIMPLICE.

—

SUJET.

Un homme très-simple et très-crédule se laisse persuader qu'il est malade ; puis, d'après la déclaration des docteurs, il finit par croire à sa mort. Pendant qu'on le porte, le visage découvert, suivant la coutume de Rome, il est rencontré par quelqu'un qui le reconnaît, et qui l'accueille par une apostrophe fort peu gracieuse. Quel effet cela produisit-il sur le prétendu mort ?

Conseils.

On supposera qu'il existait à Rome un homme, nommé Simplice, et tellement crédule qu'il donnait aveuglément dans tous les piéges qu'on tendait à sa simplicité, ou, pour mieux dire, à sa bêtise. On citera quelques exemples à l'appui. Puis on arrivera au fait principal. Et d'abord, on peut supposer que la scène a lieu dans le carnaval, et que de mauvais plaisants, échelonnés sur la route que Simplice doit parcourir, s'entendent pour lui persuader qu'il est très-malade. Notre homme se laisse traîner chez lui et mettre au lit. Puis vient un médecin supposé, en robe, en rabat, qui constate tous les progrès d'une maladie qui ne laisse plus d'espoir. Enfin, au bout d'un quart d'heure, Simplice est déclaré mort, et il se résigne.

Une fois la mort bien constatée, on procède à la cérémonie funèbre : or, voici quelqu'un dans la foule qui s'informe du nom du défunt. — C'est Simplice, répondit-on. — Ah ! parbleu ! reprit-il, Dieu soit loué d'avoir délivré la ville d'un tel imbécile !

Cette apostrophe est-elle le dernier mot de cette historiette, et ne s'attend-on pas à une dernière péripétie ? C'est à l'élè que nous laissons le soin de compléter ce récit.

DÉVELOPPEMENT.

Il existait à Rome un homme nommé Simplice, e ce nom semblait fait exprès pour lui, bien qu'il l'eû reçu de ses ancêtres. Il avait une trentaine d'années et jouissait d'une honnête fortune. Sa simplicit ou, si l'on veut, sa crédulité était telle qu'elle éta devenue proverbiale. Simplice croyait tout, non pa immédiatement peut-être, car il était rétif et colère et il regimbait d'abord ; mais un sang-froid souten le déconcertait ; ajoutons que ses distractions dépas saient toute mesure, et il convenait franchement de c dernier fait. Les exemples seraient trop nombreux citons seulement quelques traits. Un jour on lui per suada qu'il devait vingt piastres perdues la veille ; le dettes de jeu étant sacrées, il paya, et prit sa par d'un bon dîner dont sa bourse faisait les frais ; un autr jour, il était sur le terrain, échangeant gravemen deux balles de liége contre un de ses amis qui s plaignait d'un soufflet reçu ; Simplice fit des excuses et les témoins déclarant l'honneur satisfait, on dîn encore. Ne crut-il pas une autre fois qu'il était aveu gle. Pendant une partie de cartes, on éteignit subi tement les lumières. La partie continuant, Simplic s'écria qu'il n'y voyait plus, et s'évanouit. On ralluma ; il revint à lui, et crut qu'il avait rêvé.

Mais ces mystifications n'étaient que le prélud d'une autre, la plus cruelle de toutes.

On était en carnaval, et l'on sait que celui de Rom autorise toutes les folies. Simplice se rendant au Campo Vaccino, trois mauvais plaisants s'échelonièrent sur son chemin. — Êtes-vous malade, Simplice ? dit le premier : vous voilà pâle et tout défait. — Moi ! vous plaisantez ; je me porte à merveille. Rencontre du second, qui lui tâte le pouls et signale une fièvre des plus violentes. Le troisième fait une exclamation d'effroi ! Ah ! pauvre ami ! en quel état vous trouvé-je ? Et vite, prenez mon bras. Simplice est conduit, ou plutôt traîné chez lui, car ses jambes e soutenaient à peine. On le déshabille, on le couche, et un médecin, quatrième mystificateur, est appelé. Celui-ci vient en robe, en rabat, et se plaint de ce qu'on l'a prévenu bien tard. Il constate un cas des plus graves et des plus dangereux. Paraplégie[1] ! s'écrie-t-il, et même compliquée de catalepsie[2] ! Ah ! le pauvre homme ! Tenez, messieurs, voyez cette contorsion de bouche, ces yeux vitreux, ce nez qui se pince, cette langue qui s'embarrasse ; puis, laissant retomber le bras qu'il tenait : — Je n'ai plus rien à faire ici ; votre ami n'est plus.

Déclaré mort, Simplice en prit si bien l'air et la posture, qu'un vrai défunt ne s'en fût pas mieux tiré ; il avait pourtant essayé un moment de protester, en remuant le bras et en se tâtant un peu, mais ce mouvement ayant été réputé nerveux et purement mécanique, il se résigna.

C'était alors la coutume à Rome de porter les morts, la face découverte. Comme le convoi traversait la rue du Cours, quelqu'un dans la foule s'informa du nom du défunt. On lui répondit que c'était Simplice. — Ah ! reprit-il, que Dieu soit loué d'avoir délivré

[1] *Paraplégie*, terme médical, paralysie des parties inférieures du corps.
[2] *Catalepsie*, terme médical, affection dans laquelle le sentiment et les mouvements sont suspendus.

Rome d'un tel imbécile ! Cette apostrophe produisit l'effet d'une commotion électrique : d'un bond le mort fut sur son séant; puis roulant des yeux furibonds : — Ah ! double bravache, s'écria-t-il, tu ne m'aurais pas dit cela de mon vivant !

Réflexions.

On n'a pas insisté sur les traits de crédulité de Simplice, étrangers au fait principal. Il suffisait de les citer pour préparer le lecteur à croire le reste : mais, en s'étendant trop sur ces détails tout à fait accessoires, on aurait nui à l'unité de l'action. Dans les trois rencontres qu'il fait, on a dû observer une gradation. Simplice rirait tout le premier de celui qui le trouverait très-malade quand il se porte bien : mais la première fois on lui trouve mauvaise mine ; la seconde, on reconnaît chez lui des symptômes de fièvre ; la troisième, on le force à se mettre au lit. C'est quand son imagination est déjà frappée qu'on appelle le faux docteur, qui prononce un arrêt de mort. On sent que la mystification doit finir : l'apostrophe énergique qui accueille le mort à son passage est une excellente occasion pour cela. L'amour-propre froissé de Simplice se révolte et l'arrache à son rôle de mort : c'est la piqûre qui fait tressaillir un corps en léthargie. C'est ce qu'on peut appeler un dénoûment imprévu.

Lesage nous offre un exemple admirable et mille fois cité de ce genre de narrations, dont le trait final est tout différent de ce qu'on devait attendre; nous ne saurions mieux faire que de le rapporter ici.

FRAGMENT DE GIL BLAS.

—

SUJET.

Gil Blas est depuis quelque temps au service de archevêque de Grenade, dont il devient bientôt le crétaire et le confident intime. C'est lui qui transcrit remet au net les savantes homélies qui font tant de onversions dans la ville. Mais la vanité du prélat gale au moins son éloquence. Un jour il prend Gil las à part :

« .... Mais, mon cher Gil Blas, j'exige une chose e ton zèle. Quand tu t'apercevras que ma plume entira la vieillesse ; lorsque tu me verras baisser, ne nanque pas de me prévenir. Je ne me fie point à moi à-dessus ; mon amour-propre pourrait me séduire.... mon âge, on commence à sentir les infirmités, et es infirmités du corps altèrent la vigueur de l'esprit. e te le répète. Dès que tu jugeras que ma tête 'affaiblira, donne-m'en aussitôt avis ; ne crains pas l'être franc et sincère ; je recevrai cet avertissement comme une marque d'affection pour moi. Il y va de on intérêt. Si par malheur pour toi il me revenait qu'on dît dans la ville que mes discours n'ont plus eur force ordinaire, je te le déclare tout net, tu perdrais avec mon amitié la fortune que je t'ai promise. Tel serait le fruit de ta sotte discrétion. »

L'ingénu Gil Blas se promet bien de tenir compte le cette recommandation, faite en termes si précis. A quelque temps de là, une attaque d'apoplexie vient frapper le prélat; et quand, à son rétablissement, il remonte dans la chaire sacrée, Gil Blas s'aperçoit que l'orateur n'a plus la même verve, qu'il se répète, que sa phrase est embarrassée, que l'auditoire est inattentif. Gil Blas attend encore, puis encore. Enfin, il se décide à prévenir le prélat. Que s'ensuit-il?

Conseils.

C'est la conversation de Gil Blas et du prélat qu'il s'agit de raconter : le premier doit être embarrassé, timide; sa position est très-critique : s'il se tait, il s'expose à perdre avec la faveur de son maître toutes ses espérances d'avenir; d'un autre côté s'il parle, il risque de lui déplaire : les auteurs sont si orgueilleux! Enfin il prend ce dernier parti; mais, pour éviter de froisser l'amour-propre de son maître, il aura recours à mille ménagements. Il craindra de porter un coup trop pénible; hélas! il ignore à quel point l'amour-propre est aveugle : le prélat doutera du jugement de son critique; il ne doutera pas de lui-même. Gil Blas s'attend à des remercîments; quelle sera sa déception!

DÉVELOPPEMENT.

Je ne savais de quelle façon entamer la parole. Heureusement, l'orateur lui-même me tira de cet embarras en me demandant ce qu'on disait de lui dans le monde, et si l'on était satisfait de son dernier discours. Je répondis qu'on admirait toujours ses homélies, mais qu'il me semblait que la dernière n'avait pas, si bien que les autres, affecté l'auditoire. Comment donc, mon ami? répliqua-t-il avec étonnement, aurait-elle trouvé quelque Aristarque? — Non, monseigneur, lui répartis-je; non. Ce ne sont pas des ouvrages tels que les vôtres que l'on ose critiquer; il n'y a personne qui n'en soit charmé. Néanmoins, isque vous m'avez recommandé d'être franc et cère, je prendrai la liberté de vous dire que votre :nier discours ne me paraît pas tout à fait de la ce des précédents. Ne pensez-vous pas cela nme moi?

Ces paroles firent pâlir mon maître, qui me dit ec un souris forcé : M. Gil Blas, cette pièce n'est ıc pas de votre goût? — Je ne dis pas cela, monseieur, interrompis-je tout déconcerté. Je la trouve cellente, quoiqu'un peu au-dessous de vos autres vrages. — Je vous entends, répliqua-t-il. Je vous ·ais baisser, n'est-ce pas? Tranchez le mot; vous yez qu'il est temps que je songe à la retraite? — n'aurais pas été assez hardi, lui dis-je, pour vous :ler si librement, si Votre Grandeur ne me l'eût lonné. Je ne fais que lui obéir, et je la supplie trèsmblement de ne pas me savoir mauvais gré de ma :diesse. — A Dieu ne plaise, interrompit-il avec ;cipitation, à Dieu ne plaise que je vous la reproche; audrait que je fusse bien injuste. Je ne trouve pas tout mauvais que vous me disiez votre sentiment, st votre sentiment seul que je trouve mauvais. J'ai furieusement la dupe de votre intelligence bornée.

Quoique démonté, je voulus chercher quelque moication pour rajuster les choses; mais le moyen paiser un auteur irrité, et, de plus, un auteur acıtumé à s'entendre louer? N'en parlons plus, dit-il, n enfant. Vous êtes encore trop jeune pour déler le vrai du faux. Apprenez que je n'ai jamais nposé de meilleure homélie que celle qui n'a pas tre approbation. Mon esprit, grâce au ciel, n'a n encore perdu de sa vigueur. Désormais je oisirai mieux mes confidents; j'en veux de plus capables que vous de décider. Allez, poursuivit-il en me poussant par les épaules hors de son cabinet, allez dire à mon trésorier qu'il vous compte cent ducats, et que le ciel vous conduise avec cette somme. Adieu, M. Gil Blas; je vous souhaite toutes sortes de prospérités, avec un peu plus de goût.

Réflexions.

On voit avec quelle adresse, avec quel art enfin, Lesage a su rendre les traits de ce dialogue. Quelle réserve dans Gil Blas! Quel aveuglement dans son maître! Quelle doit être la déconvenue du pauvre secrétaire qui croit rendre un service, qui s'attend à une récompense, ou tout au moins à des remercîments, et qui se trouve aussi brusquement éconduit.

Nous terminons par ce modèle du genre notre série de narrations : les sujets qui précèdent ont familiarisé l'élève avec les récits de différentes natures. Il sait maintenant comment on développe un fait, en l'ornant de quelques détails, en conservant à l'action principale son unité au milieu des circonstances accessoires. Il a vu comment on donnait de la vie à un récit, en y introduisant le dialogue; en faisant parler les personnages : nous allons maintenant lui donner quelques exemples de sujets ou le dialogue est tout. Il n'y aura plus de fait à développer, il s'agira seulement de bien saisir et d'exprimer les sentiments des interlocuteurs mis en scène, de manière à leur donner un peu d'intérêt.

DIALOGUES.

AVERTISSEMENT.

ısqu'ici nous n'avons considéré le dialogue que comme ie accessoire de la narration : il s'agissait seulement de er aux personnages quelques phrases en rapport avec s habitudes, leur caractère, et aussi avec les faits auxquels se trouvaient mêlés. Dans les sujets qui vont suivre, le ogue est la partie principale : il ne s'agit plus de dévelop- des faits, mais de mettre en relief les pensées des inter- ıteurs, et de le faire de manière à donner au dialogue du ıvement et de la vie.

e point le plus important, c'est de bien se rendre compte rôle de chaque personnage, de son caractère, de sa posi- ; des pensées qu'il peut avoir, de la manière dont il doit les rimer : la même pensée doit être rendue d'une manière dif- ente, suivant qu'on l'attribue à telle ou telle personne; une ase qui semblera naturelle chez tel individu, paraîtra sin- ière ou déplacée chez tel autre. L'étude des convenances donc ici fort essentielle. Il faut ensuite éviter de donner la banalité à la pensée ou à l'expression. Chaque phrase avoir un but, une portée; être motivée par celle qui cède, ou appeler elle-même la réponse. Enfin, la briè- é, la vraisemblance, l'intérêt, ne sont pas moins néces- res ici que dans la narration; quant au style, il doit être ple, concis, rapide : il faut se rapprocher du ton ordinaire la conversation, mais en l'ennoblissant. Gardons-nous c soin de toute expression triviale ou trop familière.

LA TENDRESSE PATERNELLE.

—

SUJET.

Plusieurs parents viennent à tour de rôle chez un maître de pension ; chacun exalte les qualités de son fils. Il faut, dans les paroles qu'on leur prête, montrer combien la tendresse paternelle est ingénieuse à s'aveugler sur les défauts des enfants.

Conseils.

La tendresse paternelle est aveugle : voilà un sujet qui, traité en dissertation, ne présenterait qu'une série de réflexions et de faits capables de les appuyer ; il pourrait témoigner du bon sens, de la moralité ou du talent littéraire de l'auteur, qu'il n'en serait pas moins dépourvu d'intérêt. On le rendra moins froid, moins insignifiant, si les réflexions qu'il provoque, si les faits dont il amène naturellement la citation, sont rattachés à une action quelconque.

Quel homme, par exemple, est mieux placé qu'un maître de pension pour observer toutes les faiblesses de la paternité? Son cabinet n'est-il pas le rendez-vous naturel de toutes les familles, et n'entend-il pas chaque jour des apologies plus ou moins exagérées? N'est-ce pas là qu'il faut se transporter en imagination pour avoir sous les yeux les faits et les personnages que nous voulons peindre? La variété doit être un élément essentiel de ce dialogue. Il faut qu'il en jaillisse une vérité, qu'il y ait comparaison, discussion, et que le spectateur désintéressé qui y assiste puisse établir son jugement. C'est sur les défauts qu'on s'aveugle : ainsi les parents vanteront dans leurs enfants précisément la qualité qui leur manque, ou bien, si ce défaut est trop sensible pour qu'ils le puissent méconnaître, ils lui trouveront bien vite une heureuse compensation. Voulons-

faire jaillir de cette petite scène une leçon morale, met-la modestie en regard de toutes ces vanités, et faisons qu'elle est toujours la compagne du mérite et du talent.

DÉVELOPPEMENT.

e me trouvais un jour, à la fin des vacances, z un maître de pension, lorsqu'on annonça plu-rs parents. Je voulus d'abord me retirer ; mais n ami me retint, m'assurant que, selon toutes probabilités, les visiteurs n'avaient rien de parti-ier à lui dire. Restez, me dit-il, et vous ferez naissance avec un des travers les plus saillants et t-être les plus excusables de l'esprit humain, la lesse de l'amour paternel. Pour vous, qui n'êtes pas nme moi blasé sur ce chapitre, ce sera peut-être étude de mœurs assez curieuse. Je restai donc.

Un homme de haute taille, à la tournure assez élé-nte, à la poitrine chamarrée de cordons de toutes couleurs, entra le premier, accompagné d'un nd jeune homme blond, fluet, à l'air simple et f. Après les compliments d'usage : Monsieur, dit-il, puis qu'on s'est avisé de faire des ministres avec professeurs, ces messieurs veulent partout de la ence ; toutes les carrières sont fermées à quiconque est pas bachelier, fût-il gentilhomme. Je me rési-e donc à faire de mon fils un savant ; il a dès à ésent quelque mérite, et il aura de la fortune is tard. Son grand-oncle a été ministre à Ham-urg. Naturellement, et ici le père regarda son s avec complaisance, je voudrais en faire un am-ssadeur.

— Désir bien permis. Un grand nom rehaussé par grand savoir....

— Naturellement. Dans les cours étrangères d'ailleurs, la noblesse est mieux appréciée qu'en France.

— Monsieur votre fils a sans doute déjà commencé ses études, et sans doute aussi il y a obtenu des succès ?

— Naturellement, et bien qu'il n'ait jamais été au collége, et qu'il n'ait étudié qu'avec des livres et chez moi, je n'hésite pas à regarder son éducation comme étant bien plus complète que celle de tous vos jeunes gens nourris de grec et de latin dans les colléges ; d'ailleurs il a les plus heureuses dispositions. Mais enfin il lui faut un diplôme de bachelier, et des soins particuliers pour l'obtenir. Du reste, j'entends reconnaître convenablement ce qu'on fera pour lui. La science a du prix, et doit se payer. J'aime beaucoup les savants, moi; dans ma famille, nous avions toujours un abbé à notre table : c'était de tradition.

— Nous tâcherons, monsieur, de répondre à vos vues, et de justifier votre confiance.

— Naturellement. Adieu, mon cher monsieur ; j'enverrai mon intendant régler avec vous. Et le père se retira avec le futur ambassadeur.

Une grosse maman entra ensuite. Elle tenait par la main un gros enfant joufflu, dont la figure épanouie et les formes ramassées ne prévenaient que médiocrement en faveur de son intelligence. Tout en expédiant, d'un air boudeur, un morceau de sucre d'orge, il se serrait contre sa mère, qui, à peine assise et parlant avec une extrême volubilité :

— Ce n'est pas pour flatter mon garçon, dit-elle ; mais véritablement ce n'est pas un enfant ordinaire. Il a des reparties qui nous étonnent, son père et moi. Êtes-vous physionomiste, monsieur? Oui, vous devez l'être. Allons, Théobalt, te voilà en bonnes mains. Il faut avoir tous les prix du collége, vois-tu. A propos, monsieur, il y a chez vous une bibliothèque, n'est-ce pas? — Oui, madame. — Et les élèves peuvent y venir chercher des livres? — Du moins, madame, nous mettons à leur disposition, sur la demande de leurs professeurs, les ouvrages qui peuvent être utiles à leurs travaux. — C'est que, voyez-vous, mon fils aime beaucoup la lecture, et il a des goûts très-sérieux. Tenez, bien qu'il n'ait pas dix ans, il a déjà lu toute la bibliothèque de son père. — Peut-être vaudrait-il mieux, madame, qu'il eût appris l'orthographe. — Oh! monsieur, quant à cela, le receveur de l'enregistrement nous a toujours dit qu'il avait beaucoup de facilité, et que ça lui viendrait tout seul.

Et une jeune dame lui succéda. Elle était bien émue. On voyait qu'elle avait pleuré, et qu'elle était près de pleurer encore. Voilà mon fils, dit-elle d'une voix douce et caressante; je vous l'amène, monsieur, et je vous le recommande de toutes les forces de mon âme. Puis, essuyant un peu ses yeux : Comme j'ai eu l'honneur de vous le dire hier, il est très-timide, d'une sensibilité extrême, et d'une santé délicate.... Et le gaillard, dont la face réjouie accusait treize à quatorze ans, et une constitution des plus robustes, essayait, mais en vain, pendant que sa mère parlait, de se donner une mine intéressante. J'ai vu, reprit la mère, les sœurs à l'infirmerie. Ah! elles sont bien bonnes; puis le docteur : c'est un bien digne homme; puis l'aumônier : quel bon vieillard!... Ai-je oublié quelque chose?... A propos; pardon, monsieur, c'est à six heures que l'on se lève?

— A cinq heures et demie, madame.

Elle soupire.

— Monsieur, j'ai là des gants, des gilets de flanelle, de l'argent pour les semaines. N'est-ce pas chez le caissier ?...

— On va vous y conduire, madame.

— Monsieur, mon enfant viendra tous les dimanches, n'est-ce pas?

— Du moins quand il ne sera pas en retenue : cela dépend absolument de lui, madame.

— Vous m'avez dit que son professeur était très-bon.

— Et surtout très-juste.

Un monsieur à moustaches, aux allures militaires, se fit alors annoncer. Il conduisait un jeune enfant. Monsieur, j'ai reçu votre lettre, et vos conditions me vont tout à fait. Voici une recrue pour votre demi-brigade. J'espère que vous en ferez un excellent troupier. Au reste, cela vous regarde. Vous savez votre théorie ; je m'en rapporte à vous ; faites-moi marcher cela au pas accéléré ; et, s'il manque à la discipline, ne lui épargnez pas la salle de police.

Un quart d'heure après, un gros homme à la tournure commune, à la mine haute, entrait et disait : Monsieur, je vous amène mes deux fils ; donnez-leur des professeurs ; donnez-leur en six, si vous le jugez convenable, mes moyens me le permettent. Mes fils vous feront honneur ; mais point de préférence. Traitez-les comme de simples plébéiens, je le permets, je le veux. Monsieur, voulez-vous bien ordonner qu'on prévienne mes gens.

Et le maître de pension reconduisait ce bourgeois gentilhomme, quand un petit homme tout ébouriffé entra.

— Monsieur, lui dit-il, une excellente occasion pour vous d'acquérir un élève distingué !

— Laquelle, monsieur ?

— Mon fils vient de quitter son collége.

— Je ne lui en fais pas mon compliment, monsieur.

— Ah ! monsieur, c'est une injustice, une horreur ! On l'a irrité, exaspéré. Les lettres qu'il nous a écrites à ce sujet vous auraient indigné.

— Quel était son proviseur ?

— Ah ! monsieur, vous dire le nom de ce proviseur, ce serait faire tort à son collége. Je lui ôte son meilleur élève, et je vous le donne ; voilà toute ma vengeance.

— Veuillez au moins me laisser votre adresse. J'aurai l'honneur de vous répondre à ce sujet.

Le monsieur sorti, mon ami, croyant les audiences terminées, se préparait à quitter son cabinet et m'engageait à le suivre, quand nous en fûmes empêchés par de nouveaux arrivants : c'était encore un enfant que son père et sa mère venaient présenter ; mais quel contraste avec tous ceux que je venais de voir. Sa physionomie, à la fois douce et riante, prévenait en sa faveur ; il avait cette timidité sans gaucherie, qui sied si bien au jeune âge et qui dénote une louable défiance de soi-même ; il y avait dans sa tenue une certaine grâce, à laquelle on reconnaissait l'enfant distingué. Il se pouvait sans doute que son instruction fût encore peu développée, mais assurément l'éducation première, celle qu'on reçoit dans la famille et qui est la plus essentielle, avait été excellente. Je considérai ses parents : leurs manières étaient polies avec aisance, leurs paroles choisies sans affectation ; ils avaient ce bon ton, cette simplicité qui du premier abord nous impose et nous séduit.

Ils présentèrent leur fils, mais sans en faire, comme ceux que nous venions de voir, un pompeux éloge : au contraire, ils exprimaient le regret que les ménagements, rendus longtemps nécessaires par l'état de sa santé, eussent nui jusqu'alors à son travail. Ils ne vantaient pas son savoir, son intelligence ; mais ils parlaient de son bon cœur, de sa docilité. Monsieur, disait la mère, mon Arthur a longtemps été malade, et ses études en ont beaucoup souffert ; je ne me flatte pas qu'il puisse jamais réparer le temps perdu ; tout ce que je veux, c'est qu'il réponde à vos bons soins et qu'il vous dédommage de vos peines par son zèle et par ses efforts.

Sur la demande du père, mon ami interrogea l'enfant : il savait peu de chose ; mais ses réponses annonçaient de l'intelligence. On lisait d'ailleurs sur sa figure tant de douceur, tant de bonne volonté, qu'on se sentait disposé à bien augurer de son avenir.

Et en effet, quand, au bout de quelques mois, je revins faire visite à mon ami, je m'informai de ce qu'étaient devenus tous nos petits savants. J'appris que de tous ces enfants tant vantés, aucun n'avait justifié leurs ambitieux panégyriques ; seul, Arthur avait fait des progrès très-rapides. Sa conduite irréprochable, son travail soutenu, lui avaient mérité l'estime et l'intérêt de ses maîtres, en même temps que par sa franchise et sa gaîté il s'était attaché tous ses camarades ; et, quand vint le jour de la distribution des prix, je fus doucement ému en entendant plusieurs fois proclamer son nom, en le voyant, tout palpitant de plaisir, porter ses couronnes à sa mère, à sa mère qui pleurait de joie.

Quant au futur ambassadeur, aux petits gentilshommes, au sentimental Émile, à l'intelligent Théobalt, je n'ai pas besoin de dire qu'ils revinrent les mains vides auprès de leurs parents furieux et désappointés, qui ne manquèrent pas de trouver dans l'échec de leurs enfants une preuve incontestable des vices de l'éducation classique, de la partialité des professeurs, de l'insuffisance des méthodes, et qui, quelques jours après, retirèrent de la pension leurs fils méconnus, pour aller, sans doute, renouveler ailleurs la scène dont j'avais été témoin.

Réflexions.

On sent qu'un pareil sujet pourrait recevoir des développements sans nombre, et se traiter sur des tons bien différents : nous avons dû nous borner à esquisser quelques traits du tableau auquel il peut donner lieu, en évitant surtout de tomber dans le burlesque et le mauvais goût.

UNE DISTRIBUTION DE PRIX.

SUJET.

Deux jeunes gens se rendent à une distribution de prix dans une pension de demoiselles : l'un frère, l'autre cousin de l'une des pensionnaires. Le premier, partisan de l'éducation commune ; le second, détracteur de tout ce qui existe en fait d'instruction, disciple des réformateurs humanitaires, et voulant presque l'émancipation des jeunes filles, comme il veut celle des femmes.

Chemin faisant, la conversation s'engage sur la cérémonie à laquelle ils vont assister. Elle se continue encore pendant la distribution, qui se termine par un incident imprévu. Cet incident a pour but de donner un peu de relief et de vie à ce sujet, qui ne serait sans cela qu'une discussion froide et de peu d'intérêt.

Une des jeunes pensionnaires, plus sensible aux joies de l'amitié qu'aux triomphes de l'amour-propre, a plusieurs fois déjà ménagé des succès à ses compagnes, au préjudice des siens. Jusqu'ici, l'on s'était toujours étonné qu'étant la plus forte de la classe, elle n'obtînt à la fin de l'année que des récompenses secondaires ; mais cette fois sa noble ruse a été découverte, et elle reçoit la récompense de sa généreuse conduite.

Cet épisode inattendu émeut vivement tout le monde, et notre frondeur lui-même, qui ne peut dissimuler son admiration.

Conseils.

Ce dialogue demande à être traité avec quelques détails : il faut mettre en relief à côté de cet esprit de dénigrement dont l'un des interlocuteurs est travaillé, la sage et froide raison avec laquelle il est refuté par son adversaire. Tandis que l'un, poursuivant de ses critiques l'éducation actuelle, lui opposera mille utopies, l'autre essayera de lui montrer que d'abord les vices qu'il signale ne sont pas aussi graves qu'il le prétend ; que d'ailleurs les améliorations en toute chose n'ont lieu que successivement, qu'elles sont plutôt l'ouvrage du temps que celui des hommes ; enfin, que depuis quelque temps l'éducation publique a fait beaucoup de progrès, et qu'elle rachète assurément ses imperfections par de nombreux avantages.

Une fois les raisons débattues de part et d'autre, la distribution a lieu. Il n'est pas de jeune fille ni de jeune garçon qui ne se rappelle une solennité semblable. Pour la peindre, on n'aura donc qu'à consulter ses souvenirs.

Quant à l'incident qui lui sert de conclusion, il demande peu de développements, mais de la sensibilité : le caractère touchant de cet épisode doit contraster avec le ton railleur qui règne dans une partie du dialogue. Disons, au reste, que ce trait d'une abnégation si méritoire n'est pas une invention de notre part, mais le récit d'un fait authentique.

DÉVELOPPEMENT.

Alfred et Lucien se rendaient à la pension d'Amélie. Amélie était sœur du premier et cousine du second. Chemin faisant la conversation s'engage entre les deux jeunes gens.

LUCIEN, ironiquement.

Allons nous voir et entendre de belles choses à la pension de ta sœur ! Nous aurons sans doute de douces larmes à répandre.

ALFRED.

Quelle malheureuse manie de tout dénigrer ! On

dirait que tu gardes rancune aux pensionnats, parce qu'au collège tu n'as pas obtenu le moindre prix.

LUCIEN.

Dis donc le plus minime accessit; et je m'en fais gloire. Est-ce qu'on apprend quelque chose au collége? On y retourne un peu le terrain, tout au plus.

ALFRED.

C'est du moins, pour continuer ta comparaison, une première façon donnée à la terre; ensuite on n'a plus qu'à semer.

LUCIEN.

Bah! bah! je soutiens, moi, que les études mal faites sont les meilleures, en ce sens qu'on peut les reprendre plus tard avec succès, et qu'on n'a pas du moins par devers soi de mauvais éléments. Huit ans pour un peu de grec et du latin. Quand on songe que deux ans suffiraient!

ALFRED.

Je vois que tu as lu le prospectus de nos reformateurs, en fait d'études classiques. Méthode artificielle! vois-tu.

LUCIEN.

Et celle de tes pédants, méthode artificieuse.

ALFRED.

Ah ça, de bonne foi, n'apprend-on que du latin et du grec au collége? N'y apprend-on pas à se lever matin, à faire sa toilette en cinq minutes, à se contenter d'une nourriture frugale, à travailler régulièrement, à se soumettre à la discipline, à vivre sous le régime d'une égalité parfaite, à courir, à s'ébattre à des heures réglées, à respirer le grand air, à connaître l'amitié, à se ménager des protecteurs pour l'avenir, à connaître le prix d'un jour de sortie, à développer ses forces par mille jeux, mille exercices, à se former le goût et le jugement, à réformer son caractère, à faire l'apprentissage de la vie, enfin....

LUCIEN.

Enfin....

ALFRED.

.... A passer son baccalauréat immédiatement au sortir de ses classes ; et le tien, mon cher Lucien....

LUCIEN.

Est ajourné indéfiniment. Quelle stupide chose que ce baccalauréat !

ALFRED.

Stupide, tant que tu voudras ; et cependant, point de salut sans lui ; surtout quand, comme toi, on se destine au barreau.

LUCIEN.

Ah ! ces examinateurs, je voudrais bien les voir à la place de ceux qu'ils interrogent. Quel fatras ! version, langues anciennes, philosophie, histoire, littérature, arithmétique, algèbre, géométrie, chimie, physique, etc.

ALFRED.

C'est parfaitement cela.

LUCIEN.

Que ne demandent-ils aussi de la stratégie, du commerce, de l'agriculture ? Vous verrez, avant un an, qu'un pauvre élève sera refusé, parce qu'il ne saura pas à quelle époque précise de l'année se sèment les lentilles.

ALFRED.

Raison de plus pour te hâter, et pour ne pas attendre ces nouvelles rigueurs du programme.

LUCIEN.

Oh! avant cette époque, il y aura réforme complète; cet état de choses ne peut durer.

Or, tout en se disputant, ils étaient arrivés au pensionnat. Ils entrèrent dans une vaste tente, ouverte par le fond, et laissant voir un délicieux parterre avec un double rang d'arbustes odoriférants. Les élèves, uniformément vêtues de gracieuses robes blanches, étaient échelonnées à droite et à gauche. Vers l'extrémité, une table couverte d'un tapis vert, et chargée de livres et de couronnes : un riche fauteuil était à côté.

ALFRED.

Voilà qui est charmant et du meilleur goût! As-tu vu, dans le salon qui précède, les échantillons des travaux de ces demoiselles?

LUCIEN, ironiquement.

Véritables chefs-d'œuvre! Tout y est retouché par les maîtres et les maîtresses; mais les bons parents ne s'en doutent pas. Broderies, tapis, fleurs peintes, écriture, dessin, tout a été corrigé. Et cependant, toutes ces merveilles portent le nom d'un auteur de treize ou quatorze ans. Quelle pitié! D'ailleurs, n'est-ce pas inspirer de la vanité à toutes ces têtes folles?

ALFRED.

Décidément, tu es dans ton mauvais jour! Comment ce double espalier de jeunes personnes ne t'inspire-t-il pas des idées et des observations plus gaies?

LUCIEN.

Parce que ces espaliers-là ne produiront que de

mauvais fruits, si les réformateurs humanitaires ne s'en mêlent. Patience ! patience !

ALFRED.

Allons, tu es fou. Tiens, promène plutôt tes regards de ce côté, et vois notre petite Amélie qui nous fait des signes, et qui t'envoie un bonjour si amical. En vérité, tu ne le mérites guère.

LUCIEN.

Pauvre chère enfant, pauvre petite cousine, esclave en naissant ! Condamnée à pâlir, à sécher sur des livres.

ALFRED.

Y penses-tu? Je ne lui ai jamais vu des couleurs aussi vermeilles.

LUCIEN.

Une si belle intelligence mise en contact avec le caquetage, la vanité, les petites passions.

ALFRED.

Tu exagères ; Amélie est adorée de toutes ses camarades, et ses notes de trimestre sont excellentes. De l'aveu de toutes les maîtresses, c'est la plus forte de sa division.

LUCIEN.

En ce cas, pourquoi seulement des seconds prix et des accessit à chaque distribution ?

ALFRED.

Sans doute l'émotion, le désir de trop bien faire....

LUCIEN.

Eh non ; c'est que ta mère ne fait pas d'assez riches cadeaux à la directrice.

ALFRED.

Tu la calomnies ; cette excellente dame en est aussi étonnée, aussi affligée que nous.

LUCIEN.

Je te dis qu'il y a une iniquité là-dessous; voilà ce qui est certain.

Ce que Lucien et Alfred ne savaient pas, c'est qu'Amélie, certaine de l'indulgence de ses parents, ménageait de faciles triomphes à ses camarades, dont les familles étaient plus sévères ou plus exigeantes, et qu'elle aimait comme des sœurs. Cette complète abnégation d'amour-propre dans un enfant pourra sembler extraordinaire, et cependant elle était vraie.

Tout à coup, il y eut un mouvement dans l'assemblée; toutes les jeunes filles s'étaient levées. Un pair de France, vieillard à la figure respectable, était entré; il venait présider la cérémonie et distribuer les couronnes. On le conduisit au fauteuil préparé pour lui.

LUCIEN.

Ah! pour le coup, voici le meilleur de la comédie! Je vous demande un peu ce que ce brave monsieur vient faire ici? et s'il ne ferait pas mieux de siéger à sa chambre du Luxembourg où l'on agite les questions les plus importantes, les plus vitales! aujourd'hui surtout! une question sur l'amélioration des prisons....

ALFRED.

Aujourd'hui, mon cher, il n'y a pas séance à la chambre des pairs, ce qui prouve que tu lis ton journal avec beaucoup de distraction.

On fait silence. Le discours est prononcé; les applaudissements retentissent; Alfred suit l'impulsion.

ALFRED, applaudissant.

Très-bien! Cette improvisation est noble et digne! Voilà comme on parle à des jeunes filles. Tu seras de mon avis, j'espère.

LUCIEN.

Soit. Mais tout cela était appris par cœur. Et puis, un grave législateur, un homme habitué à manier la parole, ne pourrait-il pas trouver quelques idées plus neuves et plus intéressantes que ces éternelles redites sur l'utilité du travail?

ALFRED.

Sais-tu que tu es fort amusant! Où donc vas-tu chercher tout cela?... Mais attention! on proclame les prix.

Le plus grand silence s'établit; mais les aparté de Lucien continuent. A chaque prix proclamé, il a une observation à faire. Heureusement elle est étouffée par la musique et les applaudissements.

Quand vint le tour de la deuxième division, Lucien dut s'arrêter; c'était celle d'Amélie. L'inquiétude se peignit sur la figure de nos deux jeunes gens.

Amélie ne fut guère mieux partagée que les années précédentes. Elle obtint un premier prix, mais partagé avec une autre élève, et quatre accessit, dont deux premiers. Lucien s'indignait tout bas. Alfred se demandait avec étonnement comment telle jeune personne qu'il connaissait avait pu réussir beaucoup mieux que sa sœur, dont la supériorité intellectuelle était reconnue; mais il avait remarqué avec une bien douce émotion que chaque fois que le nom d'Amélie de Rainville était prononcé, il était salué par une triple salve d'acclamations sur les bancs de ses compagnes, et que, quand elle retournait à sa place, toutes les bouches riaient, toutes les mains prenaient les siennes. L'assemblée aussi cherchait à se rendre compte de l'intérêt tout particulier qu'excitait cette jeune fille à la figure si candide, au maintien si décent.

La distribution était terminée, et cependant une énorme pile de livres richement dorés sur tranche était encore sur la table. Une couronne de fleurs les surmontait. A qui devait revenir cette riche offrande? On se levait, on se regardait, on attendait. Amélie aussi, les yeux tendus, partageait la curiosité générale. La directrice s'avança, éleva la voix, et montrant la table : Ce prix, dit-elle, est un prix unique, et n'est pas décerné par l'institution. Ce prix a été voté à l'unanimité par les pensionnaires, qui en ont fait elles-mêmes les frais, et qui lui ont donné pour dénomination : *Prix de bonne amitié et de bon cœur,* et la couronne qui y est jointe a été tressée avec les fleurs de leurs petits jardins.

Puis, après une pause de quelques secondes, elle accentua lentement les mots suivants :

Ce prix.... a été mérité par... Amélie de Rainville.

Ce fut un mouvement d'enthousiasme. De tous les bancs on criait : Oui, oui ; elle le mérite ; vive Amélie ! Et une fanfare brillante retentissait. L'émotion de l'assemblée était au comble.

Stupéfaite, interdite, Amélie croyait rêver ; elle riait et pleurait tout ensemble ; elle ne put que tendre les bras à ses compagnes ; et quand, tout émue, toute rouge, toute tremblante, elle vint courber son front sous la riche couronne que le vieillard tenait à la main : — Ne vous y trompez pas, mon enfant, dit celui-ci, c'est un diadème. Puis, la conduisant devant l'assemblée, il lui baisa respectueusement la main.

Cela fut dit, fut fait avec grâce et dignité. Amélie passa de bras en bras dans ceux de son frère, qui la couvrit de baisers. Lucien s'efforçait en vain de dissimuler ses larmes.

Et nous supposons qu'il ajourna, pour quelque temps du moins, ses plans de réforme sociale.

Réflexions.

L'épisode qui termine ce dialogue est tout à fait accessoire, et il n'a d'autre utilité que de mêler un peu d'intérêt à une discussion par elle-même sèche et sérieuse. On a déjà compris d'ailleurs que nous nous sommes contentés d'indiquer les principaux arguments, sans prétendre traiter la question à fond, faire un procès en forme à nos pessimistes du jour, et épuiser contre eux les preuves nombreuses qui les condamnent. Notre but était, avant tout, de mettre aux prises deux caractères opposés, et de faire ressortir leurs opinions contradictoires.

OVIDE ET MACHIAVEL

DIALOGUE DES MORTS.

SUJET.

On suppose qu'Ovide[1] et Machiavel[2] se rencontrent inopinément aux enfers. L'élève reproduira l'entretien qu'ils durent avoir ensemble.

Conseils.

Le premier soin de l'élève doit être de rechercher les rapports qui existent entre les interlocuteurs qu'il doit mettre en scène; et, pour cela, il lui faut étudier leur vie, leur position, l'époque où ils ont vécu.

Quelles analogies se présentent entre Ovide et Machiavel? Sont-ils contemporains? Non, puisqu'ils vivaient à quinze cents ans de distance; mais ils sont compatriotes : de plus ils ont tous deux été exilés. Machiavel put rentrer en grâce; Ovide mourut en exil. Tous deux se firent un nom par leurs écrits : Ovide, par des poésies pleines de grâce et de charmes; Machiavel, par des œuvres plus sérieuses (si l'on en excepte ses comédies), et surtout par son *Traité du prince,* où il semble ériger en théorie l'injustice et l'inhumanité, et où il expose cette politique de mauvaise foi qui a conservé le nom de machiavélique. Ces préliminaires une fois connus, supposons que l'entretien s'engage.

[1] Ovide, poëte latin, né 43 ans avant J.-C. à Sulmone, ville du Samnium, voisine de l'Étrurie, aujourd'hui Toscane; mort en exil à Tomes, sur les bords du Pont Euxin, l'an 17 de J.-C.

[2] Machiavel, né à Florence, capitale du grand-duché de Toscane, en 1469, fut pendant longtemps secrétaire d'État de la république. Quand les Médicis revinrent au pouvoir, accusé d'avoir conspiré contre eux, il fut mis à la torture, puis exilé. Quelques années après il rentra en grâce. Ce fut pendant son exil qu'il composa ses ouvrages, entre autres le fameux *Traité du prince.*

DÉVELOPPEMENT.

OVIDE.

Bonjour, mon cher compatriote. Eh bien! qu'est-? qu'avez-vous donc? Vous avez toujours l'air un conspirateur?

MACHIAVEL.

Laissez-moi; je suis furieux.

OVIDE.

Et pourquoi? Vos désirs ne sont-ils pas satisfaits? e disiez-vous pas, là-haut, que vous préfériez être ıns les enfers des anciens, avec Socrate, César et ompée, que dans le ciel avec les fondateurs du ıristianisme, les papes et les évêques.

MACHIAVEL.

Quand je parlais ainsi, j'étais jeune, et, partant, xcusable. Vos dieux, vos héros, vos fêtes m'avaient urné la tête. Né avec un caractère emporté, une nagination brûlante, est-il bien étonnant qu'un :une homme ait trouvé plus de charmes aux brilınts attributs de vos dieux et de vos déesses qu'aux ogmes et aux pratiques sévères de votre culte! ıais laissons cela. C'est à la postérité que j'en veux: ı perfide ne vous fait pas grâce d'un *iota*. Elle eût ien mieux fait de jeter un voile sur mes faiblesses, t de mieux interpréter le sens de mes écrits.

OVIDE.

Je vous vois venir; vous voulez parler de votre *Traité du prince*.

MACHIAVEL.

Justement. Comment! un de ces hommes qui gouvernent là-haut, avec un sceptre de fer, ne prétendait-il pas tout à l'heure qu'il n'avait dû sa ruine qu'à la lecture de mon livre. Quoi donc! je serais responsable des folies et des cruautés de brigands semblables! On me traitera, après ma mort, comme on traita de son vivant le philosophe de Genève; et, parce qu'il aura plu à des tyrans de désoler la terre, faudra-t-il qu'on vienne me les reprocher en me criant : Tiens, Machiavel, voilà ton ouvrage.

OVIDE.

Je vous avoue que j'ai donné comme tout le monde dans le piége, et que j'ai toujours regardé votre livre comme le bréviaire des ambitieux, des fourbes et des tyrans.

MACHIAVEL.

Mais, à vous entendre, il semblerait que la tyrannie ne date que de mon époque? Quoi donc! Est-ce à mon école que se sont formés vos Caligula, vos Domitien et vos Néron! Est-ce moi qui ai pétri l'âme de vos triumvirs, celle de vos Marius et de vos Sylla! Allez, croyez-moi, la tyrannie date de l'origine du monde. Elle est de tous les lieux comme de tous les temps. Qui! moi, je lui aurais dressé des autels; moi, Machiavel; moi, l'auteur de l'apologie de Cassius et de Brutus!

OVIDE.

Je vous attendais là. Vous avez exalté leurs vertus; mais vous auriez craint d'imiter leur courage.

MACHIAVEL.

Grand merci, vraiment. Vous ne savez donc pas quelles furent les suites de ma conjuration contre les Médicis?

OVIDE.

Je sais que vous fûtes mis à la question. C'était là l'occasion ou jamais de mourir en vrai petit-fils

·s anciens Romains ; car vous êtes Étrusque, est-ce pas?

MACHIAVEL.

Oui, Toscan. Qui! moi, pour la vaine gloriole de ›urir en républicain, je me serais bénévolement umis au supplice le plus cruel comme le plus fâme ; j'aurais enduré les tourments de la torture ; urais senti briser mes os sur la roue ; et, pour ute pompe funèbre, mon corps eût été traîné avec croc dans l'Arno?

OVIDE.

L'ancien Arnus, n'est-ce pas?

MACHIAVEL.

Eh! oui. Ah! sans doute, si le ciel n'avait ré-rvé qu'aux grandes âmes le privilége de mourir ec courage, une belle mort eût été digne d'envie. ais ne voyez-vous pas que les plus vils scélérats nt toujours envisagée sans effroi? Je fis mieux. ·s serments me coûtaient peu ; on n'avait pas de euves suffisantes, et je niai tout impitoyablement.

OVIDE.

Et vous devîntes l'apostat de la liberté?

MACHIAVEL.

Je fus toujours républicain dans l'âme ; mais je is une autre route. Désespérant de purger le monde tyrans, je donnai aux despotes de l'encensoir au avers du visage. C'est alors que je fis voir le jour ce *Traité du prince*, trop malheureusement célè-e, mais qui doit s'interpréter ainsi : « Si vous ceptez jamais un maître, il sera tel que je vous le ins. Voilà la bête féroce à laquelle vous vous aban-nnerez. » C'est là le sens que m'a donné le chancelier Bacon[1]. Lui seul m'a rendu justice, lui seul a vu clair dans mon livre.

OVIDE.

Voilà des raisons spécieuses. Au surplus, à quelque chose malheur est bon; car c'est moins au reste de vos ouvrages qu'à ce fameux livre que vous devez votre immortalité.

MACHIAVEL.

Belle immortalité, ma foi! Il est immortel aussi cet Érostrate qui brûla le temple de Diane; il est immortel cet Empédocle qui, pour faire parler de lui, se précipita dans l'Etna. Je m'estime encore trop pour m'assimiler à de pareils fous. Allez, relisez attentivement mon ouvrage; sachez en démêler l'ironie, et soyez persuadé qu'il est aussi niais de montrer l'art de la tyrannie aux rois qu'il est ridicule et puéril d'enseigner celui de plaire aux petites filles.

OVIDE.

Ma franchise vous déplaît, à ce que je vois?

MACHIAVEL.

Sans doute, et vous me faites bouillir le sang dans les veines avec votre ton doctoral. Il vous sied bien de me reprocher ma conduite servile, à vous qui avez montré l'âme d'un esclave, et qui avez prodigué d'indignes éloges au plus vil tyran qui fut jamais.

OVIDE.

.... Et à qui?

[1] François Bacon, illustre philosophe anglais, né à Londres en 1561, mort en 1626, fut élevé par Jacques Ier au poste de grand chancelier, puis condamné sur une fausse accusation. Il rentra bientôt en faveur. Bacon a beaucoup écrit, et il a immortalisé son nom en créant la *Nouvelle méthode*, qui substitue aux hypothèses l'observation et l'expérience. M. Bouillet a donné une édition précieuse de ses œuvres philosophiques.

MACHIAVEL.

Mais.... à Auguste, sans doute, qui néanmoins, digné de la licence de vos écrits, vous fit exiler[1]?

OVIDE.

Vous n'y êtes pas.

MACHIAVEL.

Soit. Je n'y suis pas; car cet exil sera toujours n mystère, et vous n'avez pas jugé à propos d'en istruire la postérité, sans doute pour de fort bonnes aisons. Mais enfin, pourquoi, proscrit par un tyran, t relégué par lui au milieu des glaces, avez-vous ontinué de mentir au profit d'un misérable que vous éprisiez?

OVIDE.

Mon encens n'était pas suspect. Je lui érigeai nême un temple après sa mort.

MACHIAVEL.

Sans doute parce que vous espériez fléchir Tibère, on successeur. Vos regards étaient toujours tournés ers Rome. Vous compariez les délices de cette capiale avec votre affreuse solitude de Tomes. Là, seul, bandonné, trop lâche pour vous armer de philosohie, vous tendiez vos mains suppliantes vers vos ersécuteurs, vous versiez des larmes, vous protesiez de votre innocence, et vous ne rougissiez pas le faire, pour recouvrer votre liberté, ce que je fis noi pour sauver ma vie. Vous flattiez des tyrans que vous détestiez au fond de votre cœur. Tenez, croyezmoi, ne nous reprochons rien.

[1] Après avoir longtemps joui des bonnes grâces d'Auguste, Ovide fut exilé. a cause de cette disgrâce a donné lieu à bien des conjectures, mais est toujours restée une énigme. Ovide, en dépit de ses sollicitations, de ses bassesses même, ne put obtenir son rappel ni d'Auguste, ni de Tibère.

OVIDE.

Je vois que j'ai mal pris mon temps pour vous parler. Adieu.

MACHIAVEL.

Bonsoir.

Réflexions.

On sent qu'entre les mêmes interlocuteurs, le dialogue pourrait être tout différent. Il n'y a pas sur ce point de données précises : tout dépend du goût de l'élève et de la tournure qu'il croit devoir faire prendre à l'entretien.

Ces compositions peuvent avoir une grande utilité. Accoutumer les élèves à réfléchir, à évoquer en quelque sorte devant eux les personnages célèbres qui ne sont plus, à les étudier dans leurs actions, dans leurs écrits, à leur prêter un langage en harmonie avec leur caractère, c'est leur faire étudier l'histoire en les amusant, et presque à leur insu.

Les dialogues des morts, genre d'exercice trop peu recherché, et qui pourtant a immortalisé Lucien, son inventeur, ouvriront une nouvelle carrière aux jeunes élèves : comme ils supposent quelques études, ou du moins des lectures faites avec fruit, on pourrait croire qu'ils ne sont point à la portée des élèves dont l'instruction est nécessairement incomplète, et qui, ayant à établir un dialogue entre deux personnages, ne sauraient pas le premier mot de ce qui les concerne. Cette raison serait sans réplique, si nous n'avions pas des livres qui peuvent les aider. Citons en première ligne le savant ouvrage de M. Bouillet, que nous avons eu déjà l'occasion de recommander : on trouvera dans son *Dictionnaire universel* une biographie résumée, mais fort bien faite, de tous les personnages importants, et pour des renseignements plus complets, l'indication des sources auxquelles on devra recourir. Une fois riches de ces matériaux, les élèves se mettront à l'œuvre, et leur intelligence fera le reste.

DESCRIPTIONS.

AVERTISSEMENT.

.a vérité, et, à son défaut, la vraisemblance, telle est la lité essentielle de la description. S'agit-il de décrire un fait orique, il faut se rendre compte et de l'époque où se passe ait, et des personnages qui y ont pris part, et des circonces qui l'ont accompagné. Ces détails, dont l'ensemble stitue ce qu'en style d'école on appelle *couleur locale,* t ici de la plus haute importance. On ne saurait les négli- sans s'exposer à tomber dans de grossières erreurs, dans anachronismes choquants. S'agit-il, au contraire, d'une cription toute de fantaisie, où l'imagination seule est en , ici encore il faut de la vraisemblance, et une fois cer-es données, plus ou moins réelles, admises, il faut avoir que tout le reste s'accorde avec elles et que rien ne me détruire l'harmonie de l'ensemble. Il faut aussi dis-er les détails avec art, approprier le style au ton général sujet; enfin, donner aux différentes scènes de la variété, l'intérêt et de l'action. C'est dans la description surtout on a l'occasion d'appliquer la figure de pensées que nous ns recommandée sous le nom de représentation ou pein-e au début de notre essai sur les narrations.

UNE RÉCRÉATION.

—

SUJET.

Décrire le tableau que présentent des enfants d[e] différents âges, se livrant à leurs jeux dans le jardi[n] d'un pensionnat.

Conseils.

Ce sujet est bien simple, et d'autant plus facile à développer, qu'il s'agit seulement pour l'élève d'interroger se[s] souvenirs et de retracer des scènes auxquelles il prend par[t] tous les jours soit comme témoin soit comme acteur. Il n[e] devra pas s'attacher à décrire les différents jeux qu'il passera en revue; mais seulement à les caractériser en quelque[s] mots.

Pour donner de l'unité au récit, il supposera que ces différentes scènes ont un spectateur sensible au riant tablea[u] qu'elles présentent, et qui veut les décrire à son tour. Il obtiendra un effet de contraste en donnant pour témoin à ce[s] jeux de l'enfance une personne d'un certain âge, qui y trouvera la source de doux et gracieux souvenirs. On peut donne[r] à cette description la forme d'une lettre ou d'un récit. Supposons, par exemple, qu'une dame âgée la fasse en écrivant à une de ses amies.

DÉVELOPPEMENT.

Ma chère amie, une plume aimable et légère l'a dit avant moi : « C'est le plus doux privilége de l'homme qui vieillit, de ressaisir avec une extrême sensibilité les impressions de l'enfance [1]; » je le compris hier,

[1] Charles Nodier.

n revoyant la paisible retraite où nous fûmes éle-ées, je voulus vivre tout un jour au milieu de ces ›ies légères, innocentes, dont le naïf tableau se dé-oulait à mes yeux.

Le jardin, destiné aux récréations, faisait autre-›is partie d'un parc seigneurial, dont la disposition arge et majestueuse offre aujourd'hui encore un ma-;nifique aspect. Des arbres séculaires forment un fond dmirablement nuancé de feuillage encore vert et e ces teintes purpurines qui, pour être un des der-iers charmes de la nature, n'en sont pas les moins imables. Sur une pelouse qui s'étend devant la naison, folâtraient divers groupes de jeunes filles, lont les courses rapides et les bruyantes exclamations rahissaient la plus franche gaîté.

Quelques-unes sautaient à la corde, et, dans leurs égers mouvements, montraient à leur insu ces grâces aïves de l'enfance, grâces qui passent avec elle.

Ici, une jeune élève, les yeux bandés, étendait ses ras de côté et d'autre pour saisir quelqu'une de ses ompagnes; mais toutes s'éloignaient en riant, puis evenaient, lui parlaient tout à coup à l'oreille comme our la braver, et, fuyant aussitôt, échappaient aux nains agiles de la jeune aveugle, qu'une autre moins este ou plus imprudente que ses compagnes venait nfin remplacer.

Là, assise sur un banc de gazon, une petite pen-ionnaire donnait gravement à sa poupée les soins ju'elle devait un jour prodiguer à ses enfants, et nontrait, dans un âge si tendre, le merveilleux nstinct, la touchante sollicitude de la maternité.

Plus loin, une ronde tournoyait avec vitesse, et ne s'arrêtait, à de courts intervalles, que pour écouter le couplet d'une petite blondine, puis reprenait la danse et son joyeux refrain.

De tous côtés, enfin, ce n'était que jeux et plaisirs; je me trompe. Quelques élèves d'un âge plus avancé, et que des pensées plus graves enlevaient sans doute à ces jeux enfantins, suivaient, en conversant, une allée latérale. Je m'efforçais par la pensée de pénétrer leur causerie, et je supposais que déjà elles s'entretenaient de ce monde qui bientôt allait s'ouvrir devant elles.

Tel était le tableau qui se présentait à mes yeux; et moi, assise à l'ombre d'un bosquet, je songeais à ces différents âges que j'avais moi-même parcourus; je ressaisissais ces fugitives impressions de l'enfance, ces désirs si prompts et si tôt satisfaits, cette existance de jeunesse et d'ardeur que les années doivent épuiser peu à peu; puis, suivant le cours de la vie, j'arrêtais avec complaisance mes regards sur le front déjà plus grave des grandes élèves. Je me rappelais cette époque de la vie qui tient à la fois de la légèreté de l'enfance et de la réflexion de l'âge mûr, et, remontant à travers tous les devoirs de la femme jusqu'à ceux de la vieillesse, j'embrassais d'un seul coup d'œil toute notre destinée.

Mais je m'aperçois, mon amie, que je substitue mes graves pensées à l'aimable tableau que je voulais t'offrir. Oublie ces réflexions d'une vieille causeuse, ne vois plus que l'aspect riant d'un beau jardin sous un ciel sans nuage, l'ombre engageante des grands arbres, toute une volée de gracieuses jeunes filles s'abandonnant aux plaisirs de leur âge, et peut-être alors remercieras-tu ton amie d'être venue te visiter dans la solitude, et dissiper ta tristesse par les souvenirs de nos premiers beaux jours.

Réflexions.

On sent que de pareils sujets peuvent se prêter à des descriptions très-variées. Il suffit d'en saisir quelques traits et de les faire suivre des réflexions qu'ils comportent.

Les jeux des jeunes filles sont plus gracieux et offrent plus d'intérêt que ceux des garçons, aussi leur avons-nous donné la préférence; cependant la scène pourrait être transportée dans un pensionnat de jeunes gens, mais alors il serait bon d'y faire quelques changements. Ainsi, au lieu de décrire leurs jeux bruyants et sans grâce, nous pourrions prendre pour sujet de notre description une fête comme il s'en donne encore dans de certaines institutions, et auxquelles sont conviés et les parents et les anciens élèves.

Nous avons assisté l'autre jour, dans une institution située aux environs de Paris, à une fête de ce genre, qui a été vraiment délicieuse : parc magnifique, illuminé en verres de couleurs avec un art admirable; concert donné par les élèves, représentation théâtrale imaginée et exécutée par eux, feu d'artifice; rien n'y a manqué de ce qui peut rendre une soirée charmante et prêter à d'agréables descriptions.

ENTRÉE DE JEANNE D'ARC A REIMS.

DESCRIPTION HISTORIQUE.

—

SUJET.

Jeanne d'Arc[1], après avoir délivré Orléans et remporté de grands avantages sur les Anglais, fait son entrée triomphale à Reims, où le roi Charles VII doit être sacré.

Conseils.

Ce sujet rentre à la fois dans le genre descriptif et dans le genre historique; c'est un exercice et pour la mémoire et pour l'imagination de l'élève. A la mémoire, appartiennent les développements historiques, les faits, les allusions, les détails de mœurs, les usages, le costume, ce qu'on peut appeler la *couleur locale*. L'imagination dispose ensuite tous ces matériaux; elle les arrange, les distribue, les modifie, en forme un ensemble intéressant. Le jugement intervient comme régulateur; il donne de la place, de l'étendue, de la valeur, de la proportion, des développements. Toutes les facultés sont ainsi mises en jeu. Les livres dans ce travail seront sans contredit d'un grand secours. Ce sujet se trouve tout entier en substance dans nos bonnes histoires de France. Il s'agit de l'en extraire et de lui donner la forme que comporte ce genre de composition. Supposons l'élève pourvu de toutes les notions qui peuvent

[1] Jeanne d'Arc, fille d'un paysan de Domrémy, près de Vaucouleurs, département des Vosges, en Lorraine, nommé Jacques d'Arc, naquit en 1410 et mourut en 1431. Après avoir été bergère jusqu'à l'âge de dix-huit ans, elle conçut la pensée de délivrer la France du joug des Anglais; elle obtint du roi quelques troupes, fit lever le siége d'Orléans le 8 mai 1429, et conduisit le roi à Reims, où il fut sacré. Plus tard, elle fut prise par les Anglais, dans une sortie au siége de Compiègne, condamnée comme sorcière, et brûlée vive à Rouen.

l'aider dans son travail, et examinons quel parti il en devra tirer.

L'entrée en matière, surtout dans une description, est souvent la partie la plus difficile. Il faut saisir vivement l'esprit du lecteur, éviter les longueurs, les détails inutiles. Ici notre exposition nous est fournie par l'ordre même de la narration. Nous avons à retracer l'entrée de Jeanne d'Arc dans les murs de Reims. Il est naturel de montrer d'abord l'attente générale, l'empressement des habitants, le concours des spectateurs, les préparatifs de la fête. C'est là un premier tableau.

Le cortége paraît, le bruit des fanfares guerrières le précèdent et l'annoncent. On entend les trompettes et les timbaliers; leur riche costume attire les regards. Derrière eux, on placera des soldats; Lahire, Dunois, Xaintrailles marcheront à leur tête. Ils chevauchent lentement; la visière de leur casque est levée; le peuple salue en eux les libérateurs de la France, les dignes compagnons de l'héroïne de Vaucouleurs.

On peut amener ici un contraste en faisant paraître après les soldats et la musique guerrière, les prêtres entonnant les hymnes de la religion; Dieu lui-même a sa place dans la pompe du cortége. Ses vénérables ministres représentent celui de qui vient toute victoire sur la terre, et leurs concerts pieux portent vers le ciel les actions de grâces de la France.

Il faudra trouver ensuite une transition pour montrer les grands vassaux portant les insignes de la royauté. Pour beaucoup d'entre eux le triomphe de Charles, est une cruelle humiliation; mais ils s'inclinent devant la nécessité. On remarque l'absence du duc de Bourgogne : son âme indomptable n'aurait pu supporter un pareil spectacle.

Cependant Jeanne d'Arc s'avance : elle a d'un côté son écuyer portant sa bannière; de l'autre son aumônier portant un crucifix. Tous les regards s'arrêtent sur sa douce figure.... Soudain Jeanne a pâli, elle a reconnu un vieillard et deux jeunes filles. « Mon père! mes sœurs ! » s'écrie-t-elle. Puis, baissant la tête, elle se met à pleurer, elle que les douces joies de la famille ont abandonnée pour jamais. Son cœur et son bras ne lui appartiennent plus; ils sont à Dieu, qui l'envoie pour sauver la France.

Enfin Charles VII se montre entouré de jeunes pages; son air est majestueux et digne d'un roi. Les épées se lèvent; les bannières se déploient sur son passage. Partout on entend les cris de : Vive le roi ! La France est sauvée ! Quelques Anglais avancent la tête entre les barreaux de leur prison. Ils se retirent bien vite ; la haine nationale l'emporte sur la curiosité. Ils vont bientôt apprendre qu'à la demande de Jeanne le roi leur pardonne. La jeune héroïne les reverra sur la place de Rouen, applaudissant à son supplice.

DÉVELOPPEMENT.

L'antique cité de Reims présentait un aspect inaccoutumé ; dès le matin, les cloches avaient annoncé un grand jour[1]. Toute la ville était en mouvement ; les citoyens parés de leurs habits de fête, accompagnés de leurs femmes et de leurs enfants, couraient en foule vers les portes ; là, se trouvaient déjà réunis les habitants de la campagne, venus pendant la nuit des villages environnants. Des deux côtés de la route, aussi loin que la vue pouvait s'étendre, on apercevait une multitude frémissante. On attend l'héroïne qui sauva la France, et qui aujourd'hui conduit à Reims son roi victorieux.

Voici qu'on découvre au loin un nuage de poussière, qui lentement s'avance et grandit à l'horizon. Un murmure de joie s'élève au milieu de la foule.

On distingue déjà le son lointain des trompettes et les fanfares belliqueuses. Le cortége paraît.

D'abord, ce sont les hérauts d'armes qui écartent la foule, montés sur des chevaux richement caparaçonnés. On répète avec eux le cri de : Vive le roi ! et l'allégresse est au comble.

Les timbaliers et les trompettes viennent après. Ceux qui n'ont jamais assisté à semblable fête les

[1] C'était en l'an 1429, le 17 juillet.

prennent pour de hauts seigneurs, à voir leur manteau de guerre tout couvert d'or, leur toque qu'une longue plume surmonte, leur poitrine où brillent les trois fleurs de lis d'or au-dessus des armoiries de leurs maîtres.

Quels sont ces guerriers qui chevauchent lentement, la lance au poing, la visière du casque levée? La foule proclame leurs noms avec ivresse : c'est Lahire[1], c'est Xaintrailles, c'est Dunois, ce sont les nobles compagnons de Jeanne d'Arc. La simplicité de leur costume les distingue ; mais ils sont beaux sous ces armures faussées en cent endroits par le fer de l'ennemi. Un seul écuyer les suit, comme eux vêtu d'airain, comme eux brave et fameux dans les batailles. Le temps des durs travaux est passé. Ils ont bravement combattu contre l'Anglais pour la défense de leur prince ; de plus beaux jours vont briller pour eux.

Mais aux cris de guerre et de victoire succède un pieux concert ; de suaves cantiques montent dans les airs ; l'encens fume ; les fleurs jonchent le sol ; tous les fronts se découvrent ; le peuple s'écrie : Gloire à Dieu ! Voyez les blanches tuniques des prêtres et des lévites, ces doux symboles de paix et d'innocence au milieu des images de la guerre, ces voix saintes mê-

[1] Lahire, l'un des plus vaillants capitaines de Charles VII, seconda puissamment Jeanne au siége d'Orléans, et tenta vainement plus tard de l'arracher à ses bourreaux : il mourut en 1442. — Xaintrailles, son ami et son compagnon d'armes, devint maréchal de France, 1454, et mourut à Bordeaux, 1461. — Dunois, fils naturel de Louis de France, duc d'Orléans, remporta sur les Anglais de nombreuses victoires. Un instant égaré, il trempa dans une conspiration contre son roi, et y entraîna le Dauphin, Louis XI ; mais bientôt il fit oublier sa faute par un repentir sincère et de nouveaux faits d'armes. Nommé en 1444 lieutenant général du roi, puis grand chambellan de France en 1450, il entra, après la mort de Charles VII, 1461, dans la ligue du bien public ; mais plus tard il se rallia au parti du monarque.

lées aux fanfares retentissantes. Gloire à Dieu, c'est de lui que tout bien nous arrive, rendons hommage à sa puissance! Par la main d'une femme il a chassé l'étranger; que son nom soit béni!

Puis voici venir les grands vassaux. Les lois antiques de la monarchie les appellent en ce jour auprès du roi, leur suzerain : sur des coussins de velours ils portent les insignes de la royauté. A travers le sourire épanoui sur leur visage, qui devinerait les noirs soucis qui rongent leur cœur? Le triomphe de Charles est pour eux une cruelle humiliation. Mais dans l'allégresse générale ils doivent dissimuler leur ennui. On remarque l'absence du duc de Bourgogne[1] : son âme indomptable n'aurait pu supporter un pareil spectacle.

Jeanne enfin s'avance, simple et modeste, noble et radieuse, montée sur son cheval de bataille; d'un côté marche son écuyer portant la bannière si connue des Anglais; de l'autre son aumônier, un crucifix à la main : touchant assemblage qui rappelle à la fois le courage de Jeanne et la puissance mystérieuse qui la protége.

Elle paraît, et tous les regards se portent sur elle; une foule immense se presse à ses côtés; les portes, les fenêtres, les toits des maisons et des basiliques sont envahies par tous ceux que n'ont pu contenir les rues trop étroites. De tous côtés des échafauds, des

[1] Philippe III, dit le Bon, duc de Bourgogne, fils de Jean sans Peur (qui fut assassiné sur le pont de Montereau par le Dauphin, depuis Charles VII), lui succéda en 1419, et s'allia immédiatement, par le traité de Troyes, avec Henri V, roi d'Angleterre, qu'il soutint dans ses prétentions à la couronne de France. Philippe fit beaucoup de mal aux Français, et ne cessa de combattre avec les Anglais qu'en 1435, époque à laquelle il conclut avec Charles VII le traité d'Arras, par lequel il le reconnaissait pour son suzerain, tout en gardant son indépendance. Il mourut en 1467, laissant son duché à son fils, Charles le Téméraire.

arcs de triomphe ornés d'inscriptions et de guirlandes attestent la reconnaissance publique. Le nom de Jeanne retentit en mille acclamations, on salue la libératrice du royaume, l'humble bergère, l'héroïne aux armes toujours triomphantes. La foi est dans tous les cœurs, les larmes coulent de tous les yeux. Jeanne partage l'enivrement de la foule : elle semble heureuse, elle oublie un instant ces visions funestes qui, depuis plusieurs jours, assombrissent sa pensée. Hélas! une triste épreuve l'attend. Soudain elle a pâli, elle s'arrête, et jetant les yeux sur un groupe qu'elle aperçoit au pied d'une madone : Mon père! s'écrie-t-elle; mes sœurs! Puis, baissant la tête, elle se met à pleurer. Quand retournera-t-elle auprès de son père et de ses sœurs? quand sera-t-elle rendue à ces douces joies de la famille qui pour elle ont duré si peu?

Un voile épais couvre l'avenir : puisse le ciel le rendre heureux pour elle!

Cependant le roi arrive, précédé de jeunes pages; sa majestueuse beauté répond à l'idée que le peuple se forme d'un roi. Les malheurs qui ont éprouvé sa jeunesse n'ont fait que relever l'éclat d'un visage plein de noblesse et de dignité. Partout les épées se lèvent, les bannières se déploient, on s'écrie : La France est sauvée! Attirés par ces cris d'allégresse, quelques Anglais captifs avancent la tête entre les barreaux de leur prison; mais la haine nationale l'emporte sur la curiosité, ils vont se réfugier au fond de leur cachot. Bientôt ils apprendront qu'à la demande de Jeanne le roi leur rend la liberté. Jeanne leur a sauvé la vie; elle les reverra sur la place de Rouen, applaudissant à son martyre.

Réflexions.

Ce sujet ne présentait aucune difficulté ; il suffisait de faire passer sous les yeux du lecteur, et avec leur entourage bien connu, les différents personnages qui jouent un rôle dans l'histoire de Jeanne d'Arc. Pour tout ce qui est description historique, il faut avant tout recourir à l'histoire; c'est elle seule qui peut nous donner les matériaux à mettre en œuvre. Nous renverrons encore à cet égard au *Dictionnaire universel* de M. Bouillet ; c'est un répertoire précieux, et sans lequel le genre de travail que nous recommandons ici ne peut être fait heureusement.

UNE VISITE AU CIMETIÈRE.

—

Conseils.

Décrire un tel séjour comme on décrirait un autre lieu quelconque, et sans tenir compte des idées toutes particulières que sa vue inspire ordinairement, ce serait ne pas comprendre son sujet.

Parler des monuments qui s'y trouvent ou des épitaphes qu'on y lit, en artiste ou en littérateur, ce serait faire de la science et de la critique hors de saison.

Trouver dans une réunion de tombeaux une matière à des réflexions philosophiques ou religieuses, ce serait s'exposer à être monotone et vague.

Il faut imiter Grey, Delille et Fontanes, qui dans leurs cimetières ont placé des personnages sur lesquels ils appellent l'intérêt : ici, un vieillard que ses cheveux blancs avertissent de sa fin prochaine; là, un enfant qui pleure en voyant pleurer sa mère; plus loin, une jeune fille qui cache aux hommes le spectacle d'une douleur dont Dieu seul connaît le secret.

Ce n'est pas tout.

Il faut rattacher les unes aux autres les différentes parties de ce tableau.

Nous atteindrons ce but en faisant de notre cimetière le théâtre d'une petite scène où figureront des personnages imaginaires, mais vraisemblables.

DÉVELOPPEMENT.

Après une longue excursion dans la campagne, je rentrais dans Paris, par une belle soirée du mois de juin, plus occupé sans doute de suivre mes rêveries que mon chemin : je m'engageai dans des rues sinueuses, nouvellement percées, et encore sans nom ; je finis par m'égarer ; un jardin, dont le voisinage m'était annoncé par le parfum de ses fleurs qu'il exhalait au loin, se présenta ouvert devant moi ; j'y entrai sur la permission que m'en donna une petite fille de quatre ans, qui me confia qu'elle se nommait Fanny, et qui eut besoin pour me voir de rejeter en arrière la masse de cheveux blonds qui descendaient sur son visage. Je suivis cette enfant qui, chemin faisant, m'apprit avec une certaine fierté qu'elle avait cinq ans, mais que sa sœur Louise, vers laquelle elle me conduisait, en avait seize, ce qui me parut lui faire grandement envie. J'abordai mademoiselle Louise, qui tenait d'une main une corbeille remplie de fleurs, et de l'autre un arrosoir : Monsieur, me dit-elle, veut sans doute visiter le cimetière ; alors il peut y entrer avec moi.

Ce mot inattendu de cimetière me frappa comme un coup de foudre, et des plus riantes idées me fit passer brusquement à des pensées graves et mélancoliques, qui bientôt prirent un caractère religieux. Néanmoins, j'acceptai la proposition de la jeune fille, et après avoir erré quelque temps sans elle, au milieu des tombeaux, je revins lui demander s'il était des morts dont elle connût l'histoire ; si, du moins, elle savait quelque chose de ceux dont elle était chargée de parer le mausolée. Sous ces deux petites tombes, me répondit-elle, où vous voyez deux niches exactement pareilles, l'une, avec une robe blanche, l'autre, avec un saint enfant Jésus, reposent deux petites filles jumelles qui furent nos voisines. Un jour leur mère dut faire un petit voyage ; mais avant de les quitter, et en les voyant s'ébattre sur le gazon, elle s'arrêta longtemps à les contem-

er, recueillie dans son amour et se rejouissant dans
n cœur. De leur côté, les deux enfants lui sou-
ent joyeusement, hélas! de leur dernier sourire;
e partie, mais non oubliée, les deux gracieuses
éatures reprirent leurs jeux, et, par une innocente
ovocation, Rose ayant jeté à Blanche une des
ules de neige dont ses petits bras étaient chargés,
lle-ci s'enfuit rapidement, et dans sa course alla
urter un treillis étendu autour d'un bassin : cette
ble barrière s'étant renversée devant elle, elle
mba dans l'eau. Sa robe la soutint un moment, et
sœur, en se penchant pour lui tendre sa petite
ain, tomba comme elle dans l'abîme; le jardinier,
tiré par leurs cris, arriva trop tard. Leur mère a
posé ici les deux présents qu'au moment de son
part elles lui avaient demandés, et qu'elle leur
ait rapportés dans une autre espérance.

Nous passâmes sans nous arrêter devant une co-
nne qui dominait tout le cimetière; il n'y avait pas
de fleurs à arroser.

Là où vous voyez des fleurs artificielles, me dit
ouise, j'ai eu d'abord mission de cultiver de véri-
bles fleurs; mais celle qui me l'avait donnée a fait
ne grande fortune, et elle est devenue plus économe.

Qui donc repose sous ces belles roses, dis-je à ma
onductrice?

— Une pauvre orpheline que nous trouvâmes
aignée dans le sang d'un vieux soldat que les Russes
enaient de tuer en entrant dans Paris; la pauvre
nfant ne survécut que peu de jours à son père; il
'y eut que moi à son enterrement.

Ce récit me fit souvenir de ces vers délicieux du
oëme de *Marie* :

Quand Louise mourut à sa quinzième année,
Fleur des champs par la pluie et le vent moissonnée,
Un cortége nombreux ne suivit point son deuil;
Un seul prêtre à pas lents conduisait le cercueil;
Puis venait un enfant qui, d'espace en espace,
Aux saintes oraisons répondait à voix basse :
Car Louise était pauvre, et jusqu'en son trépas,
Le riche a des honneurs que le pauvre n'a pas.

Puis ma pensée fit un retour sur tous ces pau vres soldats de notre France républicaine, vendéenn impériale, qui, après avoir donné la gloire et l puissance à quelques ingrats, dorment inconnus dan la poussière du tombeau, oubliés comme le père d l'orpheline qu'avait recueillie Louise.

Celle-ci ajouta : Voici une pierre qui recouvre u autre inconnu.

Il habitait cette petite tour que vous apercev d'ici enlacée par des touffes de lierre; on ne savait n son nom, ni son origine, ni sa famille; mais lui avec cette merveilleuse sagacité que donne un bo cœur, savait découvrir les infortunes les plus ca chées : il allait partout faisant le bien; il était si ha bitué à faire l'aumône, qu'à l'aspect d'un pauvre so cheval s'arrêtait. Y avait-il dans le faubourg un famille ruinée, un enfant devenu orphelin, un pauvre femme tombée malade, on apprenait bient que la pauvre famille avait reçu des secours, qu l'orphelin avait été recueilli, qu'un médecin renomm soignait la malade; et l'on voyait bien que l'inconn avait passé par là. Mais à lui voir faire tant de bien on le crut riche, et on l'assassina.

En ce moment survint le fossoyeur du cimetière père de Louise, qui lui signifia d'un ton brusqu qu'elle eût à s'occuper du souper et à lui donner d meilleur vin que la veille. Louise obéit en rougissant, et comme si elle eût prévu les réflexions qu'allaient faire naître en moi les paroles de son père. Pour Fanny, au mot de souper, elle se hâta de quitter la guirlande de roses qu'elle était occupée à tresser sur une tombe; je m'approchai d'elle pour la remercier de sa complaisance, et pour lui donner, avec moins d'embarras que je n'en eusse éprouvé avec sa sœur, le moyen d'exaucer le vœu du fossoyeur. Mademoiselle Louise finit elle-même, sans doute, par se distraire de ses tristes pensées; car, en m'éloignant, je l'entendis chanter la romance suivante :

Lorsque sur la rive,
Je m'assieds pensive,
Une voix plaintive
Gémit dans les airs :
Est-ce le bruit vague
Qu'apporte la vague
En repoussant l'algue,
Sur les rocs déserts?
Ou cette voix tendre
Qu'un écho trompeur
Fait toujours entendre
A mon triste cœur?

Quand dort la nature,
Vers moi douce et pure
Une voix murmure
Des sons inconnus :
Est-ce Philomèle
Dont l'amour fidèle
Vainement rappelle
Celui qui n'est plus?
Ou cette voix tendre
Qu'un écho trompeur
Fait toujours entendre
A mon triste cœur?

Lorsqu'au monastère
Tinte la prière,
La brise légère
Me fait tressaillir :
Est-ce dans l'espace
D'un ange qui passe
Sans laisser de trace
Un faible soupir ?
Ou cette voix tendre
Qu'un écho trompeur
Fait toujours entendre
A mon triste cœur ?

EVUE NOCTURNE AUX CHAMPS-ÉLYSÉES.

DESCRIPTION FANTASTIQUE.

—

SUJET.

Longtemps prisonnier en Sibérie, un vieux soldat voit enfin la France. Il se dirige aussitôt vers Paris, ur faire une dernière visite aux cendres de son npereur déposées dans l'église des Invalides. La it le surprend près de la barrière de l'Étoile. Il rrête sous l'arc de triomphe, et, oublieux du ste du monde dans cette muette contemplation, il it se dérouler devant ses regards le spectacle fantique d'une revue impériale.

Conseils.

Ce sujet, tout de fantaisie, semble n'exiger de l'élève qu'un vail d'imagination. Il ne faut pas croire néanmoins qu'on isse se dispenser d'en tracer par avance le cadre et les déloppements. Il ne faut jamais tant se défier de soi-même e lorsqu'on n'a que le caprice pour guide, car c'est alors 'on risque le plus de s'égarer dans une fausse voie. La son doit toujours être là pour maîtriser l'imagination dans s écarts et la maintenir dans une direction marquée d'ance. L'art consiste à dissimuler ces entraves, et l'exemple la perfection nous est fourni par les grands lyriques de la èce, qui, semblant se livrer à tous les transports de la pasn qui les anime, savaient toujours retenir leur pensée dans limites immuables qu'a tracées la raison.

Un beau désordre est un ordre dont l'harmonie et les dissitions sont si habilement conçues qu'elles échappent aux gards. C'est là un principe qu'il importe de bien inculquer aux élèves, afin qu'ils ne s'imaginent point voir l'effet du ha sard dans ce qui est l'œuvre de l'art le plus consommé.

Traitons d'après ce système le sujet qui nous est donné et avant de laisser aller l'imagination, déterminons par le ra sonnement la route qu'elle doit suivre, les points où elle do s'arrêter.

C'est une espèce de petit drame que nous avons à faire. s'agit de bien indiquer d'abord le lieu de la scène. L'arc d triomphe, le soir. — Ces grandes masses de pierre, q projettent leur ombre. — Un ciel d'automne, sombre, cou vert de nuages, prêtant à l'illusion.

Puis viendra une entrée en matière brusque, mettant viv ment les choses sous les yeux du lecteur.

Pour amener la scène, il nous faut une transition. La nu descend, les nuages se colorent des dernières lueurs du cr puscule, et prennent mille formes bizarres, qui devienne de plus en plus vagues, à mesure que l'obscurité augment Sur l'un d'eux paraît l'Empereur; autour de lui sont ses gén raux. Puis, sans transition, on verra le cortége arrêté sur faîte de l'arc de triomphe. L'empereur debout promène len tement ses regards autour de lui.

Tout est préparé maintenant, et la revue va commence Dans cette scène, un peu vague, il faut que tout semble en veloppé d'une vapeur qui laisse les formes douteuses, l contours indécis.

On entend comme un frémissement de tambours et trompettes, la terre tremble, le feuillage s'agite; de tout parts, l'horizon s'ouvre; les légions impériales s'avance sans bruit, présentant leurs aigles. Elles viennent de tous l points, et voici l'occasion d'une esquisse, mais bien court du chemin qu'ont parcouru nos armes. L'empereur s'avanc les rangs s'ouvrent, il passe sa revue silencieuse.

Quand tout est fini, l'ombre descend peu à peu, les form deviennent moins distinctes; elles ont disparu.

Un court épilogue ramènera la pensée sur le vieux solda On le verra reprenant sa route, triste mais résigné, attenda le jour où il rejoindra son Empereur et ses compagno d'armes.

DÉVELOPPEMENT.

La nuit descend lentement; le crépuscule dispa-t peu à peu; de grands nuages, colorés par ses rniers reflets, couvrent l'horizon. Les bruits de la le s'éteignent, l'arc de triomphe reste solitaire, ses grandes ombres se projettent au loin.

Absorbé dans sa contemplation muette, un vieux dat s'est assis sur un banc de pierre; les heures coulent; la nuit est venue; il est encore là.

Quand tu partis, vieillard, pour ta dernière cam-gne, l'édifice à peine sortait de terre, ta main touchait le faîte. Aujourd'hui, plus haut que les cs des Césars romains, le monument élevé aux ires impériales domine au loin la grande cité.

Sur ses faces on a gravé nos batailles, et une me sillonne ta mâle figure quand tu vois repro-its sur la pierre les triomphes de ta jeunesse glo-use.

Mais au fond du lointain horizon, les ténèbres nt place à une lueur douteuse. De ses rayons pâles lune éclaire un nuage aux formes bizarres. Le age approche lentement, il grandit, les formes dessinent. Debout apparaît Napoléon. Il est là mme au jour où ses soldats le virent pour la der-ère fois, morne, froid, impassible. Autour de lui nt ses généraux demeurés fidèles; tous portent visage sévère; la mort a glacé leurs traits.

L'Empereur promène lentement ses regards au-ur de lui.

Portées par les nuages et amenées sans bruit à avers les airs, on voit s'avancer les légions impé-ales; elles s'étendent au loin. Dans un vague horizon, on aperçoit leurs masses brumeuses qui se perdent dans les nues comme les guerriers chantés par Ossian.

Là, se revoient ceux dont les cris de victoire ont reveillé les vieux échos des Pyramides, ceux qui ont planté leurs drapeaux au bord du Tibre, sur le palais des Maures d'Espagne, sur les tours de Vienne, et dans les neiges sanglantes de la Russie.

A leur vue, un rapide éclair illumine le front de leur général. Il s'avance; les rangs s'ouvrent devant lui, les soldats présentent les armes, les aigles s'inclinent, les tambours semblent battre aux champs.

La revue des morts s'achève; l'Empereur a repris sa place; l'armée défile en silence, légion par légion, et disparaît par degrés. L'ombre revient : le rêve est fini.

Pauvre soldat, ton regard avide s'attache encore à ces formes fugitives qui se perdent dans la nuit. Quand elles disparaissent, ton âme, par un suprême effort, s'élance comme pour suivre leurs pas.

Pauvre soldat, le jour n'est pas encore venu de rejoindre ton Empereur et tes compagnons d'armes.

Réflexions.

Ce sujet a été traité en allemand par J. de Zedlitz, et en français par M. Bignan. Le poëte allemand s'est conformé aux habitudes littéraires de sa nation : il a été vague. — Les personnages de M. Bignan sont de simples fantômes, mais des fantômes dont les formes sont trop éclatantes, et trop nettement dessinées. Nous croyons qu'il vaut mieux n'être ni trop sombre, ni trop brillant, et adopter cette manière vague, indécise, un peu mystérieuse, que nous avons indiquée pour le développement.

Le style général de la composition est conçu suivant

mêmes principes. Phrases courtes, brèves, coupées, nant en demi-teinte, ne s'appesantissant point sur les dé-. Nous employons partout le présent, c'est un temps place mieux le récit sous l'œil du lecteur. Son usage trop été ne serait pas sans inconvénients, mais seulement dans compositions qui auraient plus d'étendue que celle-ci.

n pourrait traiter le sujet dans de plus larges proportions, 'étendre sur la description de la revue elle-même, en nant quelques détails sur les différents corps et sur les cipaux généraux de l'armée qu'on ferait passer successi-ent sous les yeux de l'Empereur.

LETTRES.

AVERTISSEMENT.

us aurions pu donner des modèles de lettres, mais c'eût eut-être un peu trop de présomption de notre part : on a varier ses sujets, on ne peut guère varier son style. A un sa façon d'écrire. D'ailleurs, cette spécialité littéraire oins le résultat des études que celui d'une organisation culière. Telle femme qui n'a vécu que dans la société, y exceller; telle autre qui possèdera vingt autres conances, y échouera. Ainsi des hommes : les plus doctes nt pas ceux qui ont laissé le plus de modèles en ce genre. avons donc puisé à la grande source, nous bornant à ques observations.

LES BUCHERONS DE LA CALABRE.

RÉCIT PAR LETTRE.

—

SUJET.

Deux Français voyagent en Calabre, pays renommé par ses histoires de voleurs, et dont les habitants sont de plus fort mal disposés pour la France. La nuit force nos voyageurs de s'arrêter dans une cabane de bûcherons. De ces deux Français, l'un est jeune, étourdi, léger; il s'abandonne sans méfiance aux avances que lui font ses hôtes, qui, sans doute afin de mieux déguiser leurs projets et pour endormir sa vigilance, l'accablent de prévenances et de soins. L'autre est un homme mûr, réfléchi, sérieux, et qu'une longue expérience tient en garde contre le danger. Il soupçonne quelque ruse : aussi, le repas fini, et quand les voyageurs sont seuls, au lieu de s'abandonner au sommeil comme son insouciant compagnon, il veille, plein d'inquiétude et de défiance, car il devine des projets de mort.

La nuit était presque passée et tout semblait démentir d'injustes soupçons, quand tout à coup un léger bruit se fait entendre au-dessous de la chambre des voyageurs. Une conversation s'engage à voix basse, et le Français, en prêtant l'oreille, distingue ces mots : Faut-il les tuer tous les deux? Une autre voix répond : Oui. Puis il entend monter avec précaution; un homme s'avance tenant d'une main une lanterne, e l'autre un coutelas; il ouvre doucement la porte, approche du Français qui, dans son sommeil, offre a gorge découverte; il lève son couteau et.... coupe ne tranche d'un jambon suspendu au-dessus du lit es voyageurs.

Tout s'explique : les deux victimes dont la mort tait arrêtée sont deux chapons qui doivent figurer u déjeuner du lendemain; et, loin de nourrir contre es voyageurs des projets sanguinaires, on ne songe u'à leur faire bon accueil.

Conseils.

Un récit en forme de lettres ne peut se borner à l'exposition des faits que le narrateur se propose de faire connaître : l faut qu'un préambule amène le récit qui doit suivre, et en xpose les motifs; le ton de ce préambule doit varier suivant âge, le sexe, le caractère de la personne à laquelle nous ous adressons, suivant sa position par rapport à nous.

Écrit-on à un ami? il faudra de la familiarité, de l'enrain. A une personne plus âgée? la gaîté devra prendre une einte respectueuse, surtout si c'est à une femme, une ante, une mère. Est-ce à une personne de même âge, si c'est une femme, une cousine, une amie, la gaîté devra toujours tre mêlée de réserve.

Le préambule achevé, nous entrons en matière. Une observation générale dominera le récit. Le piquant de l'aventure repose sur le contraste qui existe entre les bons procédés de ces braves gens et les pensées criminelles que le narrateur eur suppose. Le lecteur doit donc être entretenu dans l'erreur jusqu'au dernier moment, et tout doit concourir à produire cette illusion. Mines équivoques, armes menaçantes : l n'est pas jusqu'aux prévenances mêmes des bûcherons qui ne reçoivent une interprétation mauvaise; on suppose qu'ils veulent ainsi endormir la vigilance de leurs hôtes. Il faut ici faire ressortir la différence des deux caractères, et faire sentir combien l'expérience de l'un doit s'inquiéter de la légèreté de l'autre.

Nous touchons au dénoûment : il faut entretenir la terreur. L'un des voyageurs se couche et s'endort insouciant du danger auquel il s'expose ; l'autre reste seul avec ses réflexions. Il voit le danger, et reconnaît qu'il est impossible de s'y soustraire : le nombre des bûcherons (ils sont plus de quinze) rend toute résistance impossible ; quant à la fuite, il n'y peut songer : toutes les précautions semblent avoir été prises pour empêcher un projet d'évasion. En serait-il autrement? son compagnon dort, épuisé de fatigue ; peut-il songer à l'abandonner?

Au milieu de ces préoccupations effrayantes il surprend quelques mots qui ne lui laissent plus aucun doute ; et c'est au moment où il se croit perdu, qu'il reconnaît son erreur.

DÉVELOPPEMENT.

Vos lettres sont rares, chère cousine : vous faites bien ; je m'y accoutumerais, et je ne pourrais plus m'en passer. Tout de bon, je suis en colère . vos douceurs ne m'apaisent point. Comment, cousine, depuis trois ans, voilà deux fois que vous m'écrivez ! En vérité, mamzelle Sophie.... Mais quoi, si je vous querelle, vous ne m'écrirez plus du tout ; je vous pardonne donc, crainte de pis.

Oui, sûrement, je vous conterai mes aventures, bonnes et mauvaises, tristes et gaies ; car il m'en arrive des unes et des autres. *Laissez-nous faire*, cousine, *on vous en donnera de toutes les façons*. C'est un vers de La Fontaine ; demandez à Voisard. Mon Dieu ! m'allez-vous dire, on a lu La Fontaine ; on sait ce que c'est que *le Curé et le Mort*. Eh bien ! pardon. Je disais donc que mes aventures sont diverses, mais toutes curieuses et intéressantes ; il y a plaisir à les entendre, et plus encore, je m'imagine, à vous les conter. C'est une expérience que nous ferons au coin du feu quelque jour. J'en ai pour tout un hiver. J'ai de quoi vous amuser, et, par conséquent, vous plaire, sans vanité, tout ce temps-là; de quoi vous attendrir, vous faire rire, vous faire peur, vous faire dormir. Mais pour écrire tout, ah! vraiment vous plaisantez : madame Radcliffe n'y suffirait pas. Cependant je sais que vous n'aimez pas à être refusée, et comme je suis complaisant, quoi qu'on en dise, voici, en attendant, un petit échantillon de mon histoire; mais c'est du noir, prenez-y garde. Ne lisez pas cela en vous couchant; vous en rêveriez, et pour rien au monde je ne voudrais vous avoir donné le cauchemar. Un jour, je voyageais en Calabre. C'est un pays de méchantes gens, qui, je crois, n'aiment personne, et en veulent surtout aux Français. De vous dire pourquoi, cela serait long; suffit qu'ils nous haïssent à mort, et qu'on passe fort mal son temps lorsque l'on tombe entre leurs mains. J'avais pour compagnon un jeune homme d'une figure.... ma foi, comme ce monsieur que nous vîmes au Raincy; vous en souvenez-vous? et mieux encore peut-être. Je ne dis pas cela pour vous intéresser, mais parce que c'est la vérité. Dans ces montagnes, les chemins sont des précipices; nos chevaux marchaient avec beaucoup de peine; mon camarade allant devant, un sentier qui lui parut plus praticable et plus court nous égara. Ce fut ma faute : devais-je me fier à une tête de vingt ans? Nous cherchâmes, tant qu'il fit jour, notre chemin à travers ces bois; mais plus nous cherchions, plus nous nous perdions, et il était nuit noire quand nous arrivâmes près d'une maison plus noire encore. Nous y entrâmes, non sans soupçon; mais comment faire? Là nous trouvons tout une famille de charbonniers à table, où du premier mot on nous invita. Mon jeune homme ne se fit pas prier : nous voilà mangeant et buvant, lui, du moins ; car pour moi, j'examinais le lieu et la mine de nos hôtes. Nos hôtes avaient bien mines de charbonniers ; mais la maison, vous l'eussiez prise pour un arsenal. Ce n'étaient que fusils, pistolets, sabres, couteaux, coutelas. Tout cela me déplut, et je vis bien que je déplaisais aussi. Mon camarade, au contraire : il était de la famille, il riait, il causait avec eux, et, par une imprudence que j'aurais dû prévoir (mais quoi ! s'il était écrit....), il dit d'abord d'où nous venions, où nous allions, qui nous étions ; Français, imaginez un peu ! chez nos plus mortels ennemis, seuls, égarés, si loin de tout secours humain ! Et puis, pour ne rien omettre de ce qui pouvait nous perdre, il fit le riche, promit à ces gens pour la dépense, et pour nos guides le lendemain, ce qu'ils voulurent. Enfin, il parla de sa valise, priant fort qu'on en eût grand soin, qu'on la mît au chevet de son lit : il ne voulait point, disait-il, d'autre traversin. Ah ! jeunesse, jeunesse ! que votre âge est à plaindre ! Cousine, on crut que nous portions les diamants de la couronne : ce qu'il y avait qui lui causait tant de souci dans cette valise, c'étaient des lettres, et rien de plus.

Le souper fini, on nous laisse ; nos hôtes couchaient en bas, nous dans la chambre haute où nous avions mangé ; une soupente élevée de sept à huit pieds, où l'on montait par une échelle, c'était là le coucher qui nous attendait, espèce de nid, dans lequel on s'introduisait en rampant sous des solives chargées de provisions pour toute l'année. Mon camarade y grimpa seul, et se coucha tout endormi, la tête sur la précieuse valise. Moi, déterminé à veiller, je fis bon feu, et m'assis auprès. La nuit s'était déjà passée presque entière assez tranquillement, et je commençais à me rassurer, quand sur l'heure où il me semblait que le jour ne pouvait être loin, j'entendis au-dessous de moi notre hôte et sa femme parler et se disputer ; et prêtant l'oreille par la cheminée qui communiquait avec celle d'en bas, je distinguai parfaitement ces propres mots du mari : *Eh bien! enfin, voyons; faut-il les tuer tous les deux?* A quoi la femme répondit : *Oui.* Et je n'entendis plus rien.

Que vous dirai-je? Je restai respirant à peine, tout mon corps froid comme un marbre; à me voir, vous n'eussiez su si j'étais mort ou vivant. Dieu! quand j'y pense encore!... Nous deux, presque sans armes, contre eux douze ou quinze qui en avaient tant! Et mon camarade mort de sommeil et de fatigue! L'appeler, faire du bruit, je n'osais ; m'échapper tout seul, je ne pouvais; la fenêtre n'était guère haute, mais en bas, deux gros dogues hurlant comme des loups.... En quelle peine je me trouvais, imaginez-le, si vous le pouvez. Au bout d'un quart d'heure, qui fut long, j'entends sur l'escalier quelqu'un, et par les fentes de la porte, je vis le père, sa lampe dans une main, dans l'autre un de ses grands couteaux. Il montait, sa femme après lui ; moi, derrière la porte ; il ouvrit ; mais avant d'entrer, il posa la lampe que sa femme vint prendre; puis il entre pieds nus, et elle, de dehors, lui disait à voix basse, masquant avec ses doigts le trop de lumière de la lampe : *Doucement, va doucement.* Quand il fut à l'échelle, il monte, son couteau dans les dents, et venu à la hauteur du lit, ce pauvre jeune homme étendu offrant sa gorge découverte, d'une main il prend son couteau, et de l'autre.... Ah ! cousine.... Il saisit un jambon qui pendait au plancher, en coupe une tranche, et se retire comme il était venu. La porte se referme, la lampe s'en va, et je reste seul à mes réflexions.

Dès que le jour parut, toute la famille, à grand bruit, vint nous éveiller, comme nous l'avions recommandé. On apporte à manger, on sert un déjeuner fort propre, fort bon, je vous assure. Deux chapons en faisaient partie, dont il fallait, dit notre hôtesse, emporter l'un et manger l'autre. En les voyant, je compris enfin le sens de ces terribles mots : *Faut-il les tuer tous les deux?* et je vous crois, cousine, assez de pénétration pour deviner à présent ce que cela signifiait.

Cousine, obligez-moi : ne contez point cette histoire. D'abord, comme vous voyez, je n'y joue pas un beau rôle, et puis vous me la gâteriez. Tenez, je ne vous flatte point; c'est votre figure qui nuirait à l'effet de ce récit. Moi, sans me vanter, j'ai la mine qu'il faut pour les contes à faire peur. Mais vous, voulez-vous conter? prenez des sujets qui aillent à votre air, Psyché, par exemple.

Réflexions.

Cette lettre est de P.-L. Courrier : c'est un modèle en son genre : le ton en est parfait ; les détails amusants et spirituels, l'intérêt soutenu : le lecteur est toujours tenu en haleine. Avec quel soin les moindres circonstances sont décrites! Les préparatifs de l'exécution sont ménagés avec un art admirable et un abandon charmant!

LA VERTU.

LETTRE PHILOSOPHIQUE.

SUJET.

J.-J. Rousseau, répondant à un jeune homme qui demandait à s'établir à Montmorency pour profiter de ses leçons, lui conseille de chercher dans son cœur et dans le témoignage de sa conscience les enseignements de la vertu.

Conseils.

Cette lettre, qui contient un refus à une proposition indiscrète peut-être, mais du moins fort honorable pour celui à qui elle était faite, demandait quelques ménagements qui ôtassent au refus tout ce qu'il aurait pu avoir de blessant. Les conseils qui suivent doivent avoir un caractère grave et austère ; sans cela, ils ressembleraient moins aux recommandations d'un philosophe qu'à la défaite polie d'un homme du monde.

DÉVELOPPEMENT.

Vous ignorez, monsieur, que vous écrivez à un pauvre homme, accablé de maux et, de plus, fort occupé, qui n'est guère en état de vous répondre, et qui le serait encore moins d'établir avec vous la société que vous lui proposez.

Vous m'honorez, en pensant que je pourrais vous être utile, et vous êtes louable du motif qui vous le fait désirer ; mais sur le motif même, je ne vois rien de moins nécessaire que de venir vous établir à Montmorency ; vous n'aurez pas besoin d'aller chercher si loin les principes de la morale. Rentrez dans votre cœur, et vous les y trouverez. Je ne pourrai rien vous dire à ce sujet que ne vous dise encore mieux votre conscience, quand vous voudrez la consulter.

La vertu, monsieur, n'est pas une science qui s'apprenne avec tant d'appareil. Pour être vertueux, il suffit de vouloir l'être ; si vous avez bien cette volonté, tout est fait, votre bonheur est décidé. S'il m'appartenait de vous donner des conseils, le premier que je voudrais vous donner, serait de ne point vous livrer à ce goût que vous dites avoir pour la vie contemplative, et qui n'est qu'une paresse de l'âme, condamnable à tout âge, et surtout au vôtre. L'homme n'est point fait pour méditer, mais pour agir. La vie laborieuse que Dieu nous impose n'a rien que de doux au cœur de l'homme de bien qui s'y livre en vue de remplir son devoir, et la vigueur de la jeunesse ne vous a point été donnée pour la perdre à d'oisives contemplations.

Travaillez donc, monsieur, dans l'état où vous ont placé vos parents et la Providence. Voilà le premier précepte de la vertu que vous voulez suivre ; et si le séjour de Paris, joint à l'emploi que vous remplissez, vous paraît d'un trop difficile alliage avec elle, faites mieux, monsieur, retournez dans votre province ; allez vivre dans le sein de votre famille ; servez, soignez vos vertueux parents ; c'est là que vous remplirez véritablement les soins que la vertu vous impose. Une vie dure est plus facile à supporter en province, que la fortune à poursuivre à Paris, surtout quand on sait, comme vous ne l'ignorez point, que les plus indignes manéges y font plus de fripons gueux que de parvenus. Vous ne devez pas vous estimer malheureux de vivre comme fait monsieur votre père; et il n'y a point de sort que le travail, la vigilance, l'innocence et le contentement de soi ne rendent supportable, quand on s'y soumet en vue de remplir son devoir.

Voilà, monsieur, des conseils qui valent tous ceux que vous pourriez venir prendre à Montmorency. Peut-être ne seront-ils pas de votre goût, et je crains que vous ne preniez point le parti de les suivre; mais je suis sûr que vous vous en repentirez un jour; je vous souhaite un sort qui ne vous force jamais à vous en souvenir. Je vous prie, monsieur, d'agréer mes salutations très-humbles.

Réflexions.

S'il est vrai que *le style soit tout l'homme,* comme l'a dit Buffon, on aura une preuve de cet axiome dans la lettre ci-dessus, où Rousseau se montre non moins humoriste que philosophe sévère.

Nous pourrions multiplier ces citations, et faire à nos grands maîtres en ce genre de nombreux et précieux emprunts. Mais le style épistolaire n'est pas de ceux qui s'apprennent ou qui s'imitent : son mérite consiste tout entier dans une certaine grâce native, dans un tour d'esprit tout particulier, et surtout dans une manière de sentir que l'art ni les principes ne sauraient donner. Tout au plus peut-on acquérir une certaine facilité de forme par la lecture des modèles. Ceux que nous avons cités ne figurent ici que pour mémoire. En attendant que nous fassions sur un genre aussi important un traité spécial dans lequel on verrait analysés les différentes catégories de lettres de nos meilleurs auteurs, nous renverrons l'élève

8.

aux originaux : qu'il puise lui-même à la source commune; qu'il demande aux Balzac, aux Sévigné et à leurs imitateurs, des préceptes et des conseils bien autrement utiles que tous ceux que nous pourrions lui donner ici.

DISCOURS.

AVERTISSEMENT.

Dans les matières de discours que l'on donne aux élèves de rhétorique, les preuves sont d'avance indiquées, et classées dans l'ordre où elles doivent rester. A notre humble avis, c'est là une faute grave : car, en dispensant les élèves du double travail de l'invention et de la disposition, on les habitue à se préoccuper uniquement du style, de la cadence des périodes, de la tournure des phrases; en un mot, on se borne à leur enseigner, non à composer un discours, mais à faire des amplifications; aussi les rhétoriciens, même les plus habiles, sont-ils tout déconcertés, quand ils cessent d'avoir un canevas à broder, quand ils ont, avec le seul secours des faits qu'on leur expose, une argumentation à établir, une charpente de discours à dresser, et toutes les preuves à trouver de leur propre fonds. Ils sont exercés à phraser la pensée d'autrui, et non à penser par eux-mêmes.

Pour les notions historiques qui se présenteront à chaque instant dans cette dernière partie, nous renvoyons l'élève aux livres spéciaux : les notes que nous pourrions lui donner seraient tout à fait insuffisantes pour l'aider dans son travail, et elles augmenteraient le volume sans utilité.

UNE MÈRE DEMANDANT LA GRACE DE SON FILS.

—

SUJET.

Un enfant de dix ans s'enfuit de la pension où il s'ennuie, et il y est ramené par sa mère : elle demande qu'on le reçoive et qu'on ne le punisse pas trop sévèrement de sa faute.

Conseils.

Ce sujet est très-vulgaire et présente fort peu d'intérêt. Nous le choisissons cependant, parce que les idées qu'il comporte sont toutes à la portée des enfants, et qu'ils n'auront besoin pour les trouver que d'un peu de réflexion. Le discours qu'il s'agit de prêter ici à la mère du fugitif doit être fort court. La circonstance où il est prononcé est peu grave. Celui qui l'écoute en devine le contenu d'avance. Celle qui le fait serait ridicule d'y prendre le ton d'un orateur.

Il doit être aussi d'une extrême simplicité; car l'enfant, dont on plaide la cause, doit comprendre ce qu'on dit pour lui, et les promesses qu'on fait en son nom.

L'exorde du discours doit être l'aveu de la faute en question. Bien qu'on ne puisse penser à la nier, il y a, sinon du mérite, du moins quelque avantage oratoire à la reconnaître. On se donne ainsi un air de bonne foi qui dispose à l'indulgence. Ainsi fait le rusé Sinon dans l'*Énéide*. Assurément son aveu n'apprend rien ; il est inutile aux Troyens qui l'entendent, et de sa part, il est forcé. Malgré tout cela, il est d'un bon effet.

La mère de l'enfant, par un artifice de style qu'on pourrait appeler maternel, peut dire : « Nous sommes coupables et nous avouons notre faute. » Par cet emploi du pluriel, elle se

fond avec son fils, et elle lui ménage les égards que sa
ible qualité de femme et de mère lui fera obtenir, et qui se
orteront naturellement sur son fils.

Dans un sujet de cette nature, il ne faut pas aller chercher
n loin les développements : la matière elle-même les fournit
nous présente quatre genres de considérations tirées : 1° de
faute que l'enfant a commise ; 2° de lui-même ; 3° de sa
re ; 4°, enfin, de l'établissement qu'il a déserté. L'ordre
is lequel nous les plaçons ici est celui qu'indique la logi-
e. Puisque c'est la faute qui amène le discours, il faut
on en parle tout d'abord ; qu'on en parle de manière à en
ninuer la gravité, à la présenter sous un jour moins défa-
rable. Cette faute est la première qu'il ait commise.... elle
avouée.... elle est expiée. Et puis, pour passer au second
nre de considérations, l'enfant est si jeune, il y a si peu
temps qu'il est à la pension, il est si peu fait au régime et
a discipline. Il se repent, il promet de se bien conduire
'avenir.

Vient maintenant ce qui concerne personnellement la mère,
qui fait de la cause de son fils comme la sienne propre.
est pour la revoir qu'il est revenu à la maison paternelle ;
st pour elle qu'il s'est rendu coupable. Elle le connaît assez
ur répondre de lui ; elle sera comme lui reconnaissante d'un
e d'indulgence. Elle serait désolée de le voir repoussé d'une
ison si bien dirigée.

Ce qui importe le plus au maître de pension, c'est l'intérêt
son établissement. Il s'agit de lui prouver que son indul-
nce ne causera aucun tort à la discipline, qu'elle sera même
antageuse à sa maison. Nous réservons ces considérations
ur la fin, car elles sont les plus graves, et ce sont elles qui
ivent exercer le plus d'influence sur la détermination que
n va prendre. Quelque peu d'apprêt qu'il y ait dans un dis-
urs, il ne faut jamais s'écarter des règles qui fixent aux diffé-
ntes parties, aux différentes sortes d'arguments, une place
variable.

DÉVELOPPEMENT.

Monsieur, je vous ramène un grand coupable,
ais bien triste, bien repentant de sa faute, bien

résolu à ne plus y retomber à l'avenir. Il nous a fall du courage pour surmonter notre honte et oser nou présenter devant vous après ce que nous avons fait Nous baissons la tête de peur de rencontrer un re gard sévère; nous voudrions bien être seuls pou laisser échapper ces larmes qui gonflent nos yeux Nous ne venons pas pour nous excuser, nous avouon nos torts, nous reconnaissons que nous avons été bie imprudents. C'est notre première faute; il y a dan notre erreur plus d'étourderie que d'insubordination et nous en avons été punis déjà par les regrets qu'ell nous cause.

Mon fils est si jeune, monsieur; il n'a pu compren dre la gravité de la faute qu'il commettait. Jamai jusqu'à présent il n'était sorti de la maison paternelle C'était pour lui une chose bien dure, bien triste, d se voir séparé de sa famille, privé de ces joies do mestiques auxquelles était habituée son enfance. Pe au fait de la discipline, il n'a pas cru que ce fût u bien grand crime de s'échapper de la pension pou aller voir ses parents. Son bon cœur l'a abusé; mai il n'a pas été loin, que la réflexion lui est venue; il a compris combien son action était blâmable, il a pleuré, il s'est lamenté, il m'a supplié de le ramener, et aujourd'hui vous le voyez, plein de confusion, honteux de ce qu'il a fait, et plein du désir d'effacer pa une conduite irréprochable le souvenir de son égarement.

Je me joins à lui pour implorer votre indulgence, car je suis pour beaucoup dans sa faute. C'est pou me revoir qu'il a quitté le collége. Je le connais assez pour garantir sa sincérité et pour répondre des promesses qu'il vous fait. Ma reconnaissance se joindra à la sienne, et elle sera d'autant plus vive que j'aurais un mortel chagrin de le voir repoussé. Nous avons toujours hésité à nous séparer de notre fils, et lorsque cela est devenu nécessaire, une seule chose nous consolait, c'est que nous le savions dans cette maison, où une direction toute paternelle s'allie si bien à la sévérité et à la discipline indispensables dans un grand établissement.

Mais cette discipline même est assez forte pour admettre quelque acte d'indulgence. Il y a une différence entre les fautes qui viennent d'une mauvaise nature et celles qui viennent d'un moment d'erreur. Les premières intéressent l'ordre : on ne peut les pardonner sans danger ; les autres n'ont par elles-mêmes aucune gravité ; puisque, à peine commises, elles sont reconnues, pleurées, expiées. Mieux que personne, monsieur, vous pouvez apprécier cette différence, vous si bon, si indulgent, si rempli de soins pour ces chers enfants que vous confie notre tendresse ; vous voyez le repentir de mon fils et ses larmes, vous entendez ses promesses ; il brûle de rentrer parmi ses camarades, pour leur donner l'exemple d'un zèle, d'une activité infatigable, et pour vous prouver, par la manière dont il rachètera sa faute, qu'en lui pardonnant vous n'avez pas moins écouté l'intérêt de votre établissement, que les inspirations de votre bonté.

Réflexions.

On le voit : il n'y a dans ce discours aucune idée qui ne soit très-simple, et qui ne se présente naturellement après un moment de réflexion. Il n'est pas d'écolier qui n'eût trouvé par lui-même ce que nous venons d'écrire. Nous avons commencé exprès par un sujet très-facile, où l'élève pût aisément se mettre à la place de l'orateur. Supposer qu'on est à la place de celui qui doit parler, et se pénétrer des sentiments qu'il doit vouloir inspirer aux autres, c'est la première condition qu'on doit remplir pour être vrai, naturel et éloquent.

UN PHILOSOPHE ET UN RELIGIEUX
A J.-J. ROUSSEAU.

—

SUJET.

Un philosophe et un religieux reprochent à -J. Rousseau sa vanité et sa misanthropie.

Conseils.

Le style doit être approprié au sujet, c'est-à-dire varier, modifier, suivant le caractère, la position de celui à qui on s'adresse et en même temps de celui qui est supposé par-r. Un même sujet, tout en conservant le même fond de ensées, pourra donc revêtir vingt formes différentes, se pliant aque fois aux nécessités qu'entrevoit l'écrivain. Cette sou-esse du style ne s'acquiert que par un long usage; il est onc utile que l'élève y soit de bonne heure exercé. C'est mme modèle de ce genre de travail que nous donnons s deux discours suivants. La donnée est la même pour tous eux, mais les orateurs sont différents : d'un côté un philo-phe, de l'autre un vieillard, un prêtre, reprochent à Jean-acques ce caractère défiant et soupçonneux qui lui a fait rendre les hommes en haine, et voir partout des ennemis. faut que chacun des discours réfléchisse, pour ainsi dire, âme de celui qui le prononce. Celui du philosophe sera erme, bref, concis, un peu rude, mais d'un extrême bon ens; celui du religieux, avec autant de sagesse, recevra de religion une empreinte de bienveillance et de douceur.

Nous allons maintenant examiner séparément ces deux dis-ours, empruntés à madame de Staël.

I. DISCOURS DU PHILOSOPHE.

Le philosophe entre vivement en matière. Il va droit au

but, et sans préambule, il reproche à Jean-Jacques cette vanit qui lui fait croire que toute la terre a les yeux sur lui. Il s donne pour philosophe : que sa philosophie lui serve donc quelque chose; et s'il s'imagine réellement que sa célébrit l'expose à la haine et à l'envie des hommes, le remède es simple : qu'il se retire dans la solitude, on l'aura bien vit oublié. Qu'il se défie un peu plus de son imagination qui lu fait tout voir sous un faux jour; si cependant il est bie sûr que ses amis le trompent, pourquoi ne pas rompre ave eux?

Le discours ne sera pas long. Le philosophe économise le paroles. Il faut de petites phrases, courtes, vives, un pe sentencieuses, simples, claires, sans périphrases.

DÉVELOPPEMENT.

Vous vous exagérez singulièrement l'effet qu vous croyez produire ; vous êtes sans doute un homm fort distingué; mais comme chacun de nous a pourtant ses affaires et même ses idées à soi, un livre n remplit pas toutes les têtes; l'événement de la guerr ou de la paix, souvent de moindres choses, mai qui nous sont plus personnelles, nous occupent beaucoup plus qu'un écrivain, quelque célèbre qu'il puiss être; on vous a exilé, il est vrai, mais tous les pay doivent être égaux à un philosophe comme vous : à quoi serviraient donc la morale et la religion qu vous développez si bien dans vos écrits, si vous ne saviez pas supporter les revers qui vous atteignent?

Sans doute, quelques personnes vous envient parmi vos confrères les hommes de lettres; mais cela ne peut s'étendre aux autres classes de la société, qui s'embarrassent fort peu de la littérature. D'ailleurs si la célébrité vous importune, rien de si facile que d'y échapper : n'écrivez plus, au bout de

u d'années on vous oubliera, et vous serez aussi
nquille que si vous n'aviez jamais rien écrit.
Vous dites que vos amis vous tendent des piéges,
faisant semblant de vous rendre service : d'abord
est-il pas possible qu'il y ait une légère nuance
exagération romanesque dans votre manière de ju-
r vos relations personnelles? Il faut une belle ima-
nation pour composer un roman tel que celui que
us avez fait; mais un peu de raison est nécessaire
ns les affaires d'ici-bas, et, quand on le veut bien,
voit les choses telles qu'elles sont. Si pourtant
s amis vous trompent, il faut rompre avec eux,
vous seriez bien insensé de vous en affliger; car
vos soupçons sont fondés, vous ne devez pas re-
etter de tels amis.

II. DISCOURS DU RELIGIEUX.

Conseils.

Nous avons déjà dit, plus haut, dans quel esprit devait être
nçu ce discours; ce n'est plus le langage impitoyable du
ilosophe stoïcien, qui dit la vérité sans ménagement, et
rle à un homme raisonnable avec la voix de l'austère rai-
n. Le philosophe déchirait la plaie; le religieux y verse un
ume consolateur. Sa parole est tendre, affectueuse; il cher-
e à ranimer dans le cœur de Jean-Jacques cette ardeur de
charité dont il brûle lui-même. Il lui parle de ceux que son
re soulage; il l'exhorte à être heureux du bien qu'il a fait;
ejeter loin de lui ces pensées d'orgueil qui empoisonnent sa
e et qui corrompent en lui la source du sentiment; il l'invite
se refugier au sein de Dieu, à calmer par la contemplation
la prière l'effervescence de son imagination. Ses préven-
ns l'égarent au sujet de ses amis : malheur à celui qui re-
usse une affection véritable!

Il faut que le langage du religieux rappelle en quelque
ose celui du missionnaire qui domptait en René l'orgueil
volté.

DÉVELOPPEMENT.

Mon fils, je ne connais pas le monde, et j'ignor s'il est vrai qu'on vous y veuille du mal; mais s'i en était comme vous dites, vous auriez cela de com mun avec tous les hommes de bien qui cependan ont pardonné à leurs ennemis. Jésus-Christ et So crate, le Dieu et l'homme, en ont fourni l'exemple il faut que les passions haineuses existent ici-bas pour que l'épreuve des justes soit accomplie. Vou avez reçu du ciel des dons admirables; s'ils vous on servi à faire aimer ce qui est bien, n'avez-vous pa joui du bonheur d'être sur la terre un soldat de l vérité ! Si vous avez attendri les cœurs par une élo quence entraînante, vous obtiendrez pour vous quel ques-unes des larmes que vous avez fait couler.

Vous avez des ennemis près de vous, mais de amis au loin, parmi les solitaires qui vous lisent vous avez consolé des infortunés mieux que vous n pourriez vous consoler vous-même : que n'ai-je votr talent pour me faire entendre de vous ? C'est un émotion divine que celle qui inspire l'éloquence, et si vous n'en avez pas abusé pour le mal, sachez sup porter l'envie, car votre part est bien belle. Remer ciez Dieu de qui vous tenez le charme de ces pa roles faites pour enchanter l'imagination des hommes mais ne soyez fier que du sentiment qui vous les dictées; ne mêlez point à vos peines l'orgueil, qu leur donne de l'amertume. Tout s'adoucira pour vou dans la vie, si vous restez toujours calme et tran quille; les méchants même se lassent de faire le mal et puis Dieu n'est-il pas là pour avoir soin de l'homm qui souffre ?

Vous dites que vos amis veulent vous trahir. Preez garde de les accuser injustement : malheur à elui qui repousse une affection véritable ! Mon fils, . l'on nous trompe, il faut prier ; car alors on n'est as seul. Vivez avec vos chagrins comme avec vos laisirs, en les contemplant comme des images tanôt sombres, tantôt brillantes que le vent fait disparaître, et, soit que la mort vous ait ravi vos amis, oit que l'envie, plus cruelle encore, ait déchiré vos ens, portez vos regards et vos pensées vers ce ciel ù vous les retrouverez un jour.

Réflexions.

Ces deux discours ou plutôt ces deux allocutions très-simles et très-élémentaires, suffisent pour faire voir quelle inuence doit exercer sur la nature et le développement des lées la position de l'orateur. Dans le morceau qui va suivre ous présenterons aux élèves un autre genre d'exercice, et ous nous efforcerons de leur montrer comment, dans un ıême discours, on peut avoir à employer des tons différents, orsque la nature des pensées vient à changer.

LE COLYSÉE [1].

—

SUJET.

Un poëte, en méditant sur les ruines du Colysée, trouve un double motif de maudire et d'admirer Rome.

Conseils.

La nature du sujet et la manière dont il est énoncé donnent à l'élève une grande latitude. C'est une façon de passer poétiquement en revue tout ce que l'histoire d'un peuple offre de grand à l'esprit. C'est là un exercice qui se présente très-fréquemment dans les classes. La difficulté n'est pas dans l'aridité du sujet; elle est dans sa trop grande richesse. Le champ est vaste; tout ce qu'il faut craindre, c'est de s'y égarer. On ne doit mettre dans cette composition que des faits, des idées qui frappent l'esprit et le saisissent : le Colysée ne doit rien inspirer que de grand.

Pour se mettre à la hauteur du sujet, il convient de se reporter d'abord en idée au temps où le Colysée subsistait dans son imposante majesté. Une fête y rassemble le peuple de Rome; une foule immense remplit l'amphithéâtre; dans l'arène, on entend les cris des gladiateurs, les mugissements des animaux. Mais avant de donner carrière à son imagination, c'est de l'ordre, de la disposition des diverses parties du tableau que l'on doit s'occuper.

D'après l'énoncé même, le sujet comprend deux divisions bien distinctes : d'un côté, le peuple romain nous apparaît dans toute sa grandeur; de l'autre, nous considérons tout ce qui doit le rendre odieux; ici, les triomphes, les fêtes et les splendeurs du cirque; là, les gémissements d'un monde esclave, les plaintes des gladiateurs égorgés.

[1] Immense et magnifique amphithéâtre de Rome, commencé par Vespasien et achevé par Titus : c'était là que se donnaient les combats de gladiateurs.

xaminons donc séparément ces deux idées, et voyons les loppements dont chacune d'elles est susceptible.

'impression produite sur le poëte par la vue du Colysée, ; là notre point de départ. Les ruines immenses qui se sent dans la nuit rappellent à l'imagination le monument ; son entier. C'est un spectacle qui remplit de respect : le œuvre, quels ouvriers! C'est là que le peuple romain nontre à nous entouré d'un merveilleux prestige; sa sance, ses triomphes, ses conquêtes passent devant yeux. Il semble au poëte qu'il remonte les âges; revivant ; le passé, il évoque autour de lui les ombres des héros, thousiasme l'entraîne, il s'écrie : Gloire aux Romains!

ais soudain il croit entendre une voix faible et gémissante; t celle des gladiateurs et des martyrs.... Le temps a con-'é la place où venaient s'asseoir les empereurs. Là sont :endus ces hommes qui, dévoués au plus affreux supplice, ient à César leur dernier cri : Seigneur, ceux qui vont ırir te saluent! Les souvenirs se pressent en foule; le ıde vaincu, envoyant chaque jour sa proie à l'hydre dévo-te; le christianisme luttant contre la force, et triomphant milieu des tortures. Du sang se cache sous ces trophées, e gloire est chèrement achetée; le poëte maudit les ples dont la grandeur a coûté des larmes au reste du ıde.

Iontrons maintenant dans quel ordre ces idées doivent se céder.

'imagination est frappée par l'aspect grandiose des ruines.

)es ruines elle passe facilement au monument dans son ier. Le Colysée se peuple. — Fêtes; triomphes.

Récapitulation des conquêtes et des héros de Rome.

Cri d'enthousiasme du poëte.

Mais ici, par un sentiment de justice qui naît de lui-même, pensée se reporte sur les victimes de ces fêtes.

Les esclaves, les martyrs et les gladiateurs, le monde op-mé.

Anathème sur Rome.

Les données du sujet sont, comme on voit, peu nombreuses peu compliquées, les transitions faciles et naturelles, les usions historiques à la portée de tout le monde. Le style re seul quelques difficultés. Inspiré dans la première partie par la grandeur même du sujet, il devra dans la seconde avo une teinte de tristesse, que suivra un généreux sentime d'indignation. Partout il sera noble, soutenu, poétique mêm puisque c'est un poëte qui parle.

Comme source d'idées, on lira avec fruit les scènes du ci que dans *les Martyrs* de Chateaubriand, plusieurs morceau de lord Byron sur des sujets analogues; enfin la pièce d M. Bignan sur le Colysée, couronnée par l'Académie, et laquelle nous avons fait de notables emprunts.

DÉVELOPPEMENT.

Ruines fameuses, augustes débris du temps passé votre vue parle vivement à mon imagination. J'aim ces gradins brisés, ces portiques entr'ouverts, ce voûtes à demi détruites. Ces colonnes, ces statue sont encore imposantes, renversées et cachées sou les ronces.

Le Colysée se montre à moi dans sa majestueus beauté. Quel spectacle! Comme on sent bien la puissance de ceux qui ont élevé ce monument! En vai le temps l'a marqué de sa terrible empreinte, m pensée supplée à ce qu'il a perdu; je le vois te qu'il était aux grands jours de Rome : la foule s précipite, les gradins se couvrent de trois cent mill spectateurs, Rome entière est là : les pères, les chevaliers, le peuple, les vestales, les pontifes sacrés élevé au-dessus de tous, l'empereur domine l'amphithéâtre et un brillant cortége l'environne : à se pieds sont les princes et les rois captifs, attendan que leur tour soit venu de mourir.

Que de fêtes, que de triomphes, dans cette enceinte aujourd'hui si nue, si dévastée! Vainqueurs, vaincus, tous les peuples de l'univers ont passé par là; toutes les nations ont figuré dans ces pompes

ıagnifiques; l'Europe, l'Afrique, l'Asie sont ve-
ues tour à tour étaler leurs dépouilles aux yeux
u peuple-roi. Il me semble que, remontant le
ours des âges, mon esprit revit dans le passé.
'out se peuple de vivantes figures; je vois les héros
e Rome, je les suis dans leur marche glorieuse;
eurs triomphes enchaînent l'univers; devant leurs
igles invincibles toute domination s'efface, tout em-
ire disparaît. D'abord les Camille, les Fabius, les
cipion, les Marcellus; Rome timide encore et es-
ayant sa puissance; puis Jules, Octave, les Césars
ainqueurs, le monde esclave. Peuple immortel!
lans ta longue histoire tout est prodigieux, tout nous
appelle ces récits fantastiques, dont la poésie amuse
a faiblesse de notre siècle débile. Le temps a ruiné
on empire; mais il a respecté les créations de ton
génie, les monuments de ton incomparable gran-
leur; le Colysée debout, c'est Rome se survivant à
lle-même. Gloire aux Romains, gloire au peuple-roi!

Mais un cri plaintif a frappé mon oreille. Faible
t gémissante, une voix s'élève, c'est la voix des
gladiateurs et des martyrs : souvenir fatal qui pro-
este contre mon enthousiasme. Je revois l'arène
ougie du sang d'innombrables victimes; chaque
acclamation de triomphe a coûté la vie à des milliers
le malheureux. C'est dans ce cirque que toutes les
ıations sont venues payer à l'orgueil de Rome la
lette sanglante de l'esclavage; c'est là que les dames
omaines et les vestales, la joie au front, le sourire
sur les lèvres, insultaient à l'agonie des chrétiens
léchirés!

Voici les victimes dévouées à la mort; le sort
les combats les a amenés des contrées les plus loin-

taines ; frères, amis, parents, suivant que le hasard les réunit ou les sépare, ils combattront ensemble ou les uns contre les autres : il faut qu'ils meurent, et qu'ils meurent bien, car le peuple aime à voir le gladiateur tomber avec grâce. Ils passent devant la loge impériale : « César, disent-ils, ceux qui vont mourir te saluent ! »

Éloignez de mes yeux cet horrible spectacle. Quoi ! la grandeur, ici-bas, coûte-t-elle si cher, qu'on ne puisse l'acquérir que par la ruine et la destruction. J'ai horreur d'un peuple qui a mis sa gloire à désoler le reste du monde. Que la charrue passe sur ces ruines souillées de tant de crimes ! Périsse à jamais la mémoire de Rome !

Réflexions.

Nous allons passer à un genre de discours plus sérieux et plus difficile, celui des discours historiques. C'est pour ceux-là surtout que nous recommanderons à l'élève de donner la plus grande attention à la position, aux actes, au sexe même du personnage qu'il met en scène ; d'étudier le temps où il a vécu, les événements auxquels il s'est trouvé mêlé.

Le caractère de l'orateur une fois connu, il faudra rechercher quel est le but qu'il veut atteindre, à quels auditeurs il s'adresse, enfin, quels moyens il peut avoir de les convaincre ou de les toucher.

LA MÈRE DES MACHABÉES
AU PLUS JEUNE DE SES FILS.

—

SUJET.

Il n'est personne qui ignore l'histoire des Machabées. Antiochus, roi de Syrie, avait condamné à périr, au milieu d'affreux supplices, ceux des Juifs qui refuseraient d'abandonner la foi de leurs pères, et de sacrifier aux faux dieux. Il y eut beaucoup de sang répandu. Parmi les familles qui préférèrent le martyre à l'apostasie se trouvait celle des Machabées, composée de sept frères et de leur mère. Cette femme héroïque assista d'un œil impassible au supplice de ses enfants. On suppose ici que, voyant le dernier et le plus jeune de tous saisi par les bourreaux, elle doute de son courage, et lui adresse les paroles qu'elle juge les plus propres à le soutenir.

Conseils.

Ce discours présente des difficultés que nous n'avons pas abordées jusqu'ici. L'homme a naturellement une si profonde horreur de la mort, que pour l'amener à s'y résigner, ce n'est pas trop de toutes les forces de l'éloquence. La mort prévue, la mort sur-le-champ, la mort au milieu des tortures est affreuse pour ceux même dont l'âge, dont les malheurs ont trempé le caractère, pour ceux dont l'enthousiasme a exalté la force morale. Que doit-elle être pour un faible enfant qui vient de voir ses frères expirer dans d'atroces douleurs, qui sait que ce qu'ils ont souffert, lui-même va le souffrir tout à l'heure. Quelle mission pour un orateur! mais quelle mission surtout pour une mère qui ressent, dans son âme, toutes les tortures de ses fils égorgés, et qui est obligée de trouver, dans son amour même, la force d'encourager le dernier à mourir!

Ce n'est point par les raisonnements qu'il faut procéder dans un semblable discours : le sentiment seul doit parler. A quoi bon, en effet, présenter au jeune Machabée des considérations religieuses ou patriotiques; il n'en sentirait aucunement la valeur. Sa religion à lui, c'est la parole de ses parents; sa patrie, c'est sa famille. Toute la force du discours qu'il entend sera dans l'appel qui est fait à sa tendresse pour sa mère et pour ses frères. Il semble que sa mère n'a rien à lui dire, et l'on sent néanmoins que les paroles de celle-ci peuvent soutenir le courage de l'enfant, et que, dans une si cruelle épreuve, elle ne doit pas l'abandonner à sa propre faiblesse.

On peut comparer l'éloquence de la mère des Machabées à celle du vieux Lusignan, lorsqu'il exhorte sa fille Zaïre à ne point abandonner la religion de ses pères. Cette mère doit dire, en imitant Voltaire :

Tes frères en martyrs égorgés à nos yeux
T'ouvrent leurs bras sanglants tendus du haut des cieux.

Elle doit dire, en imitant Racine :

« Voudrez-vous, après avoir assisté à notre supplice à tous, retourner dans notre demeure que vous trouverez déserte? voudrez-vous avoir à vivre sous les lois du bourreau de votre famille?... faiblir, c'est quitter votre mère, et pour quel père!... La mort, c'est un moment; le ciel, c'est toujours. »

Ce discours doit être partout d'une simplicité extrême; mais la simplicité n'exclue pas le pathétique. De même, il faut se garder d'établir, entre les diverses parties qui le composent, une symétrie trop compassée : ce qui ne veut pas dire cependant qu'il faille jeter les phrases au hasard. L'éloquence la plus naturelle conserve toujours une suite et un enchaînement dans les idées qui peuvent ne pas s'apercevoir tout d'abord, mais qui n'en existent pas moins.

Un autre danger qu'il faut également éviter, c'est de faire, du discours, une suite de péroraisons, en employant, dès le début, les mouvements les plus vifs et les plus pathétiques. On s'imagine trop souvent que pour traiter d'une manière convenable une situation touchante, il faut multiplier les invocations, les exclamations, les apostrophes; tandis que, tout au contraire, le début doit être simple, et réserver les émotions pour la fin.

DÉVELOPPEMENT.

Mon fils, encore un moment, et vous serez auprès de Dieu ; vos frères ont courageusement donné leur vie pour rendre témoignage à notre religion ; imitez-les, mon cher fils, dans leur courage, et méritez comme eux les récompenses éternelles. Ne vous laissez pas effrayer par la vue du supplice : la mort, quelle que soit la méchanceté des hommes, n'est jamais qu'une souffrance passagère que Dieu adoucira pour vous. Ne pleurez pas, mon cher enfant, cette vie que vous allez perdre : elle est un don de Dieu, qui peut nous la reprendre, quand il le juge convenable. Au-dessus de la terre est le ciel ; c'est là que vous retrouverez vos frères bien-aimés, et votre mère qui va mourir après vous ! Est-ce trop d'acheter au prix des douleurs d'un instant une félicité qui n'aura point de terme ? Avant la fin du jour nous serons tous réunis comme auparavant ; je vous serrerai tous dans mes bras, je vous presserai tous contre mon sein.

A ce bonheur, voudrez-vous préférer une vie triste, honteuse, solitaire, cent fois plus affreuse que la mort ? Après avoir assisté à notre supplice à tous, voudriez-vous retourner seul dans notre demeure que vous trouverez abandonnée ? Vous serait-il doux d'avoir à vivre sous la loi du bourreau de votre famille? Pour vous engager à renier votre Dieu, à déshonorer votre nom, on vous promet la faveur du roi, on vous dit que vous habiterez dans son palais, au milieu de ses courtisans, partageant le luxe qui l'entoure ; c'est-à-dire qu'on vous propose de vivre auprès de celui qui a fait mourir vos frères et qui va vous enlever votre mère ! Voilà le bonheur qui vous est offert ! O mon enfant bien-aimé ! rejetez bien loin de vous ces paroles perfides ; écoutez du haut des cieux vos frères qui vous appellent à eux. Ils tendent vers vous leurs bras sanglants. Ranimez votre courage ; songez que montrer de la faiblesse, c'est quitter votre mère, et pour quel père ! Dieu vous voit ; il vous attend, en ce moment suprême ; sa force s'étend sur vous. Courage, mon fils, pensez à vos frères : la mort, c'est un instant ; le ciel, c'est toujours !

Réflexions.

Un plus long discours dans une circonstance aussi critique serait déplacé et invraisemblable. Il suffit de quelques paroles simples, que l'enfant puisse comprendre, et qui frappent à la fois son esprit et son cœur.

UN VIEILLARD AUX HABITANTS DE GABIES

POUR LES DISSUADER DE CONFIER A SEXTUS TARQUIN LE COMMANDEMENT DE LEURS TROUPES.

—

SUJET.

Tarquin le Superbe assiégeait inutilement depuis plusieurs mois la ville de Gabies. Déjà il désespérait de s'en rendre maître, lorsque son fils Sextus s'avisa d'un singulier stratagème. Il quitta tout d'un coup le camp des Romains et se réfugia dans la ville, montrant son corps et son visage meurtris, comme si la cruauté de son père l'eût réduit à cette extrémité. Bien reçu par les crédules habitants, il acheva de dissiper tous leurs soupçons, en assurant, par ses conseils, la victoire à leurs soldats dans les rencontres qui eurent lieu entre les deux armées. Il se rendit enfin si utile et si cher au peuple, que, dans une assemblée, on proposa de lui confier le commandement et la défense de la ville.

C'est pour combattre cette proposition qu'un vieillard prend la parole.

Conseils.

L'histoire offre plusieurs traits semblables à celui qui fournit la matière de ce discours. Zopire, Sinon, firent ce que fait ici Sextus, dans des circonstances analogues, dans un même but, et arrivèrent au même résultat. Il y a dans l'*Énéide* un magnifique discours de Laocoon, dont nous pourrons tirer le plus grand parti, mais seulement en empruntant les arguments de Virgile : faire intervenir l'exemple de Zopire et de Sinon dans le discours du vieillard gabien serait contre la vérité historique. L'Italie, à l'époque dont il s'agit, était dans un état trop barbare pour que les traditions grecques et asiatiques eussent pu y pénétrer. Les élèves se laissent trop facilement aller à l'anachronisme. Un trait leur semble heureux ; ils le font entrer bon gré mal gré dans leur discours, sans s'embarrasser des questions de temps, de lieu, de convenance, de vraisemblance.

La situation du sénateur est assez difficile. C'est un homme qui se trouve obligé de combattre seul les passions d'une multitude sans frein, et dont toute la force consiste dans la sagesse de ses paroles et dans la manière habile dont il cherchera à ramener les esprits. Il commencera nécessairement son discours en évitant de blesser les Gabiens si ouvertement disposés en faveur de Sextus ; mais, tout en les félicitant de la pitié généreuse avec laquelle ils ont accueilli l'exilé, il leur demandera de ne pas la pousser jusqu'à l'imprudence.

Ayant ainsi préparé l'esprit de ses auditeurs, le vieillard insinuera doucement qu'ils pourraient bien avoir trop écouté un premier mouvement. Sextus est un étranger, premier sujet de défiance ; c'est un Romain, un citoyen de cette ville qui fut toujours la rivale acharnée de Gabies, dont les troupes, en ce moment même, sont aux portes. Sextus, enfin, est fils de Tarquin : dire cela, c'est tout dire, pour ceux qui connaissent l'âme astucieuse et perfide du tyran. Jusque-là l'orateur ne voit pas trop les motifs qui ont pu décider le peuple à un pareil choix. Bien plus, quand il en examine les résultats probables, il lui semble que tout aurait dû les en détourner. Est-il raisonnable d'accorder à un homme suspect à tant d'égards, une confiance et un rang qu'ils refusent aux citoyens les plus dévoués de Gabies ? Les généraux s'en trouveront offensés ; l'armée manquera de confiance dans un chef inconnu ; le peuple rougira d'être obligé de recourir à un étranger ; et les Romains ne conserveront-ils pas toujours l'espoir d'un retour que rien ne rend impossible ?

Les insinuations, présentées avec modération, ont dû produire un certain effet. Sûr d'être écouté, il peut parler désormais avec moins de réserve. Ici pourront se placer les paroles de Laocoon, dans le second livre de l'*Énéide* : Quel est votre aveuglement? Est-ce ainsi que vous connaissez les Tarquins? Pouvez-vous croire qu'il vous vienne d'eux quelque chose qui ne cache un piége?

Ici se présente une nouvelle considération : Sextus va marcher contre sa patrie. Supposons qu'aujourd'hui il soit sincère : peut-on affirmer qu'il ne se sentira pas ému en voyant ces murs qu'il doit détruire?...

Sextus va marcher contre son père, c'est une action impie. Le vieillard trouve là une nouvelle raison de se défier de lui; il peut lui adresser ces questions si vives, si pathétiques, dont Cicéron accable l'accusateur de Ligarius : « Tubéron, que faisait ton glaive dans les champs de Pharsale? Quel sein voulais-tu percer? quelles étaient tes intentions? quel homme menaçaient tes regards, ton bras, ta fureur? que demandais-tu, que voulais-tu? » Vous, ajoute-t-il enfin, qui marchez contre votre patrie, contre votre père, pouvez-vous compter sur la protection des dieux? Habitants de Gabies, pouvez-vous accepter pour chef un parricide? On peut trouver dans cette dernière réflexion les éléments d'une belle péroraison.

Ce discours est formé, comme on le voit, de deux parties bien distinctes. Dans la première, il s'agit de préparer les esprits, de semer habilement le germe des accusations qui, dans la seconde, seront développées avec force. Tout doit y être modéré, le style, les expressions, les formes du langage. Dans la seconde partie, au contraire, il faudra de la vivacité, de l'entraînement, sans oublier toutefois que c'est un vieillard qui parle, un sénateur, un homme grave et considéré; sans perdre de vue qu'on traite un sujet antique, et qu'il faut imiter ces maîtres de l'ancienne éloquence, qui jamais, dans les endroits les plus pathétiques, ne s'écartaient des limites tracées par la raison et le bon goût.

DÉVELOPPEMENT.

Citoyens, vous avez eu pour Tarquin, qui se présentait à vous en suppliant, la pitié qui est due au malheur. Les dieux me préservent de venir ici vous reprocher votre noble générosité. Les hôtes nous sont envoyés du ciel; les accueillir est un devoir; s'ils nous trompent, les dieux eux-mêmes se chargent de notre vengeance. Sextus, le fils de votre ennemi, est venu vers vous, seul, fugitif; il vous demandait un asile. Sans chercher si cette infortune ne cachait pas quelque piége, vous avez reçu Sextus; vous lui avez donné un rang, un palais, des richesses. Vos pères étaient généreux et hospitaliers; vous vous êtes montrés dignes de leur héritage, et ce n'est pas moi, certes, qui blâmerai votre conduite; tout ce que je désire, c'est que votre compassion pour le malheur n'aille pas jusqu'à l'imprudence pour vous-mêmes.

On a proposé de confier à Sextus le suprême commandement de nos troupes et la direction de tout ce qui concerne la défense de notre ville. Si, dans cette circonstance, il ne s'agissait que d'écouter ses sentiments particuliers, je serais le premier à appuyer la proposition; je connais les talents de Sextus; je sais tout ce que nous devons à ses conseils et à son expérience des choses de la guerre. Malheureusement, la situation où nous sommes est pleine de périls, et tout nous commande une extrême réserve.

Voyez, en effet, ce qui se passe. Depuis plusieurs mois les forces romaines entourent la ville, sans que jamais elles aient pu franchir ces murailles, défendues par le dévouement et le courage de nos soldats. Pour perdre le fruit de tant de peines, que faut-il? un instant d'erreur et d'oubli; certes ce n'est pas aujourd'hui le temps de prendre une décision, dont les bons résultats ne sont rien moins qu'assurés, et qui peut avoir, au contraire, les conséquences les plus désastreuses.

Car, enfin, qu'est-ce que Sextus? C'est un étranger,

c'est un ennemi, c'est un citoyen de cette Rome aujourd'hui si acharnée à notre ruine; pour tout dire, c'est le fils de Tarquin. Malgré toutes ces raisons de défiance vous êtes tranquilles. Bien plus, vous préférez Sextus aux plus dévoués citoyens de Gabies, et vous leur faites cet affront de croire qu'ils ne sont pas, par eux-mêmes, capables de défendre leur patrie. Mais je ne m'arrête pas à cette considération; supposons que la mesure proposée soit utile, et que, dans une ville qui compte tant d'hommes vaillants, habiles et déterminés, il nous faille chercher hors de nos murs un défenseur : je néglige ces motifs; je ne veux examiner avec vous que les conséquences de votre choix. Pour que les efforts du nouveau chef que vous allez mettre à la tête des affaires soient couronnés de succès, il faut qu'il trouve dans les généraux, dans les soldats, dans le peuple, ce concours sans lequel il ne peut rien. Or, peut-il l'attendre de ces officiers, dont le dévouement s'offensera avec raison d'une défiance imméritée; ils obéiront avec peine à un général qui a pour unique titre le mépris de leurs services et de leur courage. Les soldats ne marchent jamais résolument sous un général inconnu, à plus forte raison sous un chef qu'ils ont vu jadis à la tête des cohortes ennemies, portant la mort dans leurs rangs. Vous-mêmes, citoyens, vous ne serez pas toujours sous l'influence du sentiment qui vous anime, et ce sentiment une fois affaibli, vous vous sentirez humiliés de n'avoir pas eu parmi vous un citoyen capable de sauver Gabies. En effet, si vous reconnaissez ainsi votre faiblesse et votre impuissance, que ne renoncez-vous de suite à une lutte inutile? Rome est trop forte pour vous : soumettez-vous à son empire. N'est-ce point déjà lui inspirer une confiance sans bornes que de lui faire voir qu'un Romain seul est capable de repousser les armes romaines.

Ainsi, si, par un retour facile à prévoir, Sextus revenait aux sentiments que la nature a mis dans le cœur de tous les hommes, s'il se sentait attendri à la vue des étendards paternels; placé dans une alternative fatale, forcé d'opter entre Rome qui l'a vu naître et Gabies qui l'a recueilli fugitif, s'il choisissait Rome, Gabies devrait donc cesser d'exister? Et encore, pourquoi recourir à toutes ces suppositions? Vous connaissez Rome, Gabiens; vous connaissez les Tarquins, ces hommes venus d'un pays où la fraude et la perfidie sont plus en honneur qu'ici la force et le courage. De leur part, tout présent est fatal; il me semble que la ruine est entrée dans notre ville avec ce nom odieux. Les crimes sont frères; et, n'eussé-je point d'autre motif, je me défierais toujours d'un fils marchant contre son père, d'un citoyen combattant sa patrie. Et n'est-ce pas là ce que tu vas faire, Sextus? car c'est toi maintenant que j'interroge. Réponds: vers quelles terres porteras-tu tes armes, dans quels murs ta main allumera-t-elle l'incendie? dans les champs de Rome, dans les murs de ta ville natale; tu vas fouler aux pieds les tombeaux de ta famille. Et dans les combats, quel sentiment t'anime? que menace ton regard, ta fureur? quel sein veux-tu percer? Malheureux! Tarquin est devant toi, tu voles au parricide!

Un parricide! et voilà pourtant le chef que vous voulez vous donner, ô Gabiens! C'est sous de pareils auspices que vous allez invoquer la protection des dieux, et vous croyez qu'un favorable augure iendra répondre du succès de vos armes. Sextus, : parricide, élevant ses mains sanglantes vers ces ieux que vous appelez vengeurs du crime, et riant pour le salut de Gabies! Citoyens, je n'ajou- :rai rien à ce peu de mots. J'en ai dit assez pour des ommes qui aiment leur patrie et la vertu.

Réflexions.

Il est facile de voir la différence qui existe entre ce discours , celui qui précède. Ce n'est plus simplement le langage du œur, le cri d'une mère, forcée d'encourager son enfant à supporter des douleurs qu'elle voudrait lui épargner au prix de ı vie. Le sénateur gabien est un vieillard plein d'expérience, nimé de généreux sentiments; il s'adresse à des hommes ue les bonnes raisons doivent décider; son discours vise ırtout à convaincre. Ce n'est que dans la péroraison qu'il pu donner cours à son indignation.

SISYGAMBIS A ALEXANDRE.

SUJET.

Sisygambis, mère de Darius, devenue prisonnière d'Alexandre, implore la pitié de son vainqueur.

Conseils.

Ce discours présente peu de difficultés. L'élève comprendra aisément la situation dans laquelle se trouve la mère de Darius; l'histoire lui fournit des faits dont il peut tirer parti; et, pour la peinture des divers sentiments qui doivent affecter la reine, il peut s'inspirer de diverses passages des poëtes. Nous lui citerons les discours d'Andromaque à Hector, dans Homère; le discours de cette même Andromaque à Énée, dans Virgile, quand elle le revoit en Épire; les paroles de Polyxène, dans Euripide.

Le grand défaut à éviter dans cette composition, c'est la trivialité. On n'y tombera pas, si l'on étudie avec soin la situation. Ce qui arrive à Sisygambis est arrivé déjà à bien des femmes; son malheur, par lui-même, n'a rien de nouveau, rien d'extraordinaire. Mais ce qui le caractérise, ce sont les circonstances, c'est la position dans laquelle se trouve cette reine. Sisygambis est reine; elle est la mère de celui qui, avant sa défaite, passait pour le maître de l'univers. Son vainqueur est Alexandre. Elle n'est pas seule : ses filles partagent sa captivité. — Que l'on se serve des lieux communs comme d'une source où des raisons peuvent être puisées, rien de mieux; mais c'est à la condition qu'on laissera au discours sa physionomie originale.

Arrivons à l'application de ce principe. Sisygambis est mère et femme, elle est reine, elle est captive. Voilà quatre points de vue sous lesquels nous aurons à la considérer successivement.

Comme mère. Instruite par la renommée de l'extrême tendresse d'Alexandre pour sa mère, elle fait d'abord appel à ce sentiment. Elle oppose ces deux situations si différentes : Olympias, heureuse des triomphes de son fils, dont la gloire rejaillit sur elle, entourée des hommages de la Grèce et du monde entier; Sisygambis, captive, incertaine du sort de son fils, voyant ses filles livrées à la discrétion du vainqueur. Ce contraste est un moyen d'intéresser Alexandre à son sort.

Comme femme. Elle a droit à des égards. Par la haute opinion qu'elle dira avoir conçue d'Alexandre, elle forcera celui-ci à la justifier. S'est-elle trompée en le croyant magnanime? La dignité d'une femme, et celle d'une femme d'un illustre rang devra se montrer dans toute cette partie du discours.

Comme reine. Sisygambis peut avoir le langage de Porus, qui demande, tout vaincu qu'il est, à être traité en roi. Le prince, dira-t-elle, a intérêt à respecter dans autrui la majesté royale dont il est revêtu, et à montrer aux peuples que ceux qui ont régné ne descendent pas, même dans le malheur, au rang des autres hommes. De telles paroles pouvaient s'adresser à celui qui avait dédaigné de combattre aux jeux Olympiques, parce qu'il ne devait pas y avoir des rois pour rivaux.

Comme captive. Elle fait ressortir sa misère en lui opposant le tableau de sa grandeur passée. Ce n'est point là une vaine amplification oratoire; toute reine qu'elle était, Sisygambis pouvait fort bien être condamnée à servir dans le palais d'Alexandre. La captivité confondait alors tous les rangs. Andromaque fut l'esclave de Pyrrhus; et l'on peut voir, en lisant ses adieux à Hector, qu'elle savait bien le sort qui l'attendait, si ce dernier était vaincu.

Le langage de Sisygambis doit être plus humble dans la dernière partie du discours, sans jamais s'écarter cependant de la dignité d'une femme, et surtout d'une reine. C'est là un milieu assez difficile à tenir, et qui exige, de la part de l'élève, un certain discernement. Comme préparation à ce discours, nous conseillons de lire l'*Andromaque* de Racine, le discours d'Auguste à Cinna, les scènes de *la Mort de Pompée,* où Cornélie se trouve en face de César, dans Corneille. Ce sont autant de sources ouvertes au profit de celui qui doit servir d'interprète à Sisygambis.

DÉVELOPPEMENT.

Seigneur, dans la cruelle situation où m'a jetée la fortune, une seule consolation me reste, c'est d'être tombée entre les mains d'un prince que la renommée nous peint si grand, si généreux. Je n'en puis douter, plus que tout autre vous aurez pitié de la reine des Perses, de la mère de Darius, réduite à une humiliante captivité; car vous aussi, seigneur, vous avez une mère, une tendre mère, qui pleure votre absence, et qui, au milieu même de vos triomphes, craint pour vous les hasards d'une guerre lointaine et périlleuse.

Pensez à Olympias, rappelez-vous celle qui vous a nourri, qui a soigné votre enfance, et qui aujourd'hui, témoin de la gloire qui vous environne, se réjouit d'avoir donné le jour à un tel fils. De l'autre côté, voyez cette malheureuse mère qui, privée à jamais de tout sujet de joie, gémit sur les malheurs de sa famille et sur son propre esclavage. Incertaine du sort de son fils, elle ne sait s'il est resté sur le champ de bataille, ou s'il a survécu au désastre de son armée et à la ruine de son empire. Ses filles sont vos captives; vous tenez dans vos mains le sort de son fils.

Ce spectacle trouve-t-il votre âme insensible? Me suis-je trompée en comptant sur votre grand cœur, en croyant qu'une femme, une reine trouverait auprès de vous les égards qu'elle a droit d'attendre dans son infortune? Nous ne sommes plus rien, nous avons tout perdu par la défaite, et nos trésors, et notre puissance, et cet empire qui s'étendait sur cent nations; mais, qui le sait mieux que vous, seigneur? ce n'est pas le diadème qui fait la granur des rois; vaincus, captifs, enchaînés, il reste r leur front une majesté que rien ne leur enlève, r elle vient du sang dont ils sont sortis. Un vain- ıeur vulgaire s'irrite de cette grandeur qui se rvit pour ainsi dire à elle-même; il y voit comme ıe humiliant reproche de son infériorité. Pour les ands princes, la royauté vaincue ne se dégrade s; le malheur la rend à leurs yeux plus respectable core; c'est par là qu'ils se montrent dignes de leur rtune, c'est par là qu'ils sont des héros véritables non pas d'aveugles instruments dont les dieux se rvent pour ruiner les empires. Ces sentiments, ous devez les comprendre, vous qui connaissez si en les devoirs qu'impose une illustre naissance, et ıi refusiez de combattre dans les jeux de la Grèce, vous n'auriez pas eu des rois pour rivaux. Sisy- mbis, pour vous, sera donc toujours reine et mère un roi; vous la respecterez comme si elle avait ujours autour d'elle ses gardes, sa cour, les splen- urs du plus beau trône de l'univers.

Mais pourquoi rappeler ces cruels souvenirs; ma rtune était bâtie sur le sable : que reste-t-il de ce agile édifice? Je ne suis plus qu'une captive con- ımnée à suivre les pas d'un vainqueur étranger; j'ai ı tomber autour de moi ma patrie, ma famille; l'em- re des Perses est détruit, mon fils est mort ou fu- tif, mes filles sont esclaves; seule, je survis à tant de osspérité et à tant de misère, et les dieux ne m'ont énagé une si longue existence que pour donner aux ommes un éclatant exemple des vicissitudes de la rtune.

Voyez, Alexandre, la mère de Darius à vos eds, suppliante, et vous implorant, non pour elle, car une mort prompte l'aura bientôt délivrée de ses maux, mais pour ces jeunes filles désolées qui l'entourent, tristes et derniers rejetons d'une race royale, qui, pour éviter les outrages d'un maître, n'ont d'autre refuge que votre générosité et votre clémence.

Réflexions.

Une seule remarque nous paraît utile à faire, c'est que dans la position où est Sisygambis elle doit parler avec une extrême simplicité; Boileau a dit judicieusement :

Il faut dans la douleur que vous vous abaissiez.

Sisygambis supporte noblement son malheur, mais elle ne brave pas Alexandre. La véritable grandeur est simple. Quand Alexandre demanda à Porus comment il voulait qu'on le traitât, le prince vaincu lui répondit : « En roi; » mais il n'ajouta pas à ces paroles généreuses d'inutiles fanfaronnades. Quand vous avez à peindre de grands sentiments, prenez garde de les fausser en les exagérant.

LES ATHÉNIENS REVENUS DE SICILE
AU POETE EURIPIDE.

—

SUJET.

Voici les circonstances que l'on suppose avoir donné lieu à ce discours :

Après la défaite qu'ils avaient éprouvée auprès du fleuve Himère, un grand nombre d'Athéniens furent faits prisonniers et condamnés au travail des mines. Les Siciliens les traitèrent d'abord très-durement, et dans leur esclavage ces infortunés n'avaient guère d'autre consolation que de chanter les poésies d'Euripide : c'était pour eux un souvenir de la patrie, et la mélancolie du poëte leur offrait de continuels rapprochements entre la misère de ses héros et leurs propres souffrances. Les Siciliens entendirent par hasard quelques-uns de ces chants. La barbarie de leurs cœurs en fut adoucie ; ils allégèrent le sort de leurs captifs, et bientôt même leur rendirent la liberté en échange des vers qu'on leur avait appris.

Les Athéniens retournèrent dans leur patrie, et à peine y étaient-ils arrivés, qu'ils allèrent offrir à Euripide leurs actions de grâces.

Conseils.

C'est leur discours qu'il s'agit de composer. A la manière des orateurs grecs, on peut le faire précéder d'un petit préambule qui lui donnera plus de vivacité et de naturel.

Prononcé par l'un des captifs revenus de Sicile, ce discours doit retracer leur histoire. Il doit peindre d'une manière pathétique le malheureux état où ils se trouvaient; puis ce brusque revirement de fortune qui, de vaincus qu'ils étaient, les a rendus les égaux des vainqueurs. L'orateur en prendra occasion de célébrer la merveilleuse puissance de la poésie, et le génie divin d'Euripide. Il terminera par vouer un temple aux muses libératrices, en annonçant qu'un tableau, placé dans le portique, perpétuera à jamais le triomphe d'Euripide.

Ce tableau représentera les captifs se jetant dans les bras d'Euripide, et le peuple faisant retentir la place de ses applaudissements.

DÉVELOPPEMENT.

De longs mois s'étaient écoulés depuis la défaite de Démosthène et de Nicias; de tous les soldats qui les avaient suivis dans cette fatale expédition, bien peu étaient revenus à Athènes; les autres avaient péri sur les bords du fleuve Himère, ou bien, retenus captifs, ils avaient perdu pour jamais l'espérance de revoir la patrie. Leurs parents, leurs amis avaient pris le deuil, et les pleuraient comme s'ils étaient morts, lorsqu'un jour on vit entrer dans le Pirée une galère sicilienne venant de Syracuse. Le mât, les voiles étaient couronnés de guirlandes; les rameurs faisaient entendre des chants joyeux. Le navire approche, il aborde; de la poupe descendent des hommes que la foule étonnée reconnaît pour des prisonniers d'Himère. On se presse autour d'eux, on les embrasse, on les interroge. Mais eux, sans répondre aux questions ni aux caresses, placent sur leurs têtes des couronnes de fleurs, et, se tenant par la main, ils se dirigent à travers la ville, au milieu d'un peuple nombreux, et ne s'arrêtent que devant la maison du poëte Euripide. Un esclave court avertir son maître que des étrangers demandent à le voir. Étonné, il se montre à ceux qui l'appellent. Aussitôt, l'un des captifs, le plus considérable par sa naissance et ses richesses, Aristoclès, fils de Ctésias, s'approche, détache sa couronne et la dépose sur le front d'Euripide.

« Homme inspiré des dieux ! s'écrie-t-il, reçois cet hommage de ceux que ton génie a sauvés ; et vous Athéniens ! admirez, dans un récit fidèle, la puissance de la poésie et le triomphe de Pallas, protectrice de cette ville. Vous voyez en nous tout ce qui reste de cette brillante armée partie pour la conquête de la Sicile. Après le désastre d'Himère, nous fûmes épargnés par la cruelle avarice des vainqueurs, et l'on nous joignit aux esclaves et aux criminels qui travaillaient aux mines. Beaucoup d'entre nous sont morts d'ennui, de souffrance, du regret de la patrie absente, ne pouvant plus vivre dans les entrailles de la terre, loin du soleil et de la présence des hommes. Dans notre malheur, une seule consolation nous fut donnée. Le soir nous nous réunissions autour d'un pâle foyer, et, rappelant le souvenir d'Athènes, nous récitions ces vers harmonieux qui tant de fois ici avaient charmé nos oreilles.

« Nous trouvions un secret plaisir dans la peinture de douleurs si semblables aux nôtres : les infortunes de tant de héros, éprouvés par le sort ; les lamentations des Troyennes ; Hécube, pleurant sa famille dispersée, nous arrachaient des larmes à la fois douces et pénibles. Nous nous sentions émus et en quelque sorte consolés.

« Nos chants parvinrent jusqu'à nos maîtres. L'empire de la poésie se fit sentir sur ces âmes incultes et barbares ; ils assistèrent à nos réunions ; ils écoutèrent nos chants ; la pitié avec l'harmonie se glissa dans leurs cœurs; notre esclavage devint plus léger, nos travaux furent moins rudes. Nous pûmes enfin revoir la douce lumière du jour. De maîtres qu'ils étaient, les Siciliens devinrent nos amis ; ils voulaient nous retenir, nous faire partager leur opulence ; mais l'image de la patrie était toujours présente à nos yeux. Nous ne demandâmes que la liberté et un navire pour nous conduire ici ; en échange nous apprîmes aux Siciliens ces vers auxquels nous devions notre salut.

« Nous voici maintenant de retour dans cette ville que nous n'espérions plus revoir : nous allons retrouver nos parents, nos amis, nos demeures, nos richesses, les temples de nos dieux, ces objets si chers que nous croyions perdus à jamais. Mais, avant tout, ô Euripide ! nous avons voulu revoir notre libérateur, lui rendre grâces aux yeux de ce peuple qui nous entoure, reconnaître la puissance de ce génie plus fort que le fer et l'airain qui n'avaient pu nous défendre.

« Qu'un temple dédié aux muses libératrices perpétue à jamais la mémoire de cet événement ! Qu'un tableau, placé dans le portique, retrace le triomphe du poëte Euripide ! »

Aristoclès cessa de parler. Il se précipita dans les bras du vieillard, qu'il serra contre son sein à plusieurs reprises. Ses compagnons l'imitèrent tour à tour, et, pendant ce temps, la multitude faisait retentir les airs de ses acclamations.

Réflexions.

L'élève qui voudra donner à ce discours tout le mérite qu'il comporte devra, avant d'y travailler, s'inspirer de la lecture des divers passages d'Euripide qui ont trait à l'infortune des Athéniens.

PUBLICOLA A ANTOINE,

POUR LUI REPROCHER SA FUITE.

—

SUJET.

Publicola reproche à Antoine sa fuite après la bataille d'Actium.

Conseils.

L'indication du sujet suffit à l'élève pour le traiter. Il connaît la bataille d'Actium et la fuite d'Antoine. Il lui est facile de mettre dans la bouche d'un de ses vieux soldats les reproches que mérite une pareille lâcheté. Nous allons néanmoins, comme exercice, examiner le passage où Plutarque raconte ce fait, et nous en tirerons tous les développements du discours.

On lit dans la *Vie d'Antoine*, traduite par Amyot :

« Tout aussitôt qu'il vit partir son vaisseau (celui de Cléopâtre), il oublia, abandonna et trahit ceux qui combattaient et se faisaient tuer pour lui, et se jeta en une galère à cinq rangs de rames pour suivre celle qui l'avait déjà commencé à ruiner, et qui le devait encore du tout achever de détruire. Quand il entra dans sa navire, il ne la vit point de prime face, ne elle lui, mais s'en alla seoir tout seul sans mot dire en la proue de sa navire, tenant sa tête entre ses deux mains. »

« Les soldats et chefs de son armée, quand ils se virent destitués et abandonnés, se rendirent au plus fort. »

Tout le discours de Publicola est dans ces quelques lignes ; mais il y est contenu sommairement ; il s'agit d'en développer les éléments.

« Il oublia, abandonna et trahit ceux qui combattaient et se faisaient tuer pour lui. »

Voilà le texte d'une première représentation à faire à Antoine.

« Pour suivre celle qui l'avait déjà commencé de ruiner, et qui le devait encore du tout achever de détruire. »

Les suites funestes qu'avait déjà eues sa folle passion pour Cléopâtre autorisaient Publicola à lui dire : Vous sacrifiez vos compagnons d'armes pour une femme qui vous perdra, après vous avoir déjà déshonoré.

« Antonius s'en alla seoir tout seul, sans mot dire, en la proue de sa navire, tenant sa tête entre ses deux mains. »

Antoine, en agissant ainsi, n'avoue-t-il pas lui-même qu'il rougit de sa lâcheté? Cet aveu peut être prévu par Publicola, et devenir pour lui un moyen oratoire.

Enfin ces mots :

« Les soldats et chefs de son armée, quand ils se virent destitués et abandonnés, se rendirent au plus fort, »

Ne suggèrent-t-ils pas cette pensée : Vous livrez votre fortune et votre armée à Octave.

Le partage du discours peut donc être ceci :

1°. Vous trahissez vos soldats;

2°. Vous vous livrez à une femme qui vous trahira vous-même;

3°. Au fond du cœur vous avez honte de votre conduite;

4°. Vous abandonnez l'empire du monde à Octave, votre ennemi. Le dernier argument en renferme implicitement un autre; car on peut prédire que Cléopâtre se rangera du côté du vainqueur, et qu'en renonçant pour elle à l'empire, il s'expose à perdre l'un et l'autre.

Nous ne voyons pas d'autres raisons à faire valoir. On ne peut parler à Antoine de patriotisme; à l'époque de la bataille d'Actium, il n'y en avait plus : *Nulla jam publica arma*, dit Tacite; il n'y avait plus d'armée nationale. Il ne peut être question du danger personnel auquel s'expose Antoine. Il avait fait ses preuves de bravoure, et le soin de sa sûreté ne devait pas l'occuper.

Pour ce qui est du style, la qualité de celui qui parle indique suffisamment ce qu'il demande : de la vivacité, de l'énergie, mais sans emphase; un langage de soldat, moins habitué à manier la plume que l'épée.

DÉVELOPPEMENT.

Seigneur, jetez les yeux autour de vous sur ces

rivages couverts de spectateurs et où des milliers d'hommes font des vœux pour le succès de vos armes; animés d'un courage invincible, vos braves soldats affrontent la mort et les périls de la mer pour vous assurer la victoire; ils oublient leurs femmes et leurs enfants, ils s'oublient eux-mêmes, pour ne songer qu'à vous. Et vous, désertant le champ de bataille où ils vont mourir, vous, leur chef, vous, leur général, vous, Antoine, vous fuyez!

Que sont devenues ces magnifiques promesses qu'hier encore nous avons recueillies de votre bouche? Où est donc cette belliqueuse ardeur que vous avez montrée sur tant de champs de bataille? Où est notre Antoine? Veut-il donc que le terme de sa glorieuse carrière soit le déshonneur.

Mais ce n'est pas votre armée, ce n'est pas votre gloire seulement que vous sacrifiez. Votre présence parmi nous, c'est la victoire, et la victoire c'est le commandement des deux armées, c'est la domination sur toute la république, c'est l'empire de la ville et du monde; élevez, Antoine, vos pensées au niveau de votre fortune! Vous êtes attendu au Capitole; c'est là que vous devez recueillir l'héritage de ce César dont vous avez partagé les exploits et vengé la mort!

Et pour qui, dieux immortels, abandonnez-vous ces belles espérances, pour une femme, pour une étrangère, pour une Égyptienne, dont vous connaissez l'inconstance, pour une femme que la fortune vous a donnée et que le malheur vous enlèvera! Votre cœur ne rougit-il pas d'un pareil choix? ne vous dit-il pas en secret que vous payez la sœur de Ptolémée, l'amante de César, d'un prix trop élevé? Votre fierté se révolte; je lis sur votre visage la violence que vous vous faites en nous quittant pour la suivre. Cédez, il en est temps encore, cédez au noble sentiment qui vous retient près de nous! Ne livrez point, avec la victoire, l'empire de l'univers à Octave! Est-ce donc pour lui que César a vaincu à Pharsale? est-ce pour lui que vous avez combattu, triomphé dans les champs de Pharsale, pendant qu'à demi mort de peur, il attendait, caché dans sa tente, l'issue d'un combat douteux? Quoi! le fruit de tant de travaux, de tant de sang versé sera recueilli par cet indigne rival? Et encore, je rougis de le dire, je le dirai pourtant, puisque c'est maintenant la seule pensée qui ait sur vous quelque influence, en livrant à Octave la victoire, ne lui livrez-vous pas Cléopâtre elle-même? Cette femme, ne sera-t-elle pas sa conquête comme tout le reste? Désormais, sans armée, sans puissance, quel moyen aurez-vous de la lui disputer? Et qui sait si elle n'achètera pas sa grâce en vous livrant au vainqueur? Le destin de Pompée vous attend peut-être en Egypte.

Pour détourner de pareils malheurs, pour changer mes craintes en espérances, que faut-il? Rester un jour, rester une heure peut-être au milieu de vos compagnons d'armes; voilà ce que je vous demande, Antoine, et vous hésitez!

Réflexions.

Le discours d'Annibal à ses soldats, quand il les fait sortir de Capoue, le discours d'Alexandre à ses soldats, quand ils lui demandent de retourner en Macédoine, ont avec celui-ci des analogies dont il est bon de tenir compte.

MÉCÈNE A OCTAVE.

—

SUJET.

Octave hésite à s'emparer du pouvoir, Mécène, son favori, combat son irrésolution.

Conseils.

On lit dans Tacite :

« Lorsque la défaite de Cassius et de Brutus eut anéanti le parti de la république, que Sextus eut succombé en Sicile, que Lépide eut perdu le pouvoir et Antoine la vie, et qu'il ne resta plus d'autre chef qu'Octave au parti des Jules, celui-ci, renonçant au titre de triumvir, parut se contenter de celui de consul, auquel il joignit seulement celui de tribun, qui avait l'avantage de le présenter comme le défenseur du peuple. Bientôt après, ayant gagné les soldats par des largesses, le peuple par des distributions de blé, et tous les ordres de l'État par les douceurs de la paix, on le vit s'enhardir, et attirer insensiblement à lui seul tous les pouvoirs, ceux du sénat, ceux des magistrats et des lois; personne ne lui résista; les plus entreprenants avaient péri dans les combats ou par les proscriptions; quant à ce qui restait d'hommes influents, voyant les richesses et les honneurs payer leur empressement pour la servitude, ils préféraient les avantages certains de la révolution qui venait de s'opérer, aux chances douteuses et éloignées d'une restauration républicaine; cet état de choses ne déplaisait pas non plus aux provinces, à qui l'autorité du sénat et du peuple était odieuse par suite de la rivalité des grands et de l'avarice des proconsuls, que contenaient mal des lois impuissantes contre la violence, la brigue et la corruption. »

Dans un autre passage du même auteur, Mucien dit à Vespasien :

« Hésiter plus longtemps, c'est abandonner la république à une perte certaine. Vous-même vous êtes en péril, et vous n'avez de refuge que dans le pouvoir suprême. Vous avez une armée dévouée et aguerrie, une flotte considérable, enfin, une expérience des affaires que ne possède aucun de vos compétiteurs. »

Ces deux fragments nous fourniront tous les éléments de notre discours; nous n'aurons plus qu'à diviser ces éléments par catégories et à les ranger dans l'ordre le plus convenable.

Nous avons déjà plusieurs fois indiqué la manière d'opérer cette division.

On conseille à Octave de s'engager dans une entreprise. Les personnes intéressées sont évidemment Octave d'une part, les Romains de l'autre. De là, deux séries de considérations se rapportant celles-là à Octave, celles-ci aux Romains; mais ce n'est pas encore tout, il faut examiner si l'entreprise est d'une exécution facile ou difficile, quels sont les obstacles qu'on aura à vaincre, les ressources dont on dispose, les moyens dont on devra user.

Parcourons rapidement ces diverses catégories d'idées. Qu'Octave abandonne le pouvoir, sa place ne restera pas longtemps vide; il est trop puissant d'ailleurs pour qu'un ambitieux le puisse épargner : Octave ne doit donc pas reculer. S'arrêter maintenant, c'est perdre tout le fruit du passé, non-seulement pour lui, mais encore pour sa famille, dont la fortune se rattache à la sienne. Il faut bien aussi qu'il songe à sa gloire. Elle dépend de sa puissance, c'est à l'empire à faire oublier le triumvirat. Ces réflexions viennent à quiconque considère attentivement la situation d'Octave. Nous avons donc les *raisons tirées de son intérêt particulier*.

L'empire est trop vaste pour pouvoir se passer d'un chef unique. La monarchie peut seule assurer une paix nécessaire à tous. La corruption des mœurs ne comporte plus les institutions républicaines. La violence et la brigue ne peuvent plus être contenues que par un maître. Le retour à la république serait le renouvellement de la guerre civile. Telle est, au point de vue où est placé Mécène, la situation des Romains :

telles sont les *raisons tirées de leur intérêt* qu'il doit présenter.

Mécène doit enfin énumérer et faire valoir tout ce qui favoriserait l'entreprise. Octave n'a plus de concurrents possibles. Le peuple ne demande plus que du pain et les jeux du Cirque. Le souvenir de César assure l'armée à son fils adoptif; la victoire d'Actium lui rend la flotte; les patriciens sont les premiers à briguer sa faveur; les provinces l'invoquent contre la tyrannie des proconsuls. N'a-t-il pas le droit de se croire capable de gouverner? Voilà, resserrées en quelques lignes, les *raisons de croire au succès.*

Dans tout ce qui précède, nous avons placé les arguments de chaque catégorie dans l'ordre qui nous a paru le plus logique, et de manière à en former une série non interrompue. Il a fallu pour cela un petit travail qu'il suffit d'indiquer.

Reste à déterminer la place qu'occupera chacune des catégories que nous venons d'établir.

Plusieurs fois déjà nous avons dit qu'il fallait que les preuves fussent disposées dans l'ordre de leur force, c'est-à-dire qu'on commençat par les plus faibles, réservant pour la fin celles qu'on sait les plus propres à frapper l'esprit de l'auditeur.

Il n'y a point de principe qui fixe d'une manière certaine le degré d'importance des preuves. Telle preuve est aujourd'hui décisive, qui demain sera insignifiante. Tel homme est touché d'une considération politique, tel autre d'une considération religieuse ou morale. Ce qu'il faut étudier, pour se décider dans cet examen, ce sont les circonstances, c'est le caractère de celui à qui l'on s'adresse.

Or, qu'était Octave : un homme évidemment plus occupé de ses intérêts que de ceux de l'État, préférant la puissance à la gloire : un ambitieux plutôt qu'un grand homme.

On commencera donc par tout ce qui se rapporte à la liberté, à la patrie, à la justice, etc. On passera légèrement sur ces considérations pour insister davantage sur celles qui sont purement politiques. Enfin, on devra se dire qu'une seule chose l'intéresse véritablement, la question du succès, et que, si on lui prouve que celui de son entreprise n'est pas douteux, on lui aura prouvé qu'il a le droit de l'entreprendre.

DÉVELOPPEMENT.

Seigneur, nous ne sommes plus au temps où les bornes de l'Italie étaient celles de notre empire. La domination romaine s'étend aujourd'hui d'une extrémité de la terre à l'autre : les conditions du gouvernement sont changées. A un si grand corps, il faut un chef unique, un chef en qui se concentrent tous les pouvoirs, à qui tout se rattache, et qui, partout présent sans sortir de Rome, embrasse d'un regard tous les peuples soumis ; enfin, il n'y a que la monarchie qui puisse maintenir une paix si nécessaire après les terribles ébranlements de la guerre civile. Toutes les choses d'ailleurs ont leur temps. Les institutions républicaines convenaient à Rome, lorsqu'elle avait des Camille et des Fabricius ; nos mœurs corrompues d'aujourd'hui repoussent un mode de gouvernement qui se fonde sur la vertu. Les guerres civiles viennent de nous apprendre ce que peuvent les lois contre la violence et la brigue. Rétablir maintenant la république, ce serait ramener avec leur funèbre cortége les temps de Marius et de Sylla ; que ces temps au moins nous servent d'exemple, et tirons-en un utile enseignement.

Autant que l'État, vous souffririez, seigneur, d'un pareil changement. Vous vous êtes élevé trop haut pour pouvoir impunément descendre. Rome ne manque pas d'ambitieux ; votre place abandonnée deviendra le but de leurs efforts ; que l'un d'eux réussisse, son premier acte sera de vous sacrifier à ses craintes.

Je sais bien que ce n'est point là un motif capable d'ébranler votre grande âme ; écartons cette supposition, je vous parlerai au nom de votre fortune politique. Depuis le jour où la mort du divin Jules, en vous transmettant son héritage, a ouvert cette voie à votre généreuse ambition, que de travaux supportés, que d'obstacles vaincus, que de périls affrontés sur les champs de bataille! Et maintenant que vous avez brisé toutes les résistances, renversé tout ce qui entravait votre marche; maintenant que vous voilà arrivé au but, vous hésitez à le toucher!

Il n'est pas seulement question de vos intérêts personnels, seigneur; il s'agit aussi de votre famille, qui vous a suivi dans toutes les phases de votre fortune, qui attend de vous sa grandeur, et qu'avec vous vous allez perdre. Enfin, il s'agit de votre gloire; le triumvirat a eu des rigueurs nécessaires, mais cruelles; il vous a souvent fallu étouffer la voix de votre cœur pour obéir aux exigences d'une politique inexorable. Il est temps que les douceurs d'un bienfaisant empire fassent oublier ce que vos premières années ont eu de pénible. Il faut que la postérite attribue vos rigueurs à la nécessité, votre bonté à la disposition naturelle de votre génie.

Pour tout cela, que faut-il donc? Que vous acceptiez une place où tout vous appelle. La fortune et votre courage vous ont délivré de tous ceux qui pouvaient avec quelque droit vous disputer l'empire. Après le sort d'Antoine et de Lépide, il faudrait plus que de la témérité pour entrer en lice avec vous. Impassible spectateur des luttes dont il est l'objet, le peuple romain ne demande plus que du pain et les jeux du Cirque; vos richesses vous permettent amplement de le satisfaire. L'armée voit en vous l'héritier du divin Jules, celui qu'elle nomme son élève. Actium, en vous livrant l'empire, vous a assuré le dévouement de la flotte. Les patriciens étaient les seuls ennemis que vous eussiez à craindre; loin de porter envie à votre puissance, ils la soutiennent par les hommages publics qu'ils vous rendent. Aucun d'eux n'est assez fort pour vous renverser et pour prendre votre place; la guerre civile ne leur offrirait que ruine et dangers, sans aucune compensation; ils trouvent dans la soumission, honneurs, dignités, richesses, ils préfèrent donc les avantages du présent à un avenir gros de tempêtes. Loin de vous craindre, les provinces n'attendent que de vous leur salut. Fatiguées de ces continuels changements qui les livrent sans défense à l'avidité des proconsuls, elles demandent comme un bienfait que le souverain pouvoir soit remis aux mains d'un seul.

Je cherche en vain, seigneur, ce qui peut vous arrêter : serait-ce votre modestie, votre défiance de vous-même? Certes vous avez donné assez de preuves de votre habileté dans l'art difficile de conduire les hommes. Après tant de déchirements, s'il est un homme qui puisse se croire capable de ramener l'ordre et la tranquillité, cet homme, c'est vous, seigneur, et Rome entière vous désigne par ma bouche; votre patrie vous réclame, ce serait un crime de vous refuser à ses vœux.

Réflexions.

L'élève trouvera un modèle à suivre dans le discours de Mucien à Vespasien, dans le discours de Maxime à Auguste dans Corneille.

ÉPONINE A VESPASIEN.

SUJET.

Éponine demande à Vespasien la grâce de son mari Sabinus.

Conseils.

Tout le monde connaît la touchante histoire de Sabinus et le dévouement de sa vertueuse épouse. L'élève trouvera donc facilement dans ses souvenirs ce qu'il doit mettre dans la bouche d'Éponine. Avant d'entrer dans la recherche des arguments, disons quelques mots sur la composition générale du discours.

Comme femme, Éponine doit avoir un langage simple et touchant; mais, en même temps, comme femme d'un rang élevé, comme épouse d'un guerrier illustre, elle doit parler d'une manière noble et courageuse; enfin, s'adressant à un souverain, elle doit concilier avec le respect qu'elle se doit celui qu'elle doit à l'empereur.

Voilà donc trois exigences pour l'élève : le discours d'Éponine doit être touchant, digne, respectueux.

Voyons maintenant quels sont les sentiments qu'elle doit chercher à faire naître dans l'esprit de Vespasien, à quelles passions elle doit faire appel.

La pitié vient naturellement en première ligne, puis la justice, la clémence, et enfin la politique, principal mobile d'un homme d'État. La pitié est le sentiment que doit d'abord invoquer Éponine; car, dans un homme tel que Vespasien, elle le doit supposer plus faible que les autres. Demander à quelqu'un qu'il vous plaigne, c'est lui demander de s'oublier pour penser à vous. Lui demander d'être juste, clément et politique, c'est lui parler de son propre intérêt, dont il est toujours plus touché que du vôtre. Dans l'ordre de force, ces considérations doivent donc occuper le premier rang et, par conséquent, doivent être réservées pour la fin du discours.

Les éléments du discours une fois trouvés, examinons, l'un après l'autre, les développements que nous donnerons à chacun d'eux.

La pitié d'abord. — Sabinus est deux fois malheureux, il l'est par lui-même, il l'est par sa femme et par ses enfants. Vespasien ne peut le frapper sans frapper du même coup sa femme, qui refuserait de lui survivre, et ses enfants, que sa mort rendrait orphelins.

La justice. — Poursuivre aujourd'hui Sabinus, c'est une seconde fois le plonger dans la tombe, c'est méconnaître la bonté des dieux qui l'ont sauvé par une sorte de prodige, c'est lui demander compte d'une faute expiée par le plus affreux supplice que puisse endurer un père et un époux. L'erreur où est tombé Sabinus s'explique par son amour pour son pays, par les crimes des prédécesseurs de Vespasien. Sabinus a tenté en faveur des Gaules ce que Rome a exécuté sous le règne de Néron et de Vitellius.

La clémence. — Vespasien doit se montrer clément envers Sabinus. Si la clémence est belle par elle-même, elle l'est surtout à l'égard d'un homme élevé au-dessus des autres. Plus cette vertu demande de force d'âme, plus elle est faite pour Vespasien. Que d'autres se vengent; lui, il dédaigne une satisfaction vulgaire; il rougirait de faire de la terreur un moyen de gouvernement. Il sera maître de lui, comme il l'est de l'univers.

La politique. — Elle lui conseille d'épargner Sabinus. Les Gaulois lui sauront gré de laisser la vie à celui qui pour eux a exposé la sienne. De plus, le voyant tranquille, ils le croiront fermement établi sur le trône. Sa confiance témoignera de sa force.

Quant aux Romains, ce qu'ils ont admiré dans Auguste, ils l'admireront dans Vespasien.

DÉVELOPPEMENT.

Illustre empereur, souffrez qu'une femme, une mère, fasse entendre sa voix en faveur de son époux, de ses enfants. Épargnez Sabinus, détournez de lui votre colère; n'ajoutez pas un dernier coup au malheur qui depuis si longtemps pèse sur sa destinée. Sabinus n'a-t-il pas épuisé tous les traits de la fortune ennemie? Vaincu, dépouillé de son rang, de ses richesses, réduit longtemps à fuir le jour et la présence des hommes, à se réfugier dans les profondeurs des forêts; poursuivi dans ce dernier asile, obligé de descendre dans une caverne ténébreuse, d'y vivre mort pour tous, ayant toujours sous les yeux cette femme, ces enfants dont il s'accuse d'avoir causé la perte, Sabinus n'est-il pas, après tant d'infortunes, digne d'un peu de compassion? Ne ressentez-vous pas quelque pitié, seigneur, à la vue de cette malheureuse famille que la mort de Sabinus va frapper tout entière; car pour moi, mon sort est décidé; j'aime trop Sabinus pour lui survivre, et je n'ai pas oublié l'exemple de ces illustres Romaines qu'un trépas volontaire réunit à leurs époux. De leur côté, héritiers d'un nom fatal, nos enfants, orphelins, sans appui, sans protecteurs, ne tarderont pas à trouver la fin de leur misérable existence.

Seigneur, ne soyez pas plus cruel que les dieux qui, par une sorte prodige, ont sauvé Sabinus! Que cette dure expiation vous suffise; si mon époux a commis une faute, qu'elle soit effacée par cet horrible supplice, par cette vie mille fois plus affreuse que la mort, que pendant tant d'années il a menée dans les entrailles de la terre! Vous êtes époux et père, seigneur; c'est à votre tendresse que j'en appelle. Connaissez-vous quelque chose de plus affreux pour un époux que de condamner sa femme à s'ensevelir par une mort anticipée dans une sombre retraite, où jamais aucun mortel ne descendit, que jamais ne visita la douce lumière du jour; à mettre au monde deux enfants qui jamais n'ont vu le soleil; à vivre dans de continuelles alarmes, dans une inquiétude de tous les instants, à n'avoir pas seulement à craindre pour soi, mais encore pour ces innocentes créatures! Que de souffrances dans une pareille destinée!

Sabinus l'avait-il méritée? Il voyait sa patrie pillée, saccagée, ruinée par les brigands qui, sous le nom d'empereurs, ont avant vous depuis Claude occupé le trône de Rome. Plusieurs fois déjà, en diverses parties de l'empire, des soulèvements avaient éclaté, et, s'ils n'avaient pu nous donner un prince meilleur, du moins avaient-ils prouvé qu'une révolte pouvait réussir. Sabinus ne vous connaissait pas, seigneur; à la mort de Vitellius, il crut que le moment était venu de suivre l'exemple de Galba, de Vitellius lui-même. Le sort des armes lui a été contraire. Mais au moins a-t-il pu se consoler en songeant que sa défaite laissait l'empire entre les mains d'un prince digne d'exercer la suprême autorité.

La clémence à l'égard d'un pareil coupable doit vous être facile. Jamais plus belle occasion fut-elle donnée de faire briller cette vertu, l'ornement et la sûreté des trônes? Plus Sabinus est haut placé, plus on célébrera la grandeur d'âme de celui qui, pouvant se venger de lui, aima mieux lui accorder un généreux pardon. Il est pénible, sans doute, de renoncer à une vengeance qu'on a entre les mains; mais plus cet acte exige de force, plus il est digne de vous, dont tout l'univers se plaît à admirer le grand cœur. Laissez aux tyrans la cruelle satisfaction de frapper un ennemi abattu, de répandre, par la vue des supplices, l'effroi parmi les peuples. Ce n'est pas à vous qu'il appartient de faire de la terreur un instrument de gouvernement. Votre domination est assez forte pour se passer de ces moyens qui ont été à l'usage des tyrans dont Rome abhorre la mémoire.

Je sais bien, seigneur, que les princes ne sont pas toujours libres d'écouter la voix de leur cœur, et que la politique les force souvent à des rigueurs nécessaires; mais aujourd'hui il n'en est point ainsi, et l'intérêt de votre domination se trouve d'accord avec votre clémence. Voulez-vous, en effet, vous assurer à jamais le cœur des Gaulois, épargnez la vie de celui qui a exposé la sienne pour eux; ils seront reconnaissants du pardon d'une faute qui fut celle de leur nation bien plus que celle d'un seul homme. Sabinus, en prenant les armes, n'a fait que céder aux sollicitations de ses concitoyens; ils craignaient de trouver en vous la cupidité, la cruauté des princes qui vous ont précédé; ce n'est pas contre Vespasien qu'ils marchaient, c'était contre le successeur de Vitellius. Vous avez aujourd'hui, seigneur, un facile moyen de les désabuser. Avec vos vertus, ils apprendront à connaître votre force. La confiance dans les princes en est le meilleur signe; la faiblesse seule est soupçonneuse et inquiète, parce qu'elle a tout à craindre : les supplices ont été inventés par les tyrans.

Pour ce qui est des Romains, leur opinion vous est connue d'avance; quand Auguste pardonna à Cinna, la ville retentit d'un concert d'applaudissements. Pardonnez, seigneur, à Sabinus, et votre nom se joindra dans toutes les bouches à celui du prince qui, par un sublime trait de clémence, désarma pour jamais la main des assassins.

Réflexions.

Ce discours est celui d'une femme comme celui de la mère des Machabées ; mais l'une fait appel aux sentiments d'un fils, l'autre à la raison d'un juge peu susceptible d'attendrissement. Il faut qu'Éponine persuade à Vespasien qu'il est de son devoir et de son intérêt d'épargner Sabinus.

Nous conseillons à l'élève chargé de faire ce discours la lecture du deuxième acte de *l'Hécube* d'Euripide, du cinquième acte du *Cinna* de Corneille, du cinquième acte de l'*Adelaïde Duguesclin* de Voltaire, le discours de Melvil à Élisabeth dans *Marie Stuart*.

ALBOIN AUX LOMBARDS.

—

SUJET.

Alboin, roi des Lombards, exhorte ses sujets à faire une invasion en Italie.

Conseils.

Dans plusieurs discours déjà nous avons montré tout le parti qu'on pouvait tirer des connaissances historiques pour l'invention des preuves. Nous allons en donner un nouvel exemple, en nous servant pour traiter un sujet des seules ressources que nous fournira un des précis d'histoire que l'on met dans les colléges entre les mains des élèves. Le sujet est Alboin s'adressant aux guerriers lombards pour les exhorter à faire une invasion en Italie.

Nous ouvrons l'histoire générale du moyen âge de M. Ruelle, et nous y lisons à la page 256 du tome Ier :

« L'ambition d'Alboin n'était pas satisfaite, et le vainqueur des Gépides convoita bientôt les rives fertiles du Pô et du Tibre. Quinze ans auparavant, un corps de Lombards, alliés de Narsès, avait visité l'Italie. Les guerriers qui avaient pris part à cette expédition se souvenaient du beau ciel de cette contrée, de ses montagnes, de ses plaines et de ses fleuves. Le bruit de leurs succès, la vue du butin qu'ils avaient rapporté, donnaient à la génération présente un vif désir de tenter la même fortune. La valeur et l'éloquence d'Alboin échauffèrent encore les courages. »

Dans le peu de lignes que nous venons de citer se trouve renfermée toute la substance du discours. Nous n'avons pas besoin de chercher d'autres moyens oratoires; il ne nous reste qu'à disposer et à mettre en œuvre ceux que nous fournit l'histoire.

En conséquence :

Alboin rappellera aux Lombards leurs victoires sur les

Gépides; ce succès leur en promet d'autres. La Pannonie qu'ils ont conquise est un pays stérile; mais derrière ses montagnes, il y a l'Italie, l'Italie, mot magique qui résume tous les enchantements, toutes les illusions. Alboin ne décrit pas les merveilles de cette terre tant désirée; il en appelle à ceux qui l'ont vue, aux Lombards qui, il y a quinze ans, y ont fait la guerre sous Narsès. De leur courte expédition, ils ont rapporté d'immenses richesses. Qu'on les interroge sur la beauté de l'Italie et sur la facilité de la conquérir. Ce sont là les deux points sur lesquels on devra surtout s'étendre, et si le passage cité plus haut ne fournit pas beaucoup de développements, la lecture de quelques pages qui le précèdent suffira pour montrer l'état de délabrement de l'empire et l'impuissance de ses défenseurs. Les Gépides s'étaient emparés de la Pannonie et de la Norique; ils écrivirent à l'empereur de Constantinople : « Vos domaines sont si étendus, ô César, vos villes sont si nombreuses, que vous cherchez continuellement des peuples auxquels vous puissiez abandonner ces inutiles possessions. Les braves Gépides sont vos fidèles alliés, et en anticipant sur vos dons, ils ont montré une juste confiance en vos bontés. »

Justinien, pour se venger des Gépides, ne vit d'autre moyen que d'appeler contre eux les Lombards.

Nous avons indiqué les sources de développements, et en même temps l'ordre suivant lequel on devait les disposer. Il ne nous reste qu'à faire quelques observations sur le style. Alboin est un chef barbare qui parle à des barbares. Il faut donc éviter dans le discours qu'on lui prête la recherche, l'affectation, l'enflure, la pompe même et la magnificence des paroles. C'est un langage simple, net, énergique, allant droit au but, qu'il faut mettre dans sa bouche.

Nous croyons qu'il n'est pas inutile de faire précéder le discours d'une sorte de préambule qui indique le lieu de la scène et donne quelque animation au sujet. L'histoire nous fournit tous les traits de cette courte description de l'armée lombarde, et nous lisons dans l'ouvrage cité plus haut, page 255 :

« Plus farouches que les autres tribus germaniques, les Lombards ne faisaient jamais quartier aux ennemis vaincus. On disait qu'ils se rassasiaient de sang humain. Armés de longues piques, couverts de peaux de bêtes, ne laissant voir de leur visage, caché par leurs cheveux et leurs longues barbes, que des yeux étincelants et terribles, ils étaient devenus un objet d'effroi pour leurs voisins. »

DÉVELOPPEMENT.

Sur les confins de la Pannonie, dans une plaine immense est rassemblée l'armée des Lombards. Alboin, leur roi, se tient au milieu d'eux, sur un monticule qui fut autrefois un tombeau. Autour de lui sont les principaux chefs de la nation. Les guerriers couvrent toute la plaine. Armés de piques énormes, couverts de peaux de bêtes, ne laissant voir de leur visage caché par leurs cheveux et leurs longues barbes, que des yeux étincelants et terribles, ils font entendre un mugissement semblable à celui d'une mer en courroux. Leur roi les a réunis pour leur communiquer un important projet; ils attendent ses paroles avec impatience. Alboin se lève, au milieu d'un profond silence.

« Compagnons, dit-il, voici longtemps que nos lances se rouillent et que nos bras s'engourdissent dans le repos. Nous avons vaincu les Gépides, nous avons dispersé à jamais cette race ennemie. Le nom lombard est célèbre dans toute la terre; il n'est point de peuple qui ne craigne de nous voir tourner contre lui nos armes inoccupées.

Pourquoi nous arrêter ici et renoncer aux brillantes destinées qui nous attendent? Sont-ce donc les délices de la Pannonie qui amollissent notre ardeur? Le climat y est froid, le sol en est ingrat et stérile. Était-ce pour de telles conquêtes que nos pères avaient quitté la Germanie? Sera-ce là l'héritage que nous laisserons à nos enfants? Non; il est d'autres terre plus favorisées du ciel, c'est là que nous devon porter nos pas. Voyez ces montagnes immenses qu s'élèvent à l'horizon; derrière leurs cimes couverte de neige, elles nous cachent les campagnes fertile de la riche Italie.

Compagnons, parmi vous il en est qui ont fa du temps de Narsès l'expédition d'Italie : c'est eux que j'en appelle; ils vous diront si mes pa roles sont l'expression de la vérité. Au milieu d la dévastation générale de l'empire, l'Italie est resté intacte. Que ne puis-je vous représenter la magnifi cence de ses palais, de ses villes où sont accumulée les richesses du monde entier, sa fertilité incompa rable, l'azur de son beau ciel! Vous avez tous port envie à nos compagnons lorsqu'ils en ont ramen leurs chariots remplis de butin. Riches aujourd'hui ils jouissent en paix du fruit de leurs travaux. Qu nous empêche de les imiter? Il ne s'agit pas seu lement d'une proie qu'on peut nous enlever; l'Itali a des terres qui manquent de bras : allons y établi notre demeure, et laissons ces malheureuses con trées que le soleil ne peut échauffer. Les Romains n sont plus ces dominateurs du monde, qui jadis on porté leurs armes jusque dans nos climats glacés Ombres d'eux-mêmes, incapables de supporter l poids de leur fortune, ils sont une proie offerte a premier peuple qui voudra venger les dix siècle d'esclavage qu'ils ont imposé à l'univers vaincu.

L'empire romain est livré au pillage; chacun s hâte de lui enlever quelque province : il ne reste Rome que l'Italie pour sa défense. Réunissons no forces pour aller l'assiéger, appelons à nous tous ceu qui voudront tenter cette grande entreprise. Votre attaque sera irrésistible, et si votre courage seconde mes desseins, avant que la saison soit terminée, Rome soumise entendra nos chants de victoire. »

Réflexions.

Le caractère d'Alboin est celui de tous les conquérants barbares qu'un instinct mystérieux semblait pousser à la ruine de l'empire romain. Si l'on veut lui prêter un langage convenable, il faut étudier sérieusement l'histoire de la grande invasion des peuples du nord. Nous ne connaissons pas d'ouvrage qui peigne plus fidèlement cette mémorable époque que les *Études historiques* de M. de Chateaubriand.

La composition de ce discours peut être également facilitée par la lecture de celui d'Annibal à ses soldats qui vont entrer en Italie; de celui d'Agricola à son armée, qu'il conduit dans la Calédonie; de celui de Velléda aux Gaulois, qui ont à secouer le joug des Romains; de celui de Napoléon à l'armée d'Italie.

LE SIRE DE JOINVILLE A LOUIS IX.

—

SUJET.

Le sire de Joinville s'excuse auprès du saint roi de son refus de le suivre à la deuxième croisade.

Conseils.

La situation où se trouve le sire de Joinville est délicate; ses paroles ont de la gravité, car elles doivent représenter fidèlement l'état d'épuisement où se trouve la France au sortir des croisades, et le dégoût que commencent à inspirer ces lointaines expéditions. Le sire de Joinville était l'ami, le frère d'armes de Louis IX. Il se trouvait comme engagé, par la part qu'il avait prise à la première croisade, à le suivre dans la seconde. Pour ne point blesser le roi, il doit donc employer de grands ménagements, et son discours présente sous ce point de vue de grandes difficultés.

Dans le début, il témoignera beaucoup de compassion pour les maux qu'éprouvent les chrétiens de la Palestine. Il est fier de s'être exposé, à l'exemple de son roi, à tant de dangers dans la précédente croisade. Il prend justement occasion du peu de succès de cette entreprise pour détourner le prince de celle qu'il médite.

Il lui en montre les conséquences funestes, il lui fait entendre que ceux qui la lui conseillent ne consultent ni les intérêts de la religion ni ceux de la France.

A quoi, en effet, aboutiront ces guerres, si ce n'est à irriter de plus en plus les infidèles, et à aggraver les souffrances des chrétiens qui leur sont soumis. N'y a-t-il pas de moyen moins dangereux pour adoucir leur sort?

Ce point touché, vient la question véritablement importante aux yeux de Joinville et de ceux dont il est en ce moment l'organe. Que deviendra la France abandonnée de son oi, de tant de princes, de ses meilleures troupes, déjà affaiblie par la première croisade, ruinée par la seconde?

Ici, le sire de Joinville pourra dépeindre l'état déplorable où se voient réduits les vassaux par la première croisade : il craint de les exposer aux mêmes dangers.

La conclusion se présente d'elle-même : le sire de Joinville exhorte le prince à se conserver pour le bien de son peuple et à corriger ses lois. Ce sont là les soins et les travaux que Dieu continuera de bénir.

Il reste à lier les idées que nous venons de parcourir. Pour accompagner Louis IX, le sire de Joinville a pris part à la première croisade.

Le peu de succès de cette expédition et de celles du même genre lui a prouvé qu'elles étaient plutôt nuisibles qu'utiles à la religion.

Leur résultat relativement à la France a été déplorable.

Le sire de Joinville ne veut pas exposer ses vassaux à de nouveaux désastres.

Il fait adroitement sentir à Louis IX que sa place est plutôt en France qu'en Palestine, et qu'il méritera mieux du ciel en rendant son peuple heureux qu'en faisant, pour délivrer les chrétiens, des tentatives qui n'aboutiront qu'à leur causer de nouveaux malheurs.

Il est inutile d'indiquer le genre de style qu'il faut employer dans ce discours. Le caractère du sire de Joinville est assez connu. Disons sommairement que son langage doit être simple, religieux, respectueux pour le roi, mais qu'il doit laisser percer des intentions bien arrêtées, des convictions inébranlables.

DÉVELOPPEMENT.

Sire,

Il y a longtemps que ma compassion est acquise aux chrétiens de la Palestine; j'ai vu leurs maux, j'ai admiré leur patience, j'ai combattu pour les tirer de la honteuse servitude dans laquelle ils gémissent. Bien des chevaliers ont pris part comme moi à la dernière expédition contre les infidèles ; tous en sont revenus avec les mêmes sentiments. Nous sommes fiers de nos fatigues et de nos dangers : nous n'avons qu'un regret, c'est de n'avoir pas réussi dans cette pieuse entreprise. Il ne faut point se le dissimuler, tous les efforts que l'on fera désormais seront inutiles, on ne parviendra pas à chasser les Sarrasins de la Palestine, et en y retournant on ne fera que rendre le sort de nos frères encore plus insupportable. Il n'en est pas de ces expéditions lointaines comme de celles qui se font dans un pays voisin : sol, climat, ignorance des lieux, difficulté des vivres, on a tout contre soi, et le moindre revers se transforme aisément en un désastre irréparable. Notre manière de faire la guerre ne convient pas pour la Palestine ; les Sarrasins y ont sur nous trop d'avantages. Vainqueurs, nous perdons par l'impossibilité de la poursuite tout le fruit de la victoire ; vaincus, il ne nous reste aucune chance de salut. Supposons néanmoins que nous délivrions le saint lieu et que nous en chassions les infidèles, qu'arrivera-t-il alors ? Nous ne pouvons rester éternellement en Palestine ; en partant, nous laissons les chrétiens à la merci de leurs persécuteurs. La honte et la vengeance animent ces derniers, les supplices recommencent ; nos frères tendent en vain vers nous des mains suppliantes ; nos vaisseaux nous ont reportés en Europe, et il faudra un long temps encore avant qu'on puisse songer à une nouvelle expédition.

Ecoutons donc les leçons du passé, nous les avons payées assez cher. Après tant de revers, comprenons enfin qu'il faut recourir à d'autres moyens de servir la cause de nos frères.

D'ailleurs, si les chrétiens de la Palestine ont droit

notre pitié, ne devons-nous pas aussi songer un peu la France? Que va-t-elle devenir, veuve de son roi, bandonnée de tant de princes et de la fleur de la hevalerie? N'a-t-elle pas assez souffert des suites de otre première croisade? Ses blessures saignent enore. Est-ce maintenant que l'on peut l'exposer à de ouvelles chances de désordre? Je vais parler ici de ce ui me concerne, mais je suis assuré que partout il en oit être de même. Mes vassaux, pour me suivre en rre sainte, ont épuisé toutes leurs ressources; ils ont endu châteaux, terres, bois, fiefs, tout ce qu'ils posedaient. Bon nombre sont restés sur le champ de baille; mais ceux qui en sont revenus, les voici nus, dépouillés de tout, n'ayant pierre pour reposer leur tête, ors d'état, par conséquent, de supporter de noueaux frais pour la guerre. Ils auront bien assez à faire ils veulent réparer les maux de l'absence et reprene le rang qui convient à leur noblesse. Pour cela enore, il faut la paix, et la paix maintenue pendant usieurs années; aux grands maux le temps seul peut orter remède. Sous un gouvernement tranquille et acifique, les terres seront rendues à la culture, les lles se repeupleront, on rétablira les fortunes comromises, et la France, ramenée aux jours de son ncienne prospérité, bénira la piété éclairée du souerain qui l'aura sauvée.

C'est pour cela, Sire, que je voudrais vous voir ester au milieu de vos peuples; ils n'espèrent qu'en ous, car ils savent que de vous dépend leur salut. ue de choses à faire dans ce malheureux royaume! es finances ruinées, les campagnes livrées au briandage, les habitants moissonnés par les maladies; artout le désordre d'une longue absence; réparer tant de maux, voilà certes un grand travail, mais un travail que Dieu bénira. Il n'aime pas moins les chrétiens d'Europe que ceux de la Palestine, et vous acquerrez assez de mérite à ses yeux en faisant le bonheur de la France.

Réflexions.

Il n'est personne qui, en lisant l'histoire des Croisades, n'ait pas déploré les maux sans nombre qu'entraînèrent ces imprudentes expéditions. Les paroles que l'on met dans la bouche du sire de Joinville sont l'expression de ce sentiment. Seulement, son amitié pour saint Louis, le respect qu'il doit à son souverain, doivent adoucir les reproches qu'il se croit en droit de lui adresser.

On peut consulter, pour traiter ce sujet, l'*Histoire de France* de M. Michelet, règne de Louis IX; et la *Vie de Pyrrhus* dans Plutarque.

PHILIPPE DE MAIZIÈRES AU PARLEMENT.

—

SUJET.

Philippe de Maizières, conseiller du roi de France Charles V, demande, au nom de ce prince, que le Parlement abroge la loi qui interdit aux condamnés à mort l'usage des sacrements.

Conseils.

Pour faire un tel discours, il n'est pas besoin d'une étude spéciale des faits contemporains : on y défend un principe, et les principes sont de tous les temps. Cependant l'élève devra y mettre les idées du siècle et du règne auquel il se rapporte.

Examinons d'abord les indications générales que l'histoire peut nous fournir.

« Tout usage, dit Villaret, qui flattait la piété de Charles V était agréé. Son conseiller Philippe de Maizières ayant sollicité l'abolition de la coutume qui interdisait aux criminels condamnés à mort l'usage du sacrement de pénitence, le roi en fit faire la proposition au parlement, qui l'adopta sous le règne suivant, grâce aux instances de Pierre de Craon. »

Nous savons que Philippe de Maizières composa un livre intitulé *le Songe du Vergier,* pour montrer en quoi consiste la séparation du pouvoir temporel et du pouvoir spirituel : on pourra tirer parti de cette circonstance, et mettre dans la bouche de l'orateur les idées qui se trouvent exprimées dans cet écrit.

L'assemblée devant laquelle parle Philippe de Maizières est une assemblée de jurisconsultes, hommes graves, pleins de piété et de savoir : il est essentiel de leur présenter des arguments tirés de la piété et de la religion.

Le sujet, celui qui parle, ceux à qui l'on s'adresse, tout exige donc que le discours porte un caractère essentiellement religieux. L'Évangile, la vie de Jésus-Christ, l'incertitude de la justice humaine, les limites auxquelles elle doit s'arrêter, les erreurs qu'elle a à craindre, telles seront les sources où nous puiserons nos développements.

L'orateur devra d'abord examiner si les hommes ont le droit qu'ils s'arrogent de priver un autre homme, chrétien comme eux, de l'usage des sacrements. Ce droit n'est-il pas purement spirituel? La loi civile peut-elle entrer dans le domaine de la loi ecclésiastique?

C'est aux apôtres seuls, dira-t-on, que Jésus-Christ a donné le droit de lier et de délier les consciences; il veut que l'on rende à César ce qui est à César, mais aussi que l'on laisse à Dieu ce qui est à Dieu.

Des maximes de l'Évangile il faudra passer aux exemples de douceur que nous a laissés son auteur. A-t-il éloigné de lui les pécheurs? Leur a-t-il ôté l'espoir du pardon? N'a-t-il pas, au contraire, provoqué leurs aveux, leur repentir, leurs larmes? « Je suis venu, dit-il, pour sauver ceux qui allaient périr; venez à moi, vous qui êtes accablés. » N'est-il pas avant tout le père des miséricordes, le Dieu qui a laissé venir à lui la Samaritaine, qui a consolé la pécheresse Marie, qui a pardonné à la femme adultère, qui a prié pour ses bourreaux du haut de la croix, et promis le royaume du ciel au bon larron?

Ne peut-il pas se faire d'ailleurs que la justice humaine ait erré, et doit-elle, ôtant déjà la vie du corps, s'exposer à ôter la vie de l'âme, que la grâce attachée au divin sacrement de la pénitence pouvait sauver.

Pécheurs nous-mêmes, plus coupables peut-être que les condamnés envoyés par nous à la mort, ouvrons-leur donc le chemin du salut, écoutons cette voix qui nous crie: « Laissez venir à moi ceux qui souffrent. » Qu'il n'y ait personne au dernier jour qui dise à son souverain juge: « Voilà celui qui m'a repoussé de la piscine, loin des eaux salutaires de la pénitence; voilà celui qui m'a perdu. »

Un ancien disait: « Les hommes ne ressemblent jamais plus aux dieux que quand ils sauvent d'autres hommes; » or, s'il est beau de protéger une vie terrestre, combien ne doit- il pas être encore plus beau d'assurer la vie éternelle? Voilà la gloire que le roi ambitionne, et à laquelle il désire associer son Parlement.

Classement des preuves.

Les arguments indiqués ci-dessus ne sont point assez nombreux pour qu'il soit embarrassant de les classer; ils sont d'une telle nature qu'on voit d'abord dans quel ordre ils doivent se succéder pour avoir toute leur puissance et pour se lier entre eux convenablement.

Celui qui s'appuie sur le droit doit être traité le premier, parce que, mieux que tout autre, il peut servir de base au reste du discours, et parce qu'aussi des magistrats doivent, avant tout, se préoccuper de ce qui est juste; nous pourrions ajouter que, cette question étant uniquement du domaine de l'intelligence, si on l'examine au milieu ou à la fin du discours, on s'exposera à rester froid là où il importerait surtout d'être animé et pathétique.

De l'idée du droit tel que l'entendent les hommes il est naturel de passer à l'idée du droit expliqué par l'Évangile.

Après avoir cité les maximes évangéliques, on sera conduit à citer tels faits de la vie de Jésus-Christ qui les confirment.

Enfin, l'orateur en viendra à dire que ce qui est du devoir est aussi de l'intérêt de ceux qui l'écoutent, et du roi qui l'a chargé d'être auprès d'eux son interprète; les hommes sentent surtout ce qui touche leur intérêt personnel.

L'élève comprendra sans peine quel doit être le style d'un semblable discours. La parole d'un homme d'État est naturellement grave, sévère, dépouillée d'ornements : elle n'emprunte son éclat et sa force qu'à la grandeur de la cause qu'elle défend et à la valeur des arguments qu'elle propose.

DÉVELOPPEMENT.

Messieurs,

Le roi, dont les regards se portent sur toutes les parties du gouvernement, donne des soins tout particuliers à l'administration de la justice : la justice est la dette des souverains envers leurs peuples; l'obéissance et la fidélité sont à ce prix. Charles V connaît toute l'étendue de ce devoir; aussi sa sollicitude inquiète est-elle sans cesse occupée à corriger ce qu'il y a de défectueux dans nos institutions. Dernièrement ses scrupules se sont encore éveillés sur une de ces nombreuses lois qu'ont enfantées, pendant le dernier règne, le désordre et la corruption de la société : je veux parler de celle qui interdit aux criminels condamnés à mort la faculté de s'approcher des sacrements. Le roi, messieurs, m'a chargé de vous communiquer ses doutes à cet égard, et j'ose espérer que vous n'aurez pas de peine à les partager.

Cette loi a été faite dans l'intérêt de la religion; en des jours de licence, on a cru devoir recourir à cette mesure extrême pour éviter le scandale; mais, on ne s'était pas dissimulé les dangers d'une pareille dérogation à la discipline de la primitive Église; une nécessité plus forte commandait, et il fallait obéir. Aujourd'hui, cette nécessité n'existe plus, mais les mêmes dangers sont restés. Pourquoi donc maintenir une loi cruelle, injuste, et qui est une manifeste usurpation du pouvoir temporel sur le pouvoir spirituel ?

Jésus-Christ, messieurs, a fait lui-même cette distinction : « Rendons, dit-il, à César, ce qui est à César; mais laissons à Dieu ce qui est à Dieu. » Que la justice humaine agisse donc à son gré sur ce que Dieu lui abandonne; qu'elle enchaîne, qu'elle détruise le corps, qu'elle mette fin par le glaive à cette vie mortelle, c'est son droit; mais qu'elle interdise aux criminels l'approche des sacrements, qu'elle les prive, par conséquent, des grâces qui y sont attachées et qu'elle les condamne ainsi à l'éternité des peines, c'est s'arroger un droit qui n'appartient qu'à Dieu!

Dieu seul peut dire à l'homme : « Ton châtiment ira au delà de cette vie que tu passes sur la terre ; » et si quelqu'un partage avec lui ce pouvoir, c'est celui qui a reçu du Tout-Puissant la mission de lier et de délier. N'est-ce donc point faire à Dieu une cruelle injure, que de perpétuer sans nécessité une loi si contraire aux préceptes de charité et de clémence que lui-même nous a prêchés dans l'Évangile? Lisez, parcourez la vie de notre divin maître : partout il se donne pour le père des miséricordes, pour le refuge des pécheurs, pour le bon pasteur qui va à la recherche de la brebis égarée, pour le père de famille qui pardonne à l'enfant prodigue; il écoute le païen Naaman comme le publicain Zachée, la pécheresse de Samarie comme la femme adultère, condamnée, elle aussi, à la peine de mort. Au pharisien qui s'applaudit de ses jeûnes et de ses aumônes, au pied de l'autel, Jésus préfère le publicain qui se reconnaît indigne d'en approcher ; il refuse à ses disciples de faire tomber le feu du ciel sur des villes coupables : tant il veille au salut de ces âmes qu'il est venu racheter de son sang! tant il a d'amour pour les hommes! car il n'entend refuser à aucun d'eux des moyens de salut. Du haut de la croix, il prie pour ses bourreaux ; il promet le royaume du ciel au larron qui expie à côté de lui les crimes d'une vie coupable; c'est à nous de profiter d'un tel enseignement. Nous retranchons de la société les grands criminels; nous en avons le droit : mais où prenons-nous celui de les retrancher de la société chrétienne, du nombre des élus? Nous croyons devoir être sans pitié à leur égard : mais est-ce une raison de penser qu'ils ne trouveront pas de miséricorde auprès de Dieu?

Juges de la terre, sommes-nous donc ceux du ciel, et qui nous a permis de mesurer à la justice humaine l'éternelle justice du Tout-Puissant? N'est-ce point assez déjà que la nôtre soit par sa nature exposée à des erreurs irréparables? Sommes-nous infaillibles, messieurs? Que de fois ne nous est-il pas arrivé de prononcer des sentences dictées d'après les témoignages de la haine, d'après les aveux de la torture, souvent même, hélas! d'après des apparences mensongères! S'il en est ainsi, qui ne tremblerait à la seule idée d'enlever à l'innocent, à qui l'on enlève déjà l'honneur et la vie, le droit de se réfugier aux pieds de celui qui juge les jugements des hommes!

Quel intérêt n'avons-nous donc pas à nous affranchir d'une si terrible responsabilité, et à corriger autant qu'il est en nous l'incertitude de nos lumières! Si ces réflexions, messieurs, ont fait quelque impression sur vos âmes, abrogez cette loi injuste. Que des hommes cessent d'enlever à d'autres hommes le moyen de salut éternel qu'ils tiennent de la bonté d'un dieu mourant sur la croix; que, désormais, la voix du prêtre puisse arriver à des cœurs qu'elle ouvrira au repentir : par là, messieurs, vous obtenez d'heureuses conversions, vous guérissez des âmes que le crime a blessées, et en les portant au repentir, vous vous sauvez vous-mêmes. N'en doutez pas, Dieu vous tiendra compte du salut des âmes auxquelles vous aurez donné la pensée et le temps de se reconcilier avec lui; il écoutera leur voix quand, le priant pour vous devant les portes de l'éternité, elles lui diront : « Voilà ceux qui nous ont sauvées. » Suivant une parole mémorable d'un ancien auteur, l'homme ne ressemble jamais plus à Dieu que lorsqu'il sauve la vie à un autre homme. Eh bien, s'il y a tant de mérite à conserver des jours périssables, des jours qui déclinent comme l'ombre, quelles louanges ne doit-on pas à ceux qui sauvent l'âme d'une mort éternelle, et qui travaillent, pour ainsi dire, avec Jésus-Christ lui-même à l'œuvre de la rédemption! C'est là, messieurs, la gloire que notre roi ambitionne, et à laquelle il désire vous associer.

Réflexions.

Le caractère religieux que nous avons donné à ce discours s'explique par la nature du sujet même qui y est traité, par son étendue, par l'importance du but que se propose l'orateur qui le prononce, par l'éloge du roi qu'il renferme, enfin par la position politique de Philippe de Maizières.

LES SUISSES A CHARLES LE TÉMÉRAIRE.

SUJET.

Les Suisses dissuadent Charles le Téméraire de leur faire la guerre.

Conseils.

Ce discours, par la situation des personnages, présente une grande analogie avec celui des Scythes à Darius. C'est celui d'un peuple pacifique, mais fort de sa pauvreté; n'aimant pas la guerre, mais ne la craignant pas. Il s'adresse à un conquérant qui, fatigué de ne plus trouver d'ennemis, vient se heurter, avec ses innombrables armées, contre un peuple qu'il croit pouvoir soumettre sans peine.

Les Suisses n'étaient pas de beaux discoureurs; la harangue de leur envoyé doit être courte et simple.

On prétend, dira-t-il à Charles, que c'est nous que menace ce formidable armement; nous n'avons rien cependant qui puisse tenter ta cupidité ou ton ambition; nous n'avons que des troupeaux à t'offrir : est-ce là ce que tu viens chercher? Nous préférons la paix; mais puisque tu veux la guerre, tu l'auras terrible. L'orateur pourra rappeler incidemment l'issue de la lutte qu'ont soutenue les Suisses contre la maison d'Autriche; il y aura là comme une vague annonce des journées de Granson et de Morat.

L'arrangement du discours est peu compliqué : les idées se suivent naturellement et s'enchaînent d'elles-mêmes; on doit avant tout éviter les phrases inutiles, et ne jamais perdre de vue le caractère de celui qui parle.

DÉVELOPPEMENT.

Prince, un bruit est venu nous surprendre au

milieu de ces montagnes où nous vivons tranquilles et ignorés. On dit que tu veux nous faire la guerre, et que tous ces grands préparatifs qui émeuvent l'Europe et la tiennent dans la crainte sont faits contre nous. Cette nouvelle nous a étonnés; nous avons dû y croire cependant. Depuis que je suis entré sur ton territoire, partout j'ai rencontré l'appareil des armes; les routes sont couvertes de cavaliers et de fantassins qui viennent ici rejoindre ton armée. Il est donc vrai : tu as résolu de porter le ravage dans nos paisibles demeures; nous cherchons en vain les motifs qui t'animent contre nous, nous, si pauvres et si inoffensifs. Quelle injure as-tu à venger? Avons-nous jamais violé à ton égard les lois qui unissent les nations? Avons-nous rien, d'ailleurs, qui puisse tenter ton avarice? Non, tu ne peux espérer t'enrichir de nos dépouilles.

Ces chaumières que nous ont laissées nos pères, quelques troupeaux, des pâturages sur la cime des monts, ce serait un triste butin pour toi et pour ces hommes qui marchent à ta suite dans l'espoir du pillage. Mais pour nous, ce sont des biens inestimables, que nous défendrons jusqu'à la mort. Tu n'auras la Suisse qu'après la mort du dernier de ses habitants tombé sous le fer. Des périls, une résistance désespérée, voilà ce qui t'attend. Nous ne craignons pas la guerre.

Que si, à notre insu, nous t'avons fait quelque injure, si tu te crois offensé, dis-le : expose tes griefs, nous sommes prêts à tout réparer : le mal exige satisfaction. Ce que nous voudrions pour nous-mêmes, nous ne pouvons le refuser aux autres. Nous aimons trop la justice pour préférer notre bien à celui de nos semblables; c'est elle en ce moment qui me fait ainsi parler. Je t'offre la paix, parce que j'ai le sentiment de notre force; si tu crois que ce soit par lâcheté, fais-nous la guerre : tu l'auras terrible, désastreuse, telle qu'un peuple libre la fait aux conquérants. Nous avons encore les armes qui délivrèrent notre pays de la servitude; nous montrerons à Charles de Bourgogne que nous sommes dignes des combattants de Sempach et de Nœfels.

Réflexions.

Ce sujet pouvant être envisagé sous plusieurs points de vue, nous allons lui donner un autre caractère.

UN ENVOYÉ DES SUISSES AU DUC DE BOURGOGNE

AVANT LA BATAILLE DE GRANSON.

SUJET.

Pierre de Hagenbach, gouverneur du comté de Ferrete, de Brisgaw et de la portion de l'Alsace qui faisait alors partie du duché de Bourgogne, s'était rendu coupable à l'égard des Suisses de graves injustices; et, à leurs plaintes, il avait répondu par des actes d'une cruauté inouïe. « Nous écorcherons l'ours de Berne, disait-il facétieusement, et nous nous ferons un manchon avec sa peau. Il changera de ton, répondirent les Suisses, instruits de ces bravades, quand il entendra mugir le *taureau* d'Ury et la *vache* d'Underwalden. » C'était le nom qu'ils avaient donné à d'énormes trompes qui leur servaient à donner le signal des batailles; ils tinrent parole, et après avoir attaqué, vaincu et pris de Hagenbach, ils le firent condamner juridiquement à mort et exécuter.

Charles, à cette nouvelle, conçut le projet d'envahir la Suisse; mais en même temps qu'il voulait se venger, il voulait aussi, par cette conquête, s'autoriser à prendre le titre de roi, et se donner des droits à la couronne impériale elle-même; son ambition ne connaissait ni bornes ni obstacles.

On lui fit dans son armée et dans son conseil de loyales représentations sur l'injustice et sur les périls de son entreprise; il s'en irrita au lieu d'y avoir égard, et, à la tête de son armée, il marcha sur Yverdun, première ville de la Suisse, sur la frontière de Bourgogne. C'est alors que les Suisses firent auprès de lui un dernier effort pour l'apaiser, et lui envoyèrent une ambassade dont le chef s'exprima en ces termes....

Conseils.

1. *Recherche des preuves.* Si, pour le présent, nous consultons les faits qui viennent d'être exposés, nous reconnaissons d'abord que les Suisses n'ont point été les agresseurs, et qu'ils n'ont fait qu'user de représailles ; si, ensuite, nous consultons l'histoire, nous reconnaissons qu'à toutes les époques, ces mêmes Suisses ont respecté les frontières de leurs voisins.

De là leur droit de dire au duc de Bourgogne : Vous nous faites une guerre *injuste*.

Si nous pensons aux montagnes qui les protégent, si nous considérons qu'ils ont pour alliés naturels l'Empereur, alarmé pour sa couronne, Louis XI jaloux de son cousin, les Alsaciens dont la cause est la leur, nous leur reconnaîtrons le droit de dire aussi à leur ennemi : La guerre que vous nous déclarez doit vous être *funeste*.

Fussiez-vous vainqueur, peuvent-ils ajouter, vous ne retirerez de votre conquête ni *gloire* ni *profit;* votre victoire vous sera *inutile.*

Car il n'y a pas dans toute la Suisse autant d'or qu'il y en a aux éperons de vos chevaliers.

Qui vous dit même que vos succès ne vous créeront pas des *périls* de la part de vos sujets, à qui vous inspirerez moins d'affection, à mesure que vous leur inspirerez plus de crainte?

Au vain plaisir de nous humilier préférez les avantages de notre amitié.

2. *Classement des preuves.* La connaissance que nous avons du caractère de Charles rend ce classement facile. Un homme comme lui ne peut être touché vivement de l'idée du péril personnel qu'il coûte ni du malheur auquel il expose ses sujets; il faudra donc n'aborder ces deux questions que dans le corps même du discours et en peu de mots. Son amour de la gloire le rendant jusqu'à un certain point ami de la justice, nous proposons à l'orateur de tirer de là l'exorde de son discours, et de le terminer pas l'énumération des chances de ruine auxquelles le duc de Bourgogne expose sa puissance, son duché et ses espérances, parce que c'est là surtout ce qui peut le toucher.

3. *Précautions oratoires.* Au souvenir du discours d'un Scythe à Alexandre, un jeune homme est naturellement tenté de s'en faire un sujet d'imitation et d'y prendre, sinon des pensées et des expressions, au moins certaines formes de langage, par exemple, le ton rude de la franchise, ses comparaisons, ses sentences, sa familiarité. C'est là néanmoins ce qui serait une faute, si l'on ne tenait pas compte de la différence des temps et des hommes; si l'on oubliait que Charles n'est point un Alexandre, et que le Suisse qui lui parle se présente à lui en suppliant, et avec la douce pensée de détourner loin de son pays le fléau de la guerre.

DÉVELOPPEMENT.

Prince, ce sont des prières et non des menaces que je suis chargé de vous faire entendre! c'est la paix que je viens vous demander! c'est une satis-action que je viens vous offrir, si nous sommes coupables envers vous. Mais les Suisses ne croient pas vous avoir offensé ; c'est à regret, c'est malgré eux, c'est vaincus par la nécessité, qu'après avoir souffert tout ce qu'il est donné à des hommes et à un peuple de souffrir, ils ont enfin puni celui qui abusait de votre autorité, et devancé les coups de votre justice. Nos succès ne nous ont point portés à aller au delà ; nous nous sommes arrêtés à la vue de vos frontières. Par notre conduite en cette circonstance, et par celle que dans tous les temps ont tenue nos ancêtres, vous voyez quel peuple nous sommes. Satisfaits de notre humble fortune au milieu de nos montagnes, nous fermons nos cœurs à l'ambition des conquêtes, et nous ne songeons point à enlever aux autres nations une indépendance dont nous sentons le prix pour nous-mêmes. Prince, la gloire et la justice vous sont trop chères pour que vous les sacrifiiez au plaisir de nous opprimer. Engagé sur les pas des grands capitaines et des grands rois, c'est surtout par leur générosité que vous voudrez leur ressembler. Il vous sera glorieux et doux d'exciter notre reconnaissance, tandis que notre défaite même vous serait un faible triomphe. Nos succès deviendraient un retard, un obstacle peut-être à vos autres desseins : car, n'en doutez point, le sentiment de notre bon droit, le souvenir des victoires de nos ancètres contre des maîtres injustes, notre désespoir enfin nous donnera la force de vous résister. Nos vallées abriteront notre faiblesse, nos montagnes nous deviendront des citadelles ; à vos cavaliers nous opposerons nos lacs, nos rivières, nos rochers. Au bruit de nos périls arriveront en foule

et arrivent déjà nos frères de l'Alsace, de Strasbour
de Saint-Gall, de Zurich, les vieilles ligues alle
mandes ; l'Empereur assemble son armée ; Louis X
est à Lyon avec la sienne, tous deux décidés peu
être à vous attaquer, quand la guerre, quelle qu'e
soit l'issue pour vous, vous aura affaibli.

Prince, ne rougissez point de vous arrêter à m
voix : ce sera céder à la voix de vos plus fidèle
conseillers, à la voix de vos peuples qui vous de
mandent quelque repos et quelque adoucissemen
à leurs sacrifices ; ce sera tromper les espérance
de vos ennemis ; ce sera vous ménager de précieuse
ressources pour l'accomplissement de vos desseins

A l'espérance de hâter notre ruine, préférez le
avantages de notre amitié.

Réflexions.

L'élève appréciera la différence de ton qui règne dans ce
deux discours. Dans le premier, nous avons représenté u
peuple fier, indépendant, au langage franc et d'une brusque
rie toute républicaine. Dans le second, nous prêtons à c
peuple un langage un peu moins rude : nous lui supposon
moins d'arrogance, mais en même temps plus de confianc
dans ses forces, et par là même plus de modération.

PHILIPPE DE COMMINES
A CHARLES LE TÉMÉRAIRE.

—

SUJET.

Philippe de Commines cherche à détourner le duc Charles du projet qu'il avait formé de s'emparer de la personne du roi Louis XI.

Conseils.

Avant de commencer ce discours, il est utile de lire l'extrait suivant de l'*Histoire des ducs de Bourgogne.*

« Le conseil fut long et troublé. Il dura tout le jour et une partie de la nuit. Les opinions étaient fort diverses, et le duc agité et incertain.

« D'abord les ennemis du roi y prévalurent. Le maréchal de Bourgogne et ceux qu'il avait amenés avec lui commencèrent à être mieux écoutés du duc; c'était ce que le roi redoutait le plus. Il avait fait offrir de signer la paix telle que deux jours auparavant elle lui avait été proposée, sans faire nulle réserve ni difficulté. Il s'engageait à se séparer des Liégeois, et à revenir se joindre au duc pour leur faire la guerre. Il présentait en otages de son retour le duc de Bourbon, le cardinal de Bourbon, le connétable et d'autres grands seigneurs. Mais de telles conditions n'étaient pas même écoutées. Il était question de retenir tout franchement le roi en prison, d'envoyer querir aussitôt Monsieur, Charles son frère, et de régler alors tout le gouvernement du royaume. Cet avis passa. Le messager eut ordre de s'apprêter pour partir sur-le-champ. Les houseaux étaient déjà mis, son cheval dans la cour; il n'attendait plus que les lettres que le duc écrivait en Bretagne, quand tout à coup ce prince recula devant une si grande résolution. Ceux qui la conseillaient en avaient bien vu toute la conséquence. Après un tel affront et une telle contrainte, le roi ne pouvait rester libre. C'en était donc fait de sa vie ou de sa couronne.

« C'est à quoi Pierre de Goux, chancelier de Bourgogne, et les conseillers plus sages ou plus favorables au roi, firent réfléchir le duc. Le conseil fut repris. La plupart de ceux qui y siégeaient inclinèrent à un avis plus doux. Ils rappelèrent que le roi était venu à Péronne sur un sauf-conduit, et que ce serait un éternel déshonneur à la maison de Bourgogne de manquer de foi à son souverain seigneur. Ils firent voir tout l'avantage des conditions qui allaient être accordées, et qui termineraient en faveur de la Bourgogne de grandes et difficiles affaires. Le duc leur prêta l'oreille ; il s'était un peu calmé. D'ailleurs, les nouvelles de Liége étaient moins terribles que ne les avaient faites les premiers bruits populaires. L'évêque avait été conduit avec une sorte d'égards dans son palais. Le sire d'Himbercourt et les Bourguignons avaient été mis en liberté ; on les avait chargés d'apaiser monseigneur de Bourgogne, et de lui assurer que ce n'était pas à lui qu'on prétendait faire la guerre. Les chanoines et les serviteurs de l'évêque, malgré la haine aveugle que leur portaient les gens de Liége, avaient échappé au massacre. Jean de Welde, que ce peuple avait pris pour chef, avait réussi à le modérer un peu et à lui faire écouter la raison. »

Cet assez long fragment de M. de Barante suffit pour mettre l'élève au courant des événements qui se passaient au moment où l'on suppose que Philippe de Commines prononce son discours. Il trouvera là en outre toute la matière des preuves qu'il y doit faire entrer ; son travail consistera à les extraire, à leur donner l'extension nécessaire, puis à les coordonner et à les arranger.

Voici les diverses considérations que Philippe de Commines doit faire valoir :

La situation de Louis est déplorable, dira-t-il, la vôtre est magnifique.... Il faut prendre garde cependant d'en abuser : il n'y a point de sûreté dans le crime.... Un meurtre serait dangereux ; tout est gloire et profit dans la clémence.... Il est d'ailleurs un sentiment qui vous doit arrêter. Il y a quelques heures à peine, vous assuriez votre alliance par les serments les plus solennels, et voici déjà que vous armez contre

Louis ces mains qui ont pressé les siennes.... Vous sortez du banquet d'hospitalité, et vous le souillez par le sang de votre hôte.... Ce n'est point là ce qu'on attend du duc de Bourgogne : il doit moins consulter son droit que son honneur.... Plus son rang est élevé, moins il doit s'abandonner à sa colère.... Voici ce que vous devez faire : mettre Louis en liberté, lorsqu'il vous aura rendu les villes qui vous appartiennent, et lorsqu'il se sera joint à vous pour la guerre que vous allez faire aux Liégeois.... Par là vous augmenterez vos forces, en même temps que vous détruirez son influence morale auprès de ses alliés.... Si l'avis contraire triomphe, qu'en adviendra-t-il? Louis mort, vous aurez à sa place un autre roi qui, vous attaquant dans des conditions plus favorables, tirera de vous une plus sûre vengeance.

On peut voir que les arguments ici présentés se divisent naturellement en quatre catégories, et que Philippe parle successivement à Charles du soin de sa sûreté, de son devoir d'honnête homme, de son intérêt de prince, de son amour pour la gloire.

L'idée de son péril personnel ne peut préoccuper un homme aussi brave que Charles; le devoir n'est pas non plus ce qui le doit toucher beaucoup; aussi, dans la gradation de nos preuves, mettrons-nous celles-ci avant les autres. D'un autre côté, si le duc était trop ambitieux pour être insensible à la pensée d'accroître sa puissance, on ne peut nier qu'au-dessus de ses intérêts politiques il ne plaçât le soin de sa renommée. Les raisons tirées de son amour pour la gloire devront donc venir les dernières comme étant les plus importantes à ses yeux.

Ainsi, la connaissance que nous avons de son caractère nous sert de règle dans la disposition des diverses parties du discours qu'on lui adresse.

DÉVELOPPEMENT.

Monseigneur, vous avez appelé auprès de vous vos fidèles serviteurs pour avoir leur avis sur les graves circonstances où nous nous trouvons. Je dirai le mien en toute sincérité, et tel que me l'inspire le véritable intérêt du duché de Bourgogne.

Louis XI vous a offensé : il est en vos mains, vous pouvez en tirer vengeance ; certes voilà une occasion magnifique, et je ne suis pas de ces hommes qui par une folle générosité repoussent les faveurs de la fortune. Louis est votre captif : il faut en profiter ; mais de quelle manière ? Là est toute la question.

Plusieurs de ces seigneurs sont d'avis qu'on appelle le prince Charles, et qu'on le mette à la place de son frère ; il pensent que, tenant de vous sa couronne vous en pourrez tirer de grands avantages pour les intérêts du duché. Je ne discute pas la valeur de ce avis ; je suppose qu'on l'adopte. Charles donc devient roi de France ; Louis n'est plus rien. Après un tel affront, on ne peut songer à le laisser libre ; il faut qu'on le garde prisonnier, ou qu'on le tue : nous n'avons pas d'autre alternative. Louis est un dangereux captif, et sa mort peut avoir pour vous de terribles conséquences. Voilà, ce me semble, monseigneur, ce qui demande de mûres réflexions. Car, après tout, quels que soient ses torts, Louis est roi de France, et à ce titre, il est suzerain du duc de Bourgogne. De vassal à suzerain, il est des devoirs que nul ne peut enfreindre impunément. A ce point de vue, soyez sûrs messieurs, que la mort de Louis soulèverait de toutes parts la plus vive indignation.

Il ne faut pas, d'ailleurs, nous faire illusion sur les avantages que nous devons retirer d'un coup aussi périlleux. Le duc Charles fait de très-belles promesses ; rien de plus naturel, il n'a rien. Mais une fois sur le trône, qui nous garantit qu'il sera fidèle à sa parole : j'admets encore qu'il le veuille, le pourra-t-il ? Les princes ne sont pas toujours libres. Il est bien des occasions où, pour ne point compromettre ur puissance, ils sont forcés de céder au sentiment ational et de lui obéir en ayant l'air de le diriger. 'emprisonnement ou la mort de Louis soulèvera la 'rance entière ; partout retentiront des cris de ven-eance; on demandera la guerre, on l'exigera, on aura; et, si Charles ne veut point la faire, on la ra sans lui; il ne manquera pas de gens pour se ettre à la tête d'un pareil mouvement.

Il ne faut pas se le dissimuler, monseigneur, dans s circonstances actuelles, la France nous vaut mieux mie qu'ennemie. De tous côtés la Bourgogne est en-urée de peuples envieux de sa nouvelle puissance. lui faut un point d'appui. Je sais que Louis jusqu'ici e nous a pas plus donné lieu de compter sur son mitié que sur sa bonne foi ; mais par des traités et es garanties convenables, on peut l'engager de ma-ière à être sûr de lui. Ses offres, à la vérité, ne nt pas aussi brillantes que celles de son frère ; mais ntre elles il y a cette différence, que ce que Louis romet, il l'a en propre et le peut donner, au lieu ue Charles n'a guère à nous donner que ce qu'il endra de nous.

Voici encore une autre considération. Par le traité ue propose Louis, tous les différends se trouvent erminés à notre avantage : il nous cède les villes en tige, et promet contre les Liégeois une coopération ont le duc et le cardinal de Bourbon, le connétable et ien d'autres seigneurs encore se portent les garants. st-il pour Louis une meilleure manière de se laver es imputations dirigées contre lui? Pour moi, mon-eigneur, il me semble que dans cette occasion on a gi un peu à la légère. Je ne puis concevoir qu'au noment même où il excitait contre vous la révolte,

Louis soit venu se mettre à votre discrétion. Peut-être avons-nous trop écouté l'impression que produisit la première nouvelle des événements. Comme toujours, on avait tout exagéré : la ville était en feu, disait-on ; l'évêque, le clergé avaient été massacrés, les églises profanées : que sais-je encore? Aujourd'hui vous avez entendu l'ambassadeur venu de Liége. Il vous a dit que l'évêque avait été reconduit dans son palais avec une sorte d'égards ; que la fureur populaire avait épargné les chanoines et les serviteurs du prélat ; qu'enfin le sire d'Himbercourt et ses Bourguignons avaient été mis en liberté, et qu'ils étaient en route porteurs de lettres pacifiques.

Maintenant que nous sommes mieux éclairés, et que les faits se présentent à nous sous un nouveau jour, n'y a-t-il pas de puissants motifs pour revenir sur une détermination que ses auteurs mêmes trouvent aujourd'hui précipitée?

C'est à vous surtout que j'en appelle, monseigneur : j'invoque l'intérêt de votre gloire, et je suis sûr là de trouver plus de force que dans les arguments d'une politique égoïste : c'est sur votre parole que Louis est venu à Péronne. Il y a quelques heures à peine, réunis sous le même toit, au même banquet d'hospitalité, vous juriez une alliance éternelle. Quelle tache, monseigneur, à votre mémoire, si la postérité disait qu'une trahison fut cachée sous ces dehors perfides, et que vous n'attiriez Louis que pour l'assassiner! Au contraire, quel titre de gloire, si, maître de sa couronne, de sa liberté, de sa vie même, pouvant tirer de lui une légitime vengeance, vous l'épargnez, et lui rendez ce qui est en vos mains!

Réflexions.

Ce discours doit être une inspiration des belles pages consacrées par M. de Barante à l'entrevue de Louis et de Charles à Péronne; on peut aussi le composer avec les éléments que présente le roman de *Quentin Durward*, dont on a dit qu'il était plus vrai que l'histoire.

SADOLET A FRANÇOIS Ier.

SUJET.

Sadolet cherche à exciter la pitié du roi en faveur des Vaudois, de Cabrières et de Mérindol.

Conseils.

Pour que ce discours puisse sortir du cercle des amplifications ordinaires, il faut que l'élève connaisse parfaitement les circonstances au milieu et à l'occasion desquelles il a été prononcé. Nous renvoyons pour cela aux livres où se trouve racontée l'histoire de cette époque, et, dans le travail que nous allons faire, nous supposerons cette première connaissance acquise.

Voici les faits :

En 1540 fut rendu un arrêt du parlement de Provence qui ordonnait que Cabrières, Mérindol et les villages environnants, « réceptacle de tous ceux qui professaient des sectes damnables et reprouvées, » fussent détruits de fond en comble, et toutes les maisons démolies ou brûlées.

Par suite, la ville de Cabrières fut investie et rasée, ainsi que les villages d'alentour, et les habitants qui avaient pris la fuite furent atteints et massacrés au nombre de quatre mille. Sept cents d'entre eux furent condamnés à servir comme forçats sur les galères.

On suppose qu'antérieurement à ces derniers événements, Sadolet, évêque de Carpentras, plaide devant François Ier la cause des hérétiques.

L'orateur est dans une position fort difficile. Il n'ignore pas que, si le roi se montre si sévère envers les hérétiques de ses États, c'est pour dissiper les doutes que son alliance avec les Turcs a fait concevoir sur son orthodoxie. Mais cette connaissance qu'il a des véritables motifs de la conduite du roi, il ne ıt pas l'avouer, il ne peut s'en prévaloir hautement sans il pour lui-même, sans inconvénient pour sa cause.

)'un autre côté, Sadolet, en sa qualité d'évêque, a des nagements à garder envers les autres prélats influencés l'archevêque d'Aix, et envers le parlement qui penche ır des rigueurs qu'il croit salutaires.

Enfin, il ne peut sans imprudence se porter garant de la ıre soumission de ceux qu'il défend.

)ù donc prendra-t-il son point d'appui contre le roi, contre clergé, contre les juges, en soutenant des malheureux de conduite desquels il ne peut pas répondre? Ce ne peut être dans les livres saints : c'est à l'Évangile qu'il demandera ıtorité dont il a besoin, c'est à Jésus-Christ même qu'il pruntera des paroles qui commanderont le respect; sa x alors ne sera pas celle d'un faible vieillard : elle sera la x de Dieu.

Nous pourrons donc disposer ainsi l'exorde :

Iommage rendu à la piété et au zèle de François Ier. — Son se déploie contre des hommes qu'il a toutes raisons de poser aveugles et coupables; mais, sire, ajoutera Sadolet, hommes que vous envoyez au supplice sont-ils plus coules que les Juifs qui ont crucifié le Sauveur, et auxquels, haut de sa croix, le Sauveur a pardonné. Et nous, qui pelons la vengeance sur la tête de nos frères, sommesıs sans péché?

Nous trouvons dans l'Évangile divers passages que Sadolet ırra rappeler heureusement.

Comme Jésus-Christ sortait d'une ville de Judée qui avait usé de le recevoir, ses disciples le prièrent de faire desdre le feu du ciel sur les coupables. « Vous ne savez, dit-il, que vous demandez. »

L'un de ses apôtres ayant tiré l'épée pour le défendre, il ordonna de remettre cette arme dans le fourreau.

« Pensez-vous, disait-il, quand on l'arrêta dans le jardin des viers, que je ne puisse demander à mon père de m'envoyer légions d'anges? »

Crucifié par les Juifs, il s'écria du haut de sa croix : « Mon re, pardonnez-leur, car ils ne savent ce qu'ils font. »

Il n'a point envoyé des soldats dans le monde pour le conérir, mais des apôtres pour lui annoncer l'Evangile. « Allez

a-t-il dit à ses disciples, allez enseigner toutes les n
tions. »

La religion doit se soutenir par les moyens qui ont fo
son empire sur la terre.

Imitons notre Père céleste qui fait luire son soleil et to
ber la rosée du ciel sur le champ des pécheurs comme s
celui des justes.

Laissez à Dieu le soin de sa vengeance.

Il est douteux, dira Sadolet, que les habitants de Cabriè
soient aussi coupables que le prétendent quelques-uns de le
accusateurs. S'ils sont égarés dans leurs croyances, ils s
irréprochables dans leurs mœurs, ce sont des cultivateurs l
borieux, des sujets fidèles. Du Bellay, gouverneur du Pi
mont, un grand nombre de seigneurs provençaux rend
d'eux le meilleur témoignage; le baron d'Oppède, qui
poursuit, est dirigé par des motifs d'intérêt particulier.

D'autres considérations se présentent.

Les hérétiques d'Allemagne ressentiront vivement l'inju
tice faite à leurs coreligionnaires; François Ier a cependant
plus grand besoin de ménager les protestants.

— En France même, on blâmera cette excessive sévérité

— La croisade contre les Albigeois n'a eu que d'affre
résultats.

— Ce n'est point par les voies extrêmes qu'on gouver
les hommes.

Il est à craindre enfin que, si les autres princes suive
l'exemple donné par François Ier, la pensée vienne aux hér
tiques de se réunir tous ensemble et de former une lig
contre les gouvernements oppresseurs.

Est-il juste, dira Sadolet en dernier lieu, de confond
dans un commun supplice les femmes et les enfants des hé
rétiques? Et il proposera d'aller lui-même travailler à la co
version des Vaudois. Cette offre de la part d'un cardinal
d'un vieillard vénérable a quelque chose de touchant q
convient à une péroraison.

Ces raisons trouvées, nous allons les réduire à une ex
pression plus simple et les disposer dans leur ordre logiqu

Il y a deux sortes de motifs : les uns religieux, les autre
politiques; ceux-là passeront les derniers, comme étant le
plus propres à faire impression sur le roi.

Voici donc le sommaire de notre discours :
En premier lieu, hommage rendu à la piété du roi.

Motifs religieux. — Les Vaudois sont-ils donc plus cou-
ables que les juifs? sommes-nous donc plus saints que Jésus,
ui cependant a pardonné aux juifs? — Exemples tirés de la
ie du Sauveur : il refuse de faire descendre le feu du ciel sur
ne ville impie.—Il reproche à saint Pierre d'avoir frappé Mal-
hus. — Il ne veut point que Dieu lui envoie des anges pour
 sauver de la mort. — Il pardonne à ses bourreaux. — Il n'a
onné à ses apôtres d'autre mission que celle d'enseigner. —
e n'est point par la force que le christianisme a triomphé.
– Ne donnons point à l'erreur la gloire du martyre.

Motifs politiques. — Il y a doute sur la culpabilité des
'audois. — Tous ne peuvent être coupables au même degré :
es femmes et les enfants ne doivent point être enveloppés
ans la condamnation générale. — Ces rigueurs irriteront
ous les protestants d'Allemagne ; même en France elles seront
lâmées.—Les ennemis de François Ier leur donneront une ex-
lication injurieuse. — Des moyens de repression semblables
nt toujours échoué. — Il faut d'abord user de douceur. —
adolet est prêt à se rendre à Cabrières pour y prêcher.

Remarque. — Les phrases suivantes :
« Ce n'est point par la force que le christianisme a triom-
hé ; »
« Ne donnons point à l'erreur la gloire du martyre ; »
« Il faut d'abord user de douceur ; »
e sont, à proprement parler, que des maximes, et ne doi-
ent pas recevoir de développement. Nous en faisons l'obser-
ation, parce qu'il arrive trop souvent aux élèves de se trom-
er à cet égard, de passer légèrement sur les parties vraiment
mportantes, et de se perdre dans une inutile amplification
le pensées vulgaires et de lieux communs.

Comme lecture à faire avant de commencer ce travail, nous
ndiquerons le discours de Flavien à Théodose, celui d'une
eune fille juive aux inquisiteurs de Goa, dans l'*Esprit des lois*
le Montesquieu. Le discours du vénérable Las Casas en faveur
les idolâtres de l'Amérique donnera la juste idée du genre
le style qui convient au sujet qui nous occupe : l'onction
l'un prêtre et d'un vieillard, un heureux mélange de no-

blesse, de simplicité, d'autorité, de douceur; la religion
la politique se prêtant un mutuel appui.

DÉVELOPPEMENT.

Sire, l'Église et la France bénissent votre zèle pou la religion : l'une et l'autre admirent cette sagess incomparable qui gouverne les choses de la terr avec l'esprit du ciel, et qui, comme le voulait le vé nérable pontife Zacharie, ne commande aux homme que pour que Dieu soit obéi. C'est l'ardeur mêm qui vous anime contre les hérésies de Cabrières e de Mérindol, qui vous inspire contre les hérétiques de conseils de colère et d'extermination. Sans doute ce rigueurs peuvent paraître légitimes, car tout se réuni pour accuser ces malheureux, et vous avez bien de raisons de les croire coupables du plus funeste aveu glement. Mais, sire, les Juifs, eux aussi, étaient bie coupables, et pourtant, du haut de sa croix, le Seigneu leur a pardonné! Nous qui jugeons la terre, nou qui appelons la vengeance sur la tête de nos frères pour être si prompts à crier anathème, sommes-nou donc sans péché? sommes-nous plus purs que Jésus devons-nous nous montrer plus sévères que celui qu toute sa vie fut doux et humble de cœur, plein d clémence et de miséricorde?

J'ouvre le saint Évangile et j'y trouve de grand enseignements : ici Jésus refuse de faire descendr le feu du ciel sur une ville qui l'a offensé; là, dan le jardin des Olives, Pierre, tirant l'épée pour défendr son maître, reçoit cet avertissement : Remettez votr glaive dans le fourreau; car celui qui frappera de l'épé périra par l'épée. Voilà toute la morale de Notre Sei gneur; il n'a point envoyé dans le monde des soldat pour le conquérir, mais des apôtres pour lui annoncer la grande nouvelle et pour opérer la conversion des peuples : Levez-vous, a-t-il dit à ses disciples, et allez enseigner les nations. Ce n'est point par les armes que le christianisme a triomphé : la parole des apôtres a fondé par toute la terre un immense empire; cet empire doit se soutenir par les moyens mêmes qui l'ont établi. Quand nos frères tombent dans l'erreur, efforçons-nous par la douceur de les en tirer; mais bornons là notre intervention. En allant plus loin, au lieu d'arrêter l'hérésie, nous ne ferions qu'étendre au loin ses progrès en lui fournissant l'occasion d'acquérir la gloire du martyre.

D'ailleurs, sire, il est des cas où, pour éviter une décision injuste, il convient de s'abstenir, et l'affaire des habitants de Mérindol me paraît de ce nombre. Je n'ignore pas qu'on vous a dépeint ces malheureux sous les plus affreuses couleurs : leurs doctrines ont fourni à leurs ennemis mille sujets d'accusations sincères pour la plupart, je le sais, et inspirées par de louables motifs, mais qui pour cela n'en sont pas mieux fondées. J'en appelle à celui qui, plus que personne, était en position de découvrir la vérité, au gouverneur même du Piémont, à Guillaume Du Bellay. Personne, certes, ne saurait suspecter l'impartialité de cet honorable seigneur; eh bien, voyez le tableau qu'il fait des Vaudois : « Ces gens, dit-il, qui ont pu se laisser égarer par de fausses doctrines, sont, quant aux mœurs, entièrement irréprochables, justes, charitables, d'une probité rare. Fidèles à leur prince, jamais ils n'ont cherché à pratiquer des intelligences avec les hérétiques d'Allemagne. Ils ne s'occupent que d'augmenter la richesse d'un sol qui, jadis aride et inhabitable, doit à leur industrie une excessive fertilité. » Voilà l'opinion de Du Bellay, et je pourrais dire que c'est également celle de tous les seigneurs de Provence qui leur rendent publiquement justice et ne dissimulent point l'intérêt qu'ils leur inspirent. Les Vaudois ont beaucoup d'ennemis; mais le nombre en serait bien réduit, si l'on en retranchait tous ceux dont la bonne foi a été trompée, tous ceux encore qui se laissent trop dominer par des considérations personnelles. Pour n'en citer qu'un exemple, pour ne rien dire que tout le monde ne connaisse, n'est-il pas vrai que le baron d'Oppède poursuit dans les Vaudois bien moins les hérétiques ennemis de la foi que les protégés de la comtesse de Cental, qui l'a humilié par le refus de sa main?

Cependant les Vaudois sont condamnés : tous doivent périr, et tous assurément ne sont pas coupables au même degré; néanmoins le châtiment sera le même pour tous, les femmes et les enfants seront enveloppés dans la commune destruction. N'est-ce point là un spectacle digne de pitié? et quel cri n'entendez-vous pas s'élever de tous les points de la France, à la nouvelle de cet affreux massacre! Parmi les catholiques comme parmi les protestants, l'indignation est générale; les hérétiques jurent de venger leurs frères égorgés, l'Allemagne s'émeut; elle voit dans la destruction des Vaudois l'annonce d'une persécution prochaine. Les catholiques sont les premiers à déplorer des rigueurs inutiles, et la malveillance cherche ailleurs que dans la religion les motifs d'une cruauté dont la religion ne doit retirer nul profit.

Jamais, sire, on n'a déraciné par le fer les croyances religieuses; la persécution, loin d'en arrêter l'essor, les répand au contraire et les perpétue; si elles semblent parfois s'éteindre et disparaître, elles se reproduisent plus tard sous une forme nouvelle. Sans les persécutions dirigées contre les Albigeois, il y a trois siècles, on n'aurait pas à combattre aujourd'hui l'hérésie des Vaudois. Voilà tout le fruit d'une guerre qui coûta la vie à plus de cent mille hommes, dépeupla la Provence, et lui porta un coup dont elle se ressent encore aujourd'hui.

Non, ce n'est pas par les moyens extrêmes qu'on gouverne les hommes; la violence irrite, la douceur, au contraire, calme et persuade. Sire, si je suis assez heureux pour que mes paroles aient produit sur votre esprit quelque impression, permettez-moi de me rendre à Cabrières. Je ferai entendre ma voix à ces malheureux égarés; je m'efforcerai de les ramener dans les voies de la vérité, et le Seigneur qui veut la conversion et non la mort du pécheur, me prêtera sans doute assez de force et d'éloquence pour les préserver du sort affreux dont les menace votre colère.

Réflexions.

Conçu dans un autre système, le discours devrait se terminer par le tableau du massacre auquel s'oppose l'orateur : un tel changement le rendrait plus pathétique.

CHRISTOPHE COLOMB
A SON ÉQUIPAGE RÉVOLTÉ.

—

SUJET.

Christophe Colomb, parti pour découvrir un nouveau monde, touche au but de son voyage, quand son équipage, fatigué des privations de la mer, voyant d'ailleurs toujours fuir devant lui cette terre qu'on lui a promise, se révolte, attache son chef au mât du vaisseau et prétend exiger de lui que l'on retourne en Espagne : Christophe Colomb s'efforce de le faire rentrer dans le devoir.

Conseils.

Christophe Colomb captif, entouré de matelots furieux, ne peut songer à leur faire une longue harangue ; cependant, en présence d'une mort inévitable, il n'a de ressource que dans son éloquence.

Par quels moyens peut-il espérer d'agir sur leurs esprits? Usera-t-il d'autorité? Il est à leur merci, seul contre tous, et garotté. Essayera-t-il de les attendrir? Il en coûterait à sa dignité, et d'ailleurs ils sont furieux, effrayés, et, comme la colère, la peur est sans pitié. Renouvellera-t-il ses promesses? Il a perdu leur confiance.

Que doit-il faire?

L'abbé Maury, pendant un des jours de la révolution, était poursuivi par une populace furieuse : « A la lanterne! à la lanterne! » criait-on de toutes parts. Il se retourne et dit avec sang-froid : « Y verrez-vous plus clair? » Ce mot le sauva.

Christophe Colomb peut dire : « Quand vous m'aurez jeté à la mer, cela vous donnera-t-il le moyen de retourner en

Espagne? » Cette simple phrase, où l'orateur parle avec une insouciance dédaigneuse de son propre péril, et force brusquement ceux qui le menacent à songer à eux-mêmes, nous semble un bon exorde.

Colomb ne produirait aucun effet sur ceux qui l'écoutent s'il leur parlait d'abord de lui-même, de ses droits à leur obéissance, de ses services, de ses bonnes intentions à leur égard. Il a affaire à des hommes exaspérés, à des hommes qui ont peur; il ne doit songer qu'à dominer la frayeur dont ils sont saisis par une frayeur plus grande encore.

Ils fuient un péril; il doit leur montrer qu'en consommant leur crime ils courent au-devant d'un péril plus certain et dont lui seul peut les sauver.

Il s'adresse à des Espagnols superstitieux; il doit leur montrer Dieu vengeant le meurtre de leur capitaine et les égarant sur les flots.

Il trace ensuite le tableau de leur triste retour, et l'oppose à celui des avantages qui les attendent après la découverte d'un nouveau monde.

Ce sujet l'amène naturellement à parler des desseins qu'il avait formés pour leur bonheur; il cherche à réveiller en eux l'enthousiasme qui l'anime, et finit en leur demandant trois jours encore de persévérance.

La situation de Colomb comporte de la vivacité, de l'énergie; telles sont les qualités que l'on doit chercher dans ce discours.

DÉVELOPPEMENT.

Espagnols, qu'allez-vous faire? m'arracher la vie? Mais, quand vous m'aurez jeté à la mer, en aurez-vous plus de moyens de retourner en Espagne?

Moi seul, j'ai pu vous diriger sur ces mers inconnues, moi seul, je puis vous reconduire dans votre patrie. Si je meurs, dépourvus de guide, vous êtes condamnés à périr au milieu des solitudes de l'Océan; car j'emporte dans la tombe le secret de ma navigation. En m'ôtant la vie, vous vous perdez vous-mêmes; avec moi, disparaît le gage de votre salut.

En vain vous essayez de m'épouvanter ; tremblez à votre tour, car votre sort est attaché au mien, et mon trépas sera bientôt vengé. Quel droit aurez-vous, égarés sur l'abîme des mers, à la protection du Dieu des orages ? Oserez-vous le supplier, vous, meurtriers de votre chef, de sauver vos jours, de vous rendre à votre patrie, à vos familles, à vos enfants ?

Mais supposons, contre toute vraisemblance, que sans moi, vous parveniez à regagner l'Espagne, savez-vous quel accueil vous y attend ! n'y serez-vous point la honte et la risée de vos compatriotes ? Qu'aurez-vous à répondre à ceux qui vous demanderont ce que vous avez fait de votre chef ? Une sédition, le meurtre d'un homme qui s'était confié à votre loyauté, voilà les exploits que vous aurez à raconter. Oh ! j'avais rêvé pour vous un autre retour. C'était après de nobles travaux, c'était chargés des richesses d'un nouveau monde, c'était couverts de gloire et au milieu des bénédictions de toute l'Espagne que vous deviez revoir ses rivages, et aller remercier Dieu dans ses temples du succès de votre entreprise !

Croyez-vous que le dessein que j'ai formé ne soit pas une inspiration de Dieu même ? C'est lui qui vous envoyait porter le flambeau de l'Évangile au delà des mers, comme il y envoie le soleil porter l'éclat du jour. Vous ne croyez pas que cet astre ait reçu du Créateur une mission inutile et qu'il roule sans but vers l'Occident désert, vous devez croire aussi que vous trouverez de ce côté du ciel une autre terre et d'autres hommes. C'est donc sur la foi du soleil, ou plutôt c'est sur la foi de la divine Providence que vous voguez à la découverte d'un nouveau monde. Votre guide, ce n'est point un simple mortel, c'est l'astre du jour, c'est Dieu lui-même. Non, j'en jure par cet astre qui brille sur nos têtes, vos espérances ne seront pas trompées.

Espagnols, un dernier effort ; je ne vous demande plus que trois jours de persévérance. Ce terme expiré, si le succès n'a pas justifié mes prévisions, je me rends à vos désirs, et nous tournons le gouvernail du côté de l'Espagne.

Réflexions.

En effet, à la fin du troisième jour, on avait découvert au loin la terre : l'équipage avait passé de la fureur à la vénération; et ces hommes, qui peu d'heures auparavant voulaient jeter leur capitaine à la mer, prosternés maintenant autour de lui, l'appelaient leur sauveur et le bénissaient comme un homme inspiré du ciel.

LE DUC DE LERME
CONTRE L'EXPULSION DES MAURESQUES.

—

SUJET.

En 1609, sous le faible gouvernement de Philippe III, l'Espagne se trouvait dans une situation déplorable ; elle venait de perdre définitivement les Provinces-Unies, après une guerre qui lui avait coûté 1,500 millions. Bien qu'on eût tiré beaucoup d'or de l'Amérique, les finances étaient tellement épuisées, que cinq ans auparavant on avait été obligé d'élever le cuivre à la valeur de l'argent. L'Espagne ne se soutenait plus que par l'industrie des Mauresques, qui avaient fertilisé les belles plaines de Valence et de Grenade, et qui étaient maîtres de tout le commerce. Cependant, comme ils avaient causé de fortes inquiétudes sous le règne précédent, et que l'on recommençait à craindre un soulèvement, on proposa dans le conseil leur expulsion. Les arguments en faveur de cette mesure étaient la sûreté de l'État ; l'intérêt de la religion que les Mauresques ne pratiquaient que par violence, conservant en secret les pratiques du mahométisme ; enfin, le grand avantage de combler avec leurs trésors le déficit des finances. L'archevêque de Valence et le président de l'inquisition avaient parlé dans ce sens, lorsque le duc de Lerme s'éleva, comme chrétien et comme suzerain des Mauresques de Valence, contre la mesure proposée.

Conseils.

On voit facilement pourquoi l'énoncé du discours est précédé d'un assez long préambule. Il y a beaucoup de faits qui doivent servir en quelque sorte de canevas à l'orateur, et qu'il faut par conséquent indiquer à l'élève, pour le faire sortir du cercle des lieux communs. Son travail consistera à se servir de ces faits avec intelligence et à les disposer dans l'ordre qui leur convient.

On suppose que ce discours est prononcé au milieu d'un conseil composé des plus hauts personnages de l'État : il devra être plein de mesure et de modération. C'est une délibération politique : il faudra donc choisir les preuves dans les faits eux-mêmes; la déclamation serait ici superflue.

Le duc doit réfuter deux autorités d'un grand poids; de là notre exorde, où l'orateur s'excuse de prendre la parole après ces deux autorités, et indique les motifs qui l'y ont déterminé. Ses motifs seront les mêmes que ceux de ses adversaires; seulement, il entend autrement qu'eux les intérêts de l'État et de la religion. Il ne peut mieux le prouver qu'en réfutant leurs arguments, et la réfutation trouve ici naturellement sa place. C'est cette partie du discours qui exige le plus de clarté, et où la confusion est le plus à craindre. Il est donc très-important de faire une revue bien exacte des objections, et d'en former une série que l'on puisse parcourir par des transitions naturelles, et sans jamais revenir sur ses pas.

Il en est de trois sortes, qui ont rapport à la religion, à la sûreté de l'État, à sa prospérité. L'ordre en est indiqué par le sentiment des convenances oratoires, qui exigent que le discours s'élève graduellement.

Le *premier argument* est celui-ci : Les Mauresques ne sont point convertis sincèrement; leur culte n'est qu'extérieur.

Réfutation. Dieu seul a le droit de lire dans les consciences. Tous les rois espagnols ont accordé cette liberté aux Mauresques. A-t-on le droit de se montrer plus exigeants? Ce n'est pas la force, au reste, qu'il convient d'employer en pareil cas, c'est la douceur.

Deuxième argument. Les Mauresques sont un peuple à

part; ils ont inquiété le règne précédent, ils conspirent avec les Maures d'Afrique.

Réfutation. Ces accusations sont vagues et dénuées de preuves; or, il en faut dans une affaire de cette importance. S'il y a des preuves contre eux, punissez les coupables, mais les coupables seulement. Les Mauresques ne peuvent répondre des hommes turbulents qui se trouvent parmi eux. De ces hommes, il y en a partout, même dans les autres parties de l'Espagne.

Troisième argument. Si l'on chassait les Mauresques, on les dépouillerait de leurs trésors, qui suffiraient pour combler le déficit.

Réfutation. Ce serait là une injustice : toute injustice est criminelle et doit pour cela seulement être proscrite; d'ailleurs elle serait inutile ici. Il y a plus : elle serait fatale à l'Espagne elle-même. Ce n'est pas l'or qui fait la prospérité des États. L'Espagne est pauvre depuis qu'elle a le Mexique. Il y a cinq ans, on a été obligé d'élever le cuivre à la valeur de l'argent. Les véritables richesses sont le commerce, l'industrie, l'agriculture, qui sont aux mains des Mauresques. Si on les chasse, les Espagnols sont trop fiers pour continuer leur œuvre. L'Espagne deviendra un désert, et pour toute compensation on aura l'or des Mauresques!

Les objections ainsi réfutées victorieusement, le duc ajoute ses propres réflexions. Quel moment choisit-on? Sept provinces viennent d'être perdues; une guerre a coûté 1,500 millions. C'est quand l'Espagne est épuisée qu'on va augmenter les ressources de ses rivales, de la France, de la Flandre, de l'Afrique.

Cet argument conduit l'orateur à un autre. Les défenseurs de la religion entendent bien mal ses intérêts. Les trois pays où les Mauresques vont se retirer sont infectés par l'hérésie et l'idolâtrie; ces exilés seront forcés de renoncer à leur foi, quelque part qu'ils aillent. L'orateur termine en rappelant au prince la terrible responsabilité dont il va se charger, puisque c'est lui qui répond de toutes ces âmes.

DÉVELOPPEMENT.

C'est à regret, nobles seigneurs, que je me résous

combattre une opinion que défendent l'archevêque .e Valence et le vénérable président de l'Inquisition, yant ainsi pour elle les plus dignes représentants e la religion, de la science et de la vertu; assuré-nent, je n'élèverais point la voix dans ce con-eil, si je ne m'y croyais forcé par les plus impé-icuses considérations. C'est en effet au double titre le chrétien et de grand d'Espagne que je viens pro-ester contre toute mesure qui amènerait l'expulsion les Mauresques. Chrétien, il est de mon devoir de léfendre les intérêts de la religion lorsque je les vois nal compris et mis en péril; grand d'Espagne, sei-gneur de Valence, ma voix est due à mon pays, à nes vassaux, qu'un même coup menace d'une ruine névitable.

J'ai cru, messieurs, devoir m'appuyer sur ces con-idérations, car c'est au nom de la religion, de la ûreté et de la prospérité de l'État qu'on demande 'expulsion des Mauresques; c'est au nom de ces nêmes intérêts que je la repousse et que je demande e maintien des lois existantes.

Permettez-moi de discuter ici les arguments qu'on a fait valoir en faveur de la mesure proposée.

Les Mauresques, a-t-on dit, ne sont chrétiens que le nom; fidèles en secret aux erreurs qu'ils n'ont abjurées que par la force, ils conservent au sein de 'Espagne de pernicieuses semences d'idolâtrie. L'ac-cusation est grave, mais est-elle fondée? est-elle lé-gitime? Qui nous autorise, messieurs, à mettre ainsi en doute la foi des Mauresques? Sur quoi repose-raient de pareils soupçons? Les Mauresques ne pra-iquent-ils pas tous les devoirs extérieurs de la reli-gion? Ne les voit-on pas dans les églises, assister aux cérémonies et aux fêtes de notre culte ? ne se mon trent-ils pas partout où les chrétiens viennent faire pro fession de leur foi ? Est-ce à nous qu'il convient d'usur per un droit qui n'appartient qu'à Dieu ? Descendrons nous dans le fond de leurs consciences pour voir si chrétiens des lèvres, ils ne sont pas restés musulman par le cœur ? Non, sans doute. Les Mauresques vivent agissent en chrétiens, cela doit nous suffire. Si nou ne les croyons pas fermes dans leur foi, c'est aux moyens de douceur et de persuasion, mais à ce moyens seuls, que nous devons avoir recours pour le rattacher à la vérité.

Et ici, remarquez-le bien, je ne demande rien d'injuste ni d'exagéré, rien qui n'ait été accordé aux Mauresques par les prédécesseurs de Sa Majesté puisque tous, en prenant la couronne, ils ont juré de maintenir une liberté de conscience que garantissaient les anciennes capitulations. Tous ces princes sont restés fidèles à leur serment, depuis Ferdinand, si justement nommé le Catholique, jusqu'à l'auguste aïeul de Sa Majesté, le roi Charles V, le plus illustre des champions de l'Église contre l'hérésie. N'ayons point l'aveugle prétention de nous montrer plus zélés pour la religion que tant de sages monarques.

Après avoir replacé la question dans son véritable jour, passons à des considérations d'une autre nature. On a représenté les Mauresques comme formant une nation à part au milieu de la nôtre, comme une population inquiète, toujours remuante, toujours prête à la rébellion ; on a parlé de soulèvements continuels, du danger où ils ont mis le royaume pendant le dernier règne, des complots qu'ils trament maintenant encore, et qui, prêts à paraître au jour, n'attenent pour éclater qu'une occasion favorable. Certes, messieurs, je suis aussi intéressé que personne à la tranquillité du royaume, et, s'il y avait dans ces assertions quelque chose de fondé, je serais le premier à m'en émouvoir et à réclamer les mesures les plus promptes, les plus énergiques pour assurer l'ordre, à quelque extrémité qu'elles pussent nous conduire. Heureusement nous n'en sommes point réduits là; les complots n'existent que dans l'imagination de personnes trop faciles à effrayer, et qui, dans le fait de quelques individus, voient la manifestation d'un peuple entier prêt à se jeter dans les horreurs de la guerre civile et de l'invasion étrangère. Où sont, en effet, les preuves de l'accusation qu'on leur intente? Il doit y en avoir, il y en a sans doute, car on ne prétend point que, sur la foi de vaines rumeurs, nous sévissions aveuglément contre un million d'hommes innocents et paisibles. Que l'on produise donc les preuves, et quand on les aura produites, alors je dirai : Il y a des coupables, punissez-les, déployez contre eux toute la rigueur des lois, mais que là s'arrête votre vengeance. Il y a parmi les Mauresques des hommes turbulents, ennemis du repos public; mais de ces hommes il y en a partout, il y en a chez les Espagnols comme ailleurs, et, s'il s'en trouve quelques-uns dans une nation, ce n'est pas une raison pour exterminer cette nation ou pour la bannir tout entière.

C'est là un crime dont jamais je ne voudrais souiller ma conscience, la honte en fût-elle effacée par les immenses avantages que doit, dit-on, procurer à l'Espagne l'expulsion des Mauresques. L'État est ruiné, et, si j'en crois les partisans de la mesure, les richesses des Mauresques peuvent seules combler le déficit immense du trésor ; le moyen est inique, ils le savent ; mais, suivant eux, il n'existe pas d'autre moyen de conjurer la crise dont l'Espagne est menacée.

Détestable théorie qui, sacrifiant à l'intérêt toute moralité politique, ne recule pas devant un acte odieux pour remplir les coffres de l'État ! Messieurs, l'injustice est toujours un crime ; notre devoir est de la proscrire. Cependant, admettons qu'il ne nous reste que cette ressource, et qu'il faille accepter cette fâcheuse nécessité. Du moins, avant de consommer une pareille injustice, voyons si elle est aussi productive qu'on se l'imagine, et si elle peut nous sauver.

Ce qui fait, messieurs, la véritable, l'unique richesse des Empires, ce n'est pas assurément l'abondance de l'or et de l'argent. Je le dis sans exagération, jamais nous n'avons été si pauvres que depuis que nous possédons les trésors inépuisables du Pérou et du Mexique. Il nous arrive chaque année de ces pays des vaisseaux chargés d'or ; et, néanmoins, il n'y a pas cinq ans, l'on était en Espagne obligé d'élever le cuivre à la valeur de l'argent. La richesse des nations, c'est l'agriculture, c'est le commerce, c'est l'industrie ; ce sont là les trois sources inépuisables de la prospérité publique. En Espagne, en quelles mains sont-elles ? En celles des Mauresques, puisque ce sont eux qui pour nous cultivent la terre, qui fabriquent et qui font le commerce. C'est à ces hommes laborieux et infatigables que les plaines de Valence et de Grenade doivent cette fécondité cent fois préférable aux richesses de Potosi. Chassez les Mauresques : tandis qu'ils porteront chez d'autres peuples leur ctivité, leurs talents, leur industrie, qui mettrez-ous à leur place? L'Espagnol est fait pour la uerre; son orgueil croirait s'abaisser en descen-ant à des travaux qu'il regarde comme indignes de ii. Il aimera mieux laisser ses champs en friche ue d'abandonner l'épée pour la charrue. Ses cam-agnes, rendues si brillantes, si riches par le Mau-esque industrieux, deviendront un désert quand elles eront abandonnées à l'insouciance espagnole. Eh! iessieurs, qu'aurons-nous en échange? un peu de et or qui nous a mis dans la situation où nous nous ouvons aujourd'hui.

Non, ce n'est plus le temps de faire de ces expé-iences qui ruinent un royaume, et qui jamais ne euvent l'enrichir. Nous sortons d'une guerre qui ous a coûté quinze cents millions et sept provinces, s plus belles de la monarchie. L'Espagne a besoin e repos pour réparer ses pertes; le moment serait ial choisi pour prendre une mesure si désastreuse tous égards. Car, messieurs, ne considérons pas eulement ce que nous perdons par l'expulsion des Iauresques, voyons aussi ce que nous donnons à ios voisins; c'est là le point capital de la question. 'ous chasserez les Mauresques, vous leur enlèverez out ce que vous pourrez leur prendre; mais il est es choses qui, malgré vous, leur resteront toujours; 'est cette industrie, c'est cet amour du travail qui nt enrichi l'Espagne, et qui enrichiront de même out pays qui leur offrira un asile. Les Provinces-Jnies attendent avec impatience un arrêt qui, aux lépens du nôtre, enrichirait leur commerce. Moins lominée que nous par d'étroits préjugés et des raintes puériles, la France accueillera avec joie ces nouveaux citoyens. Henri IV leur tend les bras, et nous ne pourrions mieux seconder les vues de ce prince éclairé qu'en lui envoyant ce peuple d'ouvriers, de négociants, d'agriculteurs, au moment où, dans son royaume, il travaille à faire refleurir le commerce et l'industrie.

Voilà pourtant où nous conduisent l'inconséquence et un zèle mal entendu. Si ceux qui demandent l'expulsion des Mauresques comprenaient mieux les véritables intérêts de la religion, combien ne frémiraient-ils pas en songeant à tout ce qu'il y aurait de désastreux pour la religion dans un acte pareil! Chassez, en effet, les Mauresques, je le répète, où iront-ils? Trois contrées seulement leur sont ouvertes, trois contrées ennemies de l'Espagne, ennemies de l'Église, l'Afrique, la France, les Provinces-Unies. Choisissez celle que vous voudrez; je n'en vois aucune où leur foi ne soit en péril, cette foi que l'on dit vacillante, et qu'on aime mieux détruire que fortifier. En Afrique, ils trouveront d'anciens frères demeurés fidèles à l'erreur, et qui sans doute accorderont au prix d'une abjuration leur hospitalité et leurs secours intéressés. Aimez-vous mieux les voir en Flandre, cette terre infectée par l'hérésie, où sous une tolérance perfide se cachent les excès de la plus monstrueuse licence. La France leur garde d'autres périls : que deviendront-ils au milieu de ce peuple vain et frivole qui n'excepte point la religion des choses dont se joue sa folle gaîté? Hélas! messieurs, de quelque côté que je porte mes regards, je ne vois partout que piéges, embûches, séductions, et je ne puis songer sans effroi aux dangers que vont courir ces âmes, que nous abandonnons lâchement à

ur faiblesse et que nous aurions pu conserver à la
i chrétienne.

Oh! sire, je vous en conjure, puisque vous avez
oulu assister à ce conseil, voyez de quelle terrible
sponsabilité vous chargeriez votre conscience, si
ous consentiez au bannissement des Mauresques. Il
 s'agirait que d'une seule âme, que vous devriez
embler de la mettre en péril. Oserez-vous exposer
salut de tout un peuple? En ce jour, vous allez
écider du sort d'un million d'hommes, et, au grand
ur du jugement, c'est du salut ou de la perte de
ur âme que vous aurez à rendre compte à celui qui
ge les peuples et les rois.

Réflexions.

A ce discours il peut être curieux de comparer ceux qui
rent prononcés devant Louis XIV lors de la révocation de
édit de Nantes, celui de Las Casas en faveur des Indiens,
ns Marmontel, celui de Chatham en faveur des Américains.

SAINT VINCENT DE PAUL[1]
EN FAVEUR DES ENFANTS TROUVÉS.

SUJET.

Saint Vincent de Paul, après avoir prononcé plu sieurs sermons de charité devant les dames de l Cour, réclame une fois encore leur bienfaisance e faveur des Enfants Trouvés, qui, sans asile, san pain, sans vêtements, sont condamnés à mourir s l'on ne vient à leur secours.

Conseils.

Ce discours est historique ; une partie même, la pérorai son, nous en a été conservée.

L'orateur l'adressait à des dames remplies de piété, aux quelles il avait déjà demandé beaucoup ; il devait craindr de leur adresser une prière stérile. Ce fut le sujet de so exorde. Il a, dit-il, comme épuisé les ressources de celle qui l'écoutent, il tremble d'éprouver un refus.

Une allusion à un passage de l'Écriture sainte peut lu fournir une précaution oratoire et une réponse à l'objectio qu'il pressent : « Oui, je dois en convenir, vous avez été ad mirables dans vos œuvres de miséricorde ; vous avez donn sans fin, vous avez donné sans mesure, et vous êtes en droi peut-être de repousser ma requête. Mais alors je vous de manderai si Dieu interrompt pour vous le cours de ses bien faits, si sa providence a cessé un seul moment jusqu'ic

[1] Saint Vincent de Paul, célèbre par sa charité, naquit près de Dax, e 1576, et mourut en 1660. Outre un grand nombre d'œuvres admirables, il in stitua les sœurs de la Charité et les Enfants Trouvés. Cette dernière institutio fut fondée en 1648, après un discours dans lequel saint Vincent de Paul ém vivement l'assemblée. C'est ce discours que nous essayons de reproduire.

étendre sur vous sa bonté paternelle. Dieu ne s'est point ssé ; imitez-le donc, ce Dieu de miséricorde. »

Un exorde du missionnaire Bridaine nous fournit des idées ui, par une transition naturelle, peuvent se placer à la suite e celles-ci. « L'aumône, dira saint Vincent de Paul, est pour ous une obligation d'autant plus rigoureuse, que vous êtes i-bas comblées des dons de la Providence, et que vous vivez our la plupart au sein des richesses. J'ai souvent prêché dans s chaumières, et toujours ma voix a été écoutée. Ici, j'ai le roit de faire retentir ces paroles de l'Écriture : « Malheur à ous, grands du monde, qui refusez au pauvre Lazare les iettes qui tombent de vos tables. »

Si les femmes qu'il adjure de faire l'aumône ne peuvent isposer de ce qui appartient à leurs parents, à leurs maris, lles ont leurs parures.... De ces richesses d'iniquité, qu'elles e fassent, comme dit Jésus-Christ, des trésors célestes u'on ne pourra leur enlever. Qu'elles rachètent ainsi leurs utes, car elles aussi sont des pécheresses.

Cette pensée nous conduit naturellement à une autre citation e l'Évangile, où Jésus-Christ menace de dire au mauvais iche : J'ai été nu, et vous ne m'avez pas donné de vête- ients, j'ai eu soif, etc. « Faites en sorte, s'écriera l'orateur, u'au moment où vous paraîtrez devant le souverain juge, le auvre prenne votre défense et dise : J'ai été nu, et elle m'a onné des vêtements. » Il nous suffit d'indiquer cette espèce e prosopopée; l'élève en tirera aisément parti.

La pitié est due à tout le monde; mais elle est surtout due ux orphelins. Cette parole du Christ : « Laissez venir à moi es petits enfants, » amènera saint Vincent à dire : « Laissez enir à vous ces orphelins. » Plus misérables que les bêtes sauvages qui ont une retraite, que les oiseaux qui ont un bri, ces enfants n'ont pas où reposer leur tête. *Parvuli pe- ierunt panem, et non erat qui frangeret eis,* les petits enfants nt demandé du pain, et il ne s'est trouvé personne pour eur en donner.

Le texte de la péroraison nous a été conservé. On en aug- mentera le pathétique en mettant sous les yeux des dames uxquelles on s'adresse, les orphelins dont on plaide la cause.

L'éloquence de Vincent de Paul était simple et touchante, partant du cœur, dépourvue d'ornements ; tout en désespérant d'en approcher, nous devons nous efforcer d'en reproduire les principaux caractères. Nous éviterons donc avec soin tout ce qui sent la recherche et l'affectation.

DÉVELOPPEMENT.

Mes sœurs, en paraissant aujourd'hui dans la chaire évangélique, je ne puis me défendre d'un sentiment de crainte et d'hésitation; je ne pense qu'avec inquiétude à la mission que j'ai à remplir auprès de vous; car, si un immense intérêt est attaché au succès de la prière que je viens vous adresser, néanmoins, je dois avouer que vous êtes presque en droit de la repousser. Oui, j'ai fatigué, oui, j'ai épuisé votre bienfaisance, à laquelle j'ai demandé sans fin et sans mesure, et je dois craindre que vous ne vous arrêtiez enfin dans cette carrière de bonnes œuvres où vous êtes entrées avec un si louable empressement. Oui, je le répète avec bien de la joie, vous avez été admirables dans votre charité ; mes paroles ne sont point tombées sur des rochers; la voix du pauvre missionnaire n'a point retenti dans le désert. Je vous ai dit : donnez, et vous avez donné abondamment et sans vous lasser. Après tant d'aumônes versées dans le sein de l'infortune, vous pourriez me répondre enfin : c'est assez. Mais Dieu, mes sœurs, Dieu interrompt-il le cours de ses bienfaits, lui dont la constante bonté veille à chaque heure du jour sur vous, sur votre famille, sur tout ce qui vous est cher? Tout ce que vous avez, c'est sa providence qui vous le donne; c'est à lui que vous devez ces richesses avec lesquelles vous pouvez faire tant de bien. Jamais sa libéralité ne s'est ralentie à votre égard, jamais sa bonté paternelle n'a cessé de s'étendre sur vous.

Et pour qui donc l'aumône serait-elle une obliga-
ı, sinon pour celles qui vivent au sein de l'opulence,
nblées par la Providence de ses dons les plus pré-
ux? Hélas! j'ai souvent prêché la charité à des
ortunés qui manquaient de pain; je suis allé, sous
toits de chaume, demander le denier de la veuve
de l'orphelin, partout j'ai trouvé des oreilles do-
es et des âmes ouvertes à la parole du Seigneur.
rai-je moins heureux ici, où j'ai devant moi le
ctacle des pompes et des vanités du siècle, ici,
j'ai le droit de dire avec l'Écriture : Malheur à
us, grands du monde, qui refusez au pauvre Lazare
miettes qui tombent de votre table!

Mes sœurs, je ne vous demande point l'impossible,
sais que vous avez donné tout ce que la généro-
é de vos époux consacre à la satisfaction de vos
isirs; je ne prétends point que vous disposiez
ce qui ne vous appartient pas; mais vous possédez
s parures, ces ornements futiles que votre vanité
porte jusqu'au pied des autels; mais vous pouvez
mander pour les pauvres à vos familles ce que
us leur demandez pour vous entourer d'un luxe
p souvent coupable. De ces richesses d'iniquité,
tes-vous, comme disait Notre Seigneur, des tré-
rs célestes que personne ne pourra vous ravir.
est par là seulement que vous pourrez mériter le
rdon de vos fautes. Car vous avez besoin d'in-
lgence, mes sœurs; vous aussi vous avez commis
s fautes, et le poids de vos iniquités est assez pe-
nt, pour que vous deviez craindre d'y ajouter
s malédictions du pauvre, dont la voix dirait au
rnier jour : *J'ai été nu, et vous ne m'avez pas
nné de vêtements; j'ai été altéré, et vous n'avez*

pas étanché ma soif; j'ai eu faim, et vous ne m'ave pas rassasié. Faites au contraire qu'à ce momen suprême, lorsque vous comparaîtrez pleines d'épouvante devant Dieu, attendant l'arrêt irrévocable, l pauvre s'approche et prenne votre défense, disant « Seigneur, faites pour elle ce qu'elle a fait pour moi ayez pitié d'elle comme elle a eu pitié de moi. » Me sœurs, songez-y bien, ces paroles seront votre sentence. Toute une éternité d'un bonheur incomparabl vous est promise; et pour cela, que faut-il faire? un seule chose : renoncer à des frivolités dont vous ête si promptes à vous lasser vous-mêmes.

Redoublez donc de zèle : et, à mesure que vou approchez du terme, demandez un dernier effort votre charité. L'occasion vous en est offerte aujourd'hui, et jamais l'aumône ne s'est présentée à vou comme une loi plus rigoureuse. Toute infortune, san doute, a droit à la pitié; mais il est des douleurs qu nous touchent d'une façon plus particulière, et notr cœur peut éprouver ce sentiment à des degrés différents. Ici je veux vous parler d'une infortune qui intéresse toutes les femmes, toutes les mères, toutes le chrétiennes; je viens plaider la cause des orphelins. Vous vivez, mes sœurs, ainsi que vos familles, entourées de toutes les jouissances du luxe, vous aurez pein à en croire mes paroles. Cela est vrai, trop vrai cependant. Les bêtes farouches ont une retraite, les oiseaux du ciel ont un abri où ils vont se réfugier durant l'orage, et ces pauvres petits enfants n'ont pas où reposer la tête. Ils crient, et personne ne répond à leur appel; ils demandent du pain, et il ne se trouve personne pour leur en donner : *Parvuli petierunt panem, et non erat qui frangeret eis.*

Montrez-vous, pauvres enfants, que votre vue touche cœur de ces nobles dames ; qu'elle rallume en elles flambeau de la charité ! Les voici ceux que le Seieur aimait tant, ceux qu'il voulait toujours avoir ès de lui. Mes sœurs, que vos entrailles s'émeuvent mme celles de Jésus-Christ, notre divin maître. Que compassion et la charité vous fassent adopter pour s enfants ces petites créatures. Soyez leurs mères lon la grâce, puisque leurs mères selon la nature ont abandonnées. Vous êtes maintenant leurs juges : ır vie et leur mort sont en vos mains ; je vais prendre s voix et les suffrages ; il est temps de prononcer ır arrêt, et de savoir si vous ne voulez plus avoir miséricorde pour eux. Ils vivront, si vous proettez d'en prendre un charitable soin ; mais, je vous déclare devant Dieu et devant les hommes, ils ront tous morts demain, si vous les abandonnez.

Réflexions.

Dans ce discours, on n'a employé aucun artifice orare. Il a suffi de développer des idées qui sont dans le cœur tous. La péroraison qui doit entraîner l'auditeur est empte des longueurs, des répétitions qui refroidissent l'inrêt ; une circonstance lui donne quelque chose de dratique. Saint Vincent de Paul fait intervenir tout à coup ces uvres enfants, en faveur desquels il a réclamé la pitié de n auditoire. Leur vue émeut tous les cœurs, et le résultat e voulait produire le saint homme est obtenu.

GODWIN ET HECTBERG AUX SAXONS.

SUJET.

Godwin, comte de Kent, et Hectberg, chef saxon, excitent tous deux, mais dans des circonstances différentes, leurs compatriotes à secouer le joug des Danois.

Conseils.

La position des deux orateurs n'est pas la même : ce n'est pas le même auditoire qui les écoute, ce sont des motifs différents qui les animent. Les deux discours doivent donc, tout en tendant au même but, présenter de notables différences pour le plan, les pensées et le style. Avant d'analyser le caractère particulier de chaque discours, disons quelques mots des circonstances politiques dans lesquelles ils sont prononcés.

Il faut se reporter au temps de la domination danoise en Angleterre. Le roi Hardi-Canut vient de périr victime de son intempérance, et sa mort est pour les Saxons le signal d'une révolte générale qui se termine par l'affranchissement de la nation. Le sujet nous fournira la matière de deux discours : l'un est prononcé par un chef saxon pour exciter ses compatriotes à prendre les armes ; l'autre par le plus puissant seigneur de l'Angleterre, le comte Godwin, dans une assemblée générale de la nation, et dans le même but que le précédent. Assurément il est impossible de rencontrer deux sujets plus identiques. Les deux orateurs sont Saxons tous deux ; ils ambitionnent tous deux le même résultat, ils s'adressent tous deux aux mêmes personnes ; leurs arguments doivent être semblables. Il faut cependant que les deux discours, à part les points de contact que nous avons signalés, diffèrent l'un de l'autre par certaines nuances que l'élève devra saisir.

Quelle est, en effet, la position respective des deux orateurs? Hectberg est un simple chef de partisans, un de ces hommes qui, pour fuir la domination danoise, s'étaient retirés au milieu des forêts. A la première nouvelle de la mort de Hardi-Canut, il a rassemblé ses compagnons d'infortune, hommes aigris comme lui contre les Danois; le discours qu'il leur adresse est l'expression de leurs sentiments communs. Ils n'ont pas besoin d'être excités; leur haine, longtemps contenue, n'attendait pour éclater qu'une occasion favorable; le discours du chef saxon est un cri de guerre et de vengeance; c'est un appel aux armes. La mort de Hardi-Canut est venue réveiller chez les Saxons toutes les idées de liberté et d'indépendance; leurs cœurs s'émeuvent, ils voient déjà les Danois abattus, l'Angleterre délivrée et triomphante. Un discours, dans de pareilles circonstances, n'a pas besoin, pour être entraînant, d'être savamment médité. Il suffit qu'il résume avec énergie les plaintes et les espérances de tous; qu'il fasse voir la force du parti national, la faiblesse de ses adversaires; qu'il promette enfin un succès assuré. Au moment de s'engager dans une grande entreprise, il n'est personne qui n'éprouve une sorte d'hésitation. C'est alors que les paroles d'encouragement sont nécessaires et efficaces : on croit si facilement ce qu'on désire!

Il résulte de tout cela qu'il ne faut point chercher dans le discours du chef saxon de grandes vues politiques, une discussion savante et approfondie. L'amour de la patrie, la vengeance, la haine, l'espoir d'un avenir meilleur fourniront les données principales. Nous verrons plus tard de quelle manière on peut les employer.

La position de Godwin est loin d'être semblable, et son discours, en plusieurs points surtout, doit différer essentiellement de celui du chef saxon. Qu'était en effet Godwin? l'histoire nous l'apprend : également traître envers les Danois et envers ses compatriotes, il passa successivement d'un parti à l'autre, ménageant toujours avec tant d'habileté ses intérêts, qu'il devint le plus riche et le plus puissant des comtes anglais, et l'arbitre, pour ainsi dire, des deux nations. Les Saxons avaient contre lui de cruels griefs. Dans une de ses défections, il avait livré aux Danois Alfred, fils d'Ethelred, et avait ainsi causé la mort de ce malheureux prince. Plus tard, chargé par

Hardi-Canut du commandement militaire de la province de Wessex, il avait, sur l'ordre du roi, pillé, incendié, détruit la ville de Worcester, coupable de rébellion. Enfin, il se trouvait dans le parti danois au moment de la mort de Hardi-Canut. Sa sagacité politique lui fit bien vite comprendre que cet événement était le dernier coup porté à la domination danoise; et comme, malgré son alliance avec les oppresseurs, il avait noué depuis longtemps des intrigues avec le parti national, sa nouvelle défection parut toute naturelle et produite par un sincère retour vers ses compatriotes. Godwin, dans la révolution qui se préparait, ne voyait pas seulement le triomphe des Saxons et l'expulsion de leurs anciens maîtres. La grande question pour lui, c'était le choix d'un nouveau prince à la place de Hardi-Canut. Un nouveau roi danois était impossible; il n'y avait guère plus qu'à choisir entre les derniers rejetons de la dynastie anglo-saxonne. Les fils d'Edmond Côte-de-Fer étaient les héritiers légitimes de la couronne; mais leur long séjour en Hongrie avait diminué pour eux l'intérêt de la nation; d'ailleurs, leur silence et leur inaction semblaient une sorte de renonciation tacite. Restait le dernier des enfants d'Éthelred, Édouard, qui, par un heureux hasard, se trouvait en Angleterre au moment de la mort de Hardi-Canut. Godwin devait craindre en lui le frère d'Alfred; mais il connaissait son caractère doux et timide, et il espérait profiter de sa faiblesse pour gouverner sous son nom l'Angleterre. Il fit dès lors tous ses efforts pour assurer son triomphe et consommer la ruine des Danois, ses anciens alliés; contre lesquels il nourrissait une haine d'autant plus vive, qu'il avait eu plus à souffrir de leur orgueil et de leur avidité.

Dans le discours que l'on met dans la bouche de Godwin, on suppose que, quelque temps après la mort de Hardi-Canut, il a réuni en assemblée les principaux chefs saxons, et qu'il les exhorte à s'armer contre les Danois, à délivrer l'Angleterre et à placer sur le trône Édouard, fils d'Éthelred. Nous devons examiner, à défaut de passions, quels sont les intérêts qui font agir le chef saxon et Godwin, et de quelle manière chacun d'eux doit intervenir dans le développement du sujet. Si nous avons fait, à propos de Godwin, une assez longue digression historique, c'était précisément pour préparer d'avance tous les éléments de nos deux discours.

Godwin a intérêt : 1° à l'expulsion des Danois ; 2° à sa réhabilitation auprès de ses compatriotes ; 3° au couronnement d'Édouard. Son discours doit donc tendre à obtenir ce triple résultat.

Nous venons de rechercher quelles différences devaient présenter les deux discours, et en même temps de quelle manière on devait procéder pour les faire l'un et l'autre. Examinons maintenant les ressources que présente le fond même du sujet d'où ils sont tirés.

La mort de Hardi-Canut est le point de départ ; elle doit servir d'exorde au discours. L'orateur fera voir combien cet événement est favorable ; il montrera les Danois sans chef, divisés par la jalousie ; les Saxons, au contraire, unis dans un commun désir de vengeance, et fatigués de leur asservissement. C'est ici l'occasion d'exposer d'une manière énergique les malheurs de l'Angleterre sous la domination danoise ; ce souvenir amène nécessairement un appel aux armes : que l'Angleterre tout entière se lève contre les tyrans ! Dieu lui-même donne un chef aux Saxons : c'est Édouard, fils d'Éthelred, dernier rejeton de la race d'Alfred. Voilà donc en peu de mots le cadre commun des deux discours ; modifions-le maintenant en subdivisant chacun d'eux. Godwin doit faire entrer un troisième élément dans son discours ; il faut qu'il efface par ses paroles les trop justes préventions que ses perfidies ont laissées dans l'esprit des Saxons. Il ne peut parler du meurtre d'Alfred : c'est une question trop brûlante ; il vaut mieux pour lui ne pas essayer une justification impossible. Pour le sac de Worcester, il y a en faveur de Godwin ce qu'on appelle de nos jours des circonstances atténuantes. Le duc de Wessex ne niera pas certainement qu'il n'ait livré cette ville au pillage ; mais il pourra, jusqu'à un certain point, s'excuser sur la nécessité où il était d'obéir à Hardi-Canut, qui, à son défaut, eût bien facilement trouvé parmi les Danois des ministres de sa vengeance. Il a mieux aimé se charger de l'exécution, afin de pouvoir adoucir une condamnation trop rigoureuse. Il a sauvé les habitants de cette cité, et les a recueillis dans son domaine de Beverey.

Il terminera en invitant ses compatriotes à une réconciliation générale. En présence de l'étranger, il faut mettre de côté les récriminations et les vengeances.

Il est encore un point qui, dans le discours de Godwin, comporte des développements différents de celui du chef saxon; c'est celui qui est relatif à Édouard. Godwin traitera la question sous un point de vue politique. Il montrera ce qu'il y a de vraiment merveilleux dans cette coïncidence de la mort de Hardi-Canut avec la présence du fils d'Éthelred en Angleterre. Les Saxons trouvent un chef au moment où les Danois perdent le leur; et ce chef est le dernier descendant des anciens rois, celui qu'appellent tous les vœux, toutes les espérances de la nation.

Il nous reste à parler du style particulier à chaque discours. Celui du chef saxon sera vif, impétueux, comme il convient à une harangue improvisée. Il insistera peu sur les arguments, et se contentera de les effleurer en marquant ce qu'ils ont de propre à saisir l'esprit. Godwin n'improvise pas son discours. Il sait d'avance ce qu'il doit taire, ce qu'il doit dire; il connaît les points qu'il doit développer, ceux qu'il ne doit que toucher en passant. C'est un homme d'un âge mûr, vieilli dans les intrigues; il parle au milieu d'une assemblée formée d'hommes graves, que les bonnes raisons touchent plus que les mouvements oratoires. Il doit donc s'exprimer avec plus de modération et de calme, avec une logique plus forte et plus serrée.

DÉVELOPPEMENT.

I. DISCOURS DE GODWIN.

Saxons,

Dieu qui, dans ses conseils, ne perd jamais de vue l'Angleterre, vient de frapper un de ces grands coups qui changent la face des empires. Saurons-nous profiter de cette grâce divine, et poursuivre l'œuvre si bien commencée de l'indépendance de l'Angleterre? Jamais plus belle occasion ne nous fut offerte de recouvrer nos droits. Épouvantés de la mort imprévue de leur roi, les Danois cherchent en vain un chef qui les commande. Suénon, que leurs lois appellent à l'héritage de son père, est retenu en Norwége ; les autres chefs sont trop fiers pour se soumettre au commandement de l'un d'entre eux. Vienne la guerre, que la bannière saxonne se relève, nous n'aurons, pour ainsi dire, que la peine de disperser des ennemis surpris et sans défense. Les Danois ont profité de nos divisions pour nous vaincre. Sachons, par la concorde, réparer nos premières erreurs. Grâce au ciel, cette funeste époque est passée, et toute la race saxonne s'entend aujourd'hui pour secouer le joug étranger. Saxons, n'accusez pas trop ceux qui, pendant un temps, ont paru oublier leur patrie. Il est de ces nécessités implacables auxquelles la volonté doit céder, mais qui n'en pèsent pas moins sur les hommes. Moi-même, hélas ! je rougis de réveiller un cruel souvenir : j'ai servi les Danois contre mes compatriotes ; je me suis fait le ministre de leurs cruelles vengeances, et par l'ordre de Hardi-Canut, j'ai porté le fer et le feu dans l'innocente cité de Worcester. Que devais-je faire en cette circonstance ? Si je refusais, assez de Danois se fussent présentés à ma place, prêts à renchérir sur les ordres du maître. J'ai mieux aimé exposer ma mémoire à une accusation éternelle, et adoucir, autant qu'il était en moi, le sort de cette cité. J'ai permis le pillage ; mais j'ai sauvé les habitants ; je les ai recueillis dans mes propres domaines, dans l'île de Beverey, les réservant pour l'heure de la clémence. Si j'ai commis un crime, j'en demande pardon au ciel et à vous, mes concitoyens. Puisse mon zèle pour la sainte cause de l'Angleterre faire oublier ma faute ! Que ce jour-ci soit un jour de pardon, un jour d'oubli ; que toute la race saxonne se lève comme un seul homme pour combattre l'ennemi commun!

Depuis assez d'années l'Angleterre gémit sous leur domination barbare, depuis assez longtemps nous voyons livrés à leurs passions notre honneur, nos biens, notre vie, tout ce qu'il y a de cher à l'homme sur la terre. N'est-ce pas un fardeau insupportable que celui d'une telle servitude? Ce n'est pas seulement la tyrannie solitaire d'un roi, d'un maître absolu, c'est un joug plus affreux encore, c'est l'oppression d'un peuple écrasé par un autre peuple. Ici, tout Danois commande, tout Saxon est esclave. Le Danois ne paye pas d'impôts; il vit de ceux que nous payons à son chef. Tandis que sa maison s'élève fière et inaccessible, fermée à tout ce qui n'appartient pas à sa race odieuse, la demeure du Saxon est l'hôtellerie du Danois : il s'assied insolemment à notre foyer, prend à notre table la place du maître, bien heureux sommes-nous quand il s'éloigne sans avoir souillé l'honneur de nos femmes et de nos filles. Tel est le sort de ceux qui se soumettent à la tyrannie. Les ruines fumantes de tant de villes détruites attesteront à jamais la férocité de nos oppresseurs.

Leur fureur impie ne s'est pas arrêtée devant ce que les peuples les plus barbares respectent au milieu même des derniers excès. Rappellerai-je tous les outrages dont la sainte Église a été victime? l'incendie de la cathédrale de Cantorbéry, le meurtre des saints évêques Éadnoth et Elphège, celui de l'abbé de Ramsay, égorgé au pied des autels, après la fatale journée d'Assington; l'usurpation des terres ecclésiastiques, le pillage des monastères, tant de forfaits enfin commis depuis cinquante ans!

Jetez les yeux sur notre forte et puissante noblesse, orgueil et rempart de l'Angleterre : où sont ces anciennes familles, dont la valeur a conquis la terre où nous sommes esclaves ? Toutes ont disparu dans l'exil et la persécution. Un nom illustre est un titre à la haine des Danois ; le dévouement même leur porte ombrage, et les services d'Édric et d'Éric n'ont pu leur faire pardonner l'éclat de leur naissance. Tout ce qu'il y a de riche et de puissant est immolé à cette politique cruelle, et nos héritages confisqués vont enrichir les pirates du Nord. C'est à eux seuls aujourd'hui qu'appartiennent les terres, les villes, les forêts, les campagnes partagées comme une vile proie, et ces tyrans cupides et sanguinaires épuisent sans pitié les ressources d'une contrée jadis si florissante. Accablés d'impôts, de vexations de toute espèce, les habitants ont dû abandonner leurs foyers, leurs champs paternels. Ils se sont enfuis dans les forêts marécageuses, et, réunis autour de leurs anciens chefs, ils attendent impatiemment le jour du combat et de la vengeance.

Si vous le voulez, Saxons, si vos courages n'ont pas faibli sous le poids de l'adversité, ce jour n'est pas éloigné. Rappelez-vous ce serment de haine que chaque père, sur le lit de mort, exige de ses enfants. Le moment est venu de l'accomplir, puisque Dieu lui-même nous en donne le signal. Quelques efforts généreux, et l'Angleterre sera pour jamais rendue à l'indépendance ; à la place de ces odieux chefs de brigands, un roi choisi par nous s'assiéra sur le trône d'Alfred. Grâces au ciel, l'antique race de nos rois s'est conservée précieusement au milieu des bouleversements de l'Angleterre. En Hongrie, les fils d'Edmond ont trouvé une généreuse hospitalité. Sur cette terre même, Édouard, le fils d'Ethelred, vient porter au milieu de nous un nom chéri des Saxons. Qui ne reconnaîtrait les desseins de la Providence dans cette circonstance merveilleuse? A l'instant où les Danois perdent leur chef, Dieu nous amène celui qui, par sa naissance, par ses vertus, par ses malheurs est seul digne de commander aux Saxons. Amis, obéissons à la voix du ciel; courons au-devant d'Édouard, pressons-nous sous sa bannière désormais invincible, et que tout ce qui porte un cœur saxon proclame en lui notre roi et notre libérateur!

II. DISCOURS D'HECTBERG.

Saxons,

Voici le moment, ou jamais, de secouer un honteux esclavage. Hardi-Canut est mort; Dieu, prenant nos maux en pitié, a envoyé au tyran une fin digne de sa vie honteuse. Surpris par un événement si inattendu, les Danois s'agitent sans étendards et sans chefs; Suénon, le frère de Hardi-Canut, est en Norwége, et avant que sa présence vienne ranimer l'audace de nos oppresseurs, Saxons, vous en avez le temps, vous pouvez sauver l'Angleterre. Que faut-il pour cela? un généreux effort. Le souvenir toujours présent de nos misères ne suffit-il pas pour armer nos bras? Voilà cinquante ans passés que la terre saxonne est foulée par cette race impie; cinquante ans que nos vies, que nos biens sont à la merci des pirates venus du Nord! Où est la postérité de nos rois? Qui s'assied aujourd'hui sur le trône de Cerdic et d'Alfred? L'Angleterre comptait autrefois cent villes florissantes : où sont Ipswich, Cantorbéry, Winchester, tant d'autres encore, dont l'œil n'aperçoit plus que les ruines? Les villages, les bourgs sont tous abandonnés ; les terres restent sans culture ; car, pourquoi le Saxon travaillerait-il pour un maître? que lui sert d'ensemencer ses champs si le Danois vient enlever la moisson? Autant que la misère et la faim, le fer des bourreaux nous décime ; tous nos chefs ont péri ; Uthred, lâchement assassiné, a été suivi de bien d'autres ; Éric et Édric sont proscrits ; la race de nos rois est persécutée sans pitié ; Edwy, *le bien-aimé des peuples*, Alfred, son frère, livré par une mère impie, ces deux espérances de la nation saxonne, succombent au milieu des tortures. C'est à peine si nos derniers défenseurs peuvent trouver une retraite sûre dans les bois et dans les marais.

La sainte Église n'a pas été épargnée dans la persécution. Quels affreux spectacles viennent s'offrir à nous! La cathédrale de Cantorbéry livrée aux flammes, et sept mille Saxons écrasés sous les débris ; Elphège, le vénérable évêque Éadnoth, l'abbé de Ramsay, égorgés au pied des autels ; les monastères pillés, incendiés, et les vierges du Seigneur abandonnées à la brutalité du soldat.

Que d'affronts! que d'humiliations! Saxons, vous n'avez pas oublié le serment terrible que chacun de nous renouvelle à son père mourant : nous avons tous juré haine et guerre éternelle aux Danois! le temps est venu de montrer si nous sommes des parjures! Ce n'est pas avec des larmes et des gémissements de femmes que l'on sauvera l'Angleterre. Nous avons de fortes piques, de larges épées, des flèches qui jamais ne manquent le but : saisissons nos armes et courons au combat. A l'heure où je vous parle, un immense cri de guerre retentit par toute la terre saxonne : dans chaque ville, dans chaque village, nobles et paysans, bourgeois et peuple, tout le monde se lève pour la sainte cause de la liberté. Un chef manquait seul à cette grande entreprise : ce chef, c'est Dieu, Dieu lui-même qui nous le donne. Loin des orages de l'Angleterre, il a tenu en réserve et comme sous sa main un jeune prince du sang royal, un fils d'Éthelred. Braves Saxons du Wessex ! rallions-nous autour d'Édouard, et que du sein de ces forêts, où tant de proscrits ont trouvé un asile, sorte, comme d'un berceau, le héros qui doit assurer l'indépendance de l'Angleterre !

Réflexions.

Déjà nous avions eu occasion, dans le cours de cet ouvrage, d'étudier de quelle manière, sur un même sujet, on pouvait faire parler deux personnages différents. Dans les exemples que nous avons donnés, tantôt c'était une discussion dans laquelle chacun des orateurs s'efforçait d'amener à son sentiment une tierce personne, comme le discours de Mécène et de Maxime à Octave, au sujet de la royauté ; tantôt, prenant pour point de départ des idées différentes, deux harangues arrivaient à la même conclusion, comme celles du religieux et du philosophe qui s'adressent à Jean-Jacques. Dans le premier cas, on procédait par des arguments contraires ; chaque proposition émise devait être combattue. Dans le second, les arguments devaient être de nature différente, mais non opposée : l'un partait des principes de la philosophie ; l'autre de ceux de la religion, pour convaincre également Jean-Jacques de ses erreurs. Entre la religion et la philosophie il n'y a, il ne peut y avoir contradiction. Le travail de l'élève consistait donc à bien distinguer ce qui appartenait à l'une de ce qui se rattachait à l'autre. Assurément, rien n'est plus utile que ces sortes d'études : le jugement s'y xerce, s'y fortifie, l'esprit s'y habitue à la réflexion. L'élève édite ses sujets avant de prendre la plume, et il n'abandonne as à son imagination vagabonde le soin trop facile de remplir s pages qu'on lui a demandées. Le sujet dont nous venons e nous occuper rentre dans la même catégorie; mais il de-ande encore plus de réflexion.

CAIUS SEXTIUS CONTRE CLODIUS.

PLAIDOYER.

—

SUJET.

Caïus Sextius, accusé de vol par Clodius, repous cette accusation.

Conseils.

Voici maintenant un essai d'un genre tout nouveau, c'e un plaidoyer à la manière romaine, un discours pronon par un homme accusé de vol. Ce sujet semble, au premi abord, bien vulgaire, bien ingrat ; mais quand on songe q l'accusé était Caïus Sextius, frère de Sextius le Dévoué, q avait fait rappeler Cicéron, et dont Cicéron plus tard avait pr la défense; que l'accusateur était Clodius, parent du turbu lent Clodius ; que la scène enfin se passait à cette époque orageuse de la république où deux factions ennemies se di putaient la puissance et les honneurs, ce procès acquiert, p les circonstances qui l'entourent, une grande importance.

Cette petite digression prouve qu'il faut que l'élève s mette bien dans la situation de l'orateur. Ici la question d vol n'est, pour ainsi dire, que secondaire. Il faut qu'à trave la discussion, comme à travers un voile transparent, o aperçoive la lutte engagée entre les deux factions, lutte qui e représentée au Forum même par les partisans des deux rivaux

Exposons d'abord le sujet en peu de mots. Un avare, nomm Clodius, avait, pendant la nuit, caché une somme d'arger assez considérable dans le temple de la Fortune. Personne n l'avait vu. Sa femme et ses enfants ne connaissaient pa l'existence de cette somme. A quelques jours de là, Clodiu trouva son trésor enlevé. Il accusa en justice Sextius, so voisin, qui, après une longue plaidoirie, fut absous. C'est c Sextius qu'il s'agit de faire parler. L'affaire eut lieu peu d emps après la mort de Catilina. Nous avons dit quelle était a situation respective des deux adversaires.

Ce discours doit avoir une forme essentiellement antique, et, si ce n'est pas trop nous avancer, il nous semble qu'il doit laisser dans l'esprit du lecteur l'impression d'une traduction. Il faut donc s'abstenir des tournures tout à fait particulières à la langue française, adopter cette forme de style grave et presque compassée qu'affectionne l'éloquence romaine. Les circonstances du sujet indiquent que l'ironie joue un grand rôle dans ce discours. Que l'élève essaye de se faire une exacte idée du style plaisant chez les anciens; plusieurs plaidoyers de Cicéron, ceux pour Milon et pour Ligarius surtout, seront pour cet objet étudiés avec grand profit. On n'y rencontre pas ces fines délicatesses de langage auxquelles sont habituées aujourd'hui nos oreilles. On reconnaît l'orateur qui parle à une grande multitude, à un auditoire peu instruit. On sait quel fréquent usage faisaient les Latins des personnalités. Les adversaires ne se ménageaient pas dans cette espèce de lutte engagée devant le public. On peut donc se permettre beaucoup de licences, qui paraîtraient déplacées dans un discours prononcé par un Français.

De ces considérations générales, que nous pourrions étendre encore, nous allons passer à celles qui concernent spécialement le sujet qui nous occupe.

Le discours est un plaidoyer, ce qui suppose un morceau oratoire composé à loisir et formé de toutes les parties qui entrent d'ordinaire dans les pièces de ce genre. Il faudra donc un exorde pour entrer en matière, un exposé des faits, une discussion et une péroraison.

Un exorde peut être de différentes sortes. Il y a à cet égard une grande latitude; c'est à l'élève à choisir celui qui convient le mieux à son sujet. Il nous semble qu'un exorde véhément serait le plus convenable ici. Caïus Sextius s'indigne qu'un ancien questeur, que le frère de Publius Sextius, soit accusé d'un crime aussi lâche. Par qui cette accusation est-elle portée?... C'est là qu'on peut user du privilége latin, et faire de Clodius un portrait peu flatté. Le récit est simple. Il n'y a qu'à développer les indications que nous avons données. La sagacité de l'élève s'exercera à trouver dans les circonstances tout ce qui peut infirmer l'accusation de Clodius, en prenant pour point de départ que Clodius n'a pas caché d'argent; qu'on n'a pas pu, par conséquent, lui en voler. En effet, Clodius est le seul témoin; personne ne l'a vu enfouir la prétendue somme; personne ne savait même qu'elle existât. Reste donc le témoignage unique de Clodius. Son adversaire, en rappelant ses liaisons avec les complices de Catilina, les crimes de sa famille, son avarice sordide, sa haine pour Publius Sextius, montrera combien un tel homme est indigne de la confiance publique.

Sextius aborde alors sa défense personnelle. Que Clodius ait perdu son argent, peu importe. Il y a une chose certaine, c'est que Sextius n'est pas l'auteur du vol, s'il est vrai que ce vol ait eu lieu. Tout justifie l'accusé : son caractère généreux, ses mœurs simples, sa fortune considérable, le désintéressement héréditaire dans sa famille, et dont lui-même a donné des preuves pendant sa questure. Voilà des arguments qui, dans une harangue française, auraient un air assez singulier. Notre langue, nos usages, n'admettent guère ces apologies, ces éloges qu'on se décerne ainsi à soi-même; mais on en trouverait de nombreux exemples dans les auteurs latins.

Reste la péroraison; l'histoire nous en a conservé le trait final. Sextius, après avoir rappelé en peu de mots tout ce qu'il croit propre à décider la conviction des juges, termine par une prière qui accable son accusateur. Il demande, en s'armant de la loi, que Clodius paye une somme égale à celle qu'il a indûment réclamée, et que cette somme soit distribuée aux citoyens indigents. C'est là le meilleur moyen de prouver à la fois et son désintéressement, et par là même l'absurdité de l'accusation.

DÉVELOPPEMENT.

Assurément, juges, s'il est des moments où la colère est permise, et où l'on peut, sans encourir le blâme, s'abandonner à une légitime indignation, c'est lorsque l'on voit le plus vil des hommes porter contre un citoyen irréprochable la plus lâche, la plus infâme accusation. Ainsi, le frère de Publius Sextius, Caïus Sextius, ancien questeur, que vos affrages ont proclamé digne de la confiance publique, extius est accusé de vol! Et celui qui l'accuse, c'est lodius, ce Clodius que vous connaissez. N'y a-t-il as là quelque chose de vraiment extraordinaire, et ne ous semble-t-il pas quelquefois que vos yeux et vos eilles sont le jouet d'une illusion; et que, dans cette ccinte, Sextius est l'accusateur, et que Clodius vient pondre d'un des nombreux méfaits qui l'eussent it chasser depuis longtemps de Rome et de l'Italie, le mépris qu'inspire sa personne ne l'emportait ır l'indignation qu'excite contre lui sa conduite?

Et cependant rien n'est plus vrai; je suis ici l'acısé, tandis que Clodius, fier d'avoir imaginé un ime dont lui seul est capable, se tient fièrement ı milieu des satellites que lui a fournis son digne ırent. Entrons donc, puisque tu le veux Clodius, ıns cette lutte singulière; mais sois bien persuadé ıe je ne ménagerai pas ton odieuse personne; et, tu sors d'ici couvert de confusion, tu ne devras ıputer ton malheur qu'à toi-même.

J'arrive de suite à la cause elle-même : Clodius étend qu'ayant chez lui une somme considérable craignant qu'elle ne lui fût enlevée, il profita d'une ıit obscure pour l'aller enfouir dans le temple de la ortune. A quelques jours de là (je suis toujours le cit de Clodius), il revint pour voir son cher trésor, , ne le trouvant plus, il en tira la conclusion toute ıturelle que c'était moi Sextius qui l'avais enlevé. oilà, suivant Clodius, comment les choses se sont ıssées, et il faut bien le croire, car lui seul est témoin ce qu'il raconte. Sa femme, ses enfants ignorent existence de cette somme, qu'il vient aujourd'hui réamer d'une manière si lamentable. Nul esclave ne l'a aidé à transporter l'argent, personne ne l'accompagnait quand il a découvert que cet argent avait disparu. Avant de prouver le vol cependant, il faut prouver l'existence de la chose volée ; c'est là dans le droit un principe fondamental ; eh bien, à part le témoignage de Clodius lui-même, est-il un seul indice qui prouve que l'argent ait été caché, qu'il ait seulement existé ailleurs que dans l'imagination féconde de mon adversaire ? Ainsi donc, dans tout ceci, nous n'avons absolument que la parole de Clodius, et c'est d'après ce grave témoignage, juges, qu'il vous faudra prononcer votre sentence. C'est à vous de l'apprécier et de voir quel cas vous devez en faire. Vous connaissez l'avarice sordide de Clodius, les crimes de sa famille, ses liaisons avec les complices de Catilina, sa haine contre mon frère Publius ; vous savez aussi tous les motifs qui l'ont déterminé à porter contre moi son odieuse accusation. Héritier de l'audace de son digne prédécesseur, de l'autre Clodius, celui-là ne recule devant aucun forfait, quand il espère satisfaire à la fois sa cupidité et sa vengeance.

Nous appartenons à deux familles ennemies : la mienne a toujours combattu pour la république, celle des Clodius a toujours combattu contre elle. Dans les derniers événements, mon frère Publius, par son intrépidité et son énergie, a puissamment contribué à rétablir l'ordre, et à chasser de la ville cette nuée de scélérats qui l'infestaient. C'est lui qu'on attaque aujourd'hui dans ma personne, et en me chargeant d'un crime imaginaire, on veut ternir l'éclat que ses grandes actions ont jeté sur notre maison. Pour moi, juges, je n'accorderai pas ce triomphe à mon adversaire ; je défendrai ma cause avec tout le courage que me donne une conscience tranquille. Tout à l'heure, je vous montrais ce qu'il y a de vraiment ridicule dans la prétention de Clodius, qui veut que sur son témoignage seul, on croie qu'il avait chez lui une somme considérable, qu'il l'a cachée dans le temple de la Fortune, et qu'on la lui a enlevée. J'accorde que, contre toutes les opinions divines et humaines, Clodius est digne de quelque croyance; je veux bien qu'il ait eu de l'argent caché, et qu'on lui ait pris cet argent; est-ce donc une raison pour m'accuser du vol, sans preuves, sans témoins, et tout simplement parce que j'ai le malheur d'être le voisin de Clodius. Certes si j'accusais Clodius de m'avoir volé, cette considération serait de quelque poids. Le caractère connu, les habitudes de l'homme donneraient de la valeur à ma plainte. Ici avons-nous rien de semblable? Il est possible que Clodius trouve en moi quelque chose qui sente son voleur, mais il me permettra de ne pas m'en rapporter complétement à lui. Je n'ai jamais caché ma vie, juges; parmi ces citoyens, il n'en est pas un peut-être qui ne m'ait vu, qui ne m'ait parlé, qui ne soit entré dans ma maison, qui n'ait profité de mes largesses; ils me connaissent; je les interroge : qu'ils me rendent justice.

Mes mœurs sont simples; mon caractère libéral me porte plutôt à dépenser mon bien qu'à prendre celui d'autrui; je n'ai jamais éprouvé ces passions sans frein qui ont jeté Clodius et ses compagnons de débauche dans de si honteux déréglements. Mais alors même que j'y serais enclin, ma fortune est assez considérable pour que le public ne puisse en souffrir.

Je puis parler de ces choses sans affecter un modestie hors de propos; ce n'est pas mon élog que je fais, c'est celui de ma famille : le désintéres sement y est une vertu héréditaire, et ma questur a montré, j'ose le croire, que je n'ai pas dégénér de mes ancêtres. Avant de terminer mon discours juges, j'ai une demande à vous adresser. J'espèr avoir repoussé suffisamment l'accusation porté contre moi. Ce grand fantôme s'est évanoui; il n reste par derrière que Clodius honteux, confus l'œil hébété, les mains pendantes. Ce digne citoye connaît la loi; il sait quel sort est réservé au dé nonciateur calomnieux; il attend avec anxiété la ser tence qui peut porter une si rude atteinte à sa bourse J'aurais droit à une somme égale à celle qu'il m réclame injustement; mais je ne veux pas que ma for tune s'accroisse de deniers provenant d'une source s impure : je demande donc que Clodius soit condamn à distribuer cette somme aux citoyens indigents. D cette façon, le procès qui m'a été intenté sera d quelque utilité pour la république, et Clodius, un fois dans sa vie, se sera montré généreux et libéra envers ses concitoyens.

Réflexions.

Pour peu qu'on ait réfléchi au caractère varié des ha rangues qui précèdent, on voit que le plan que nous nou sommes proposé est de passer en revue les différentes espèce de discours qui peuvent être dictées en devoir aux élèves et de leur donner sur chacune d'elles des conseils propres à faciliter leur travail. A mesure que nous avancions dans notr tâche, nous avions soin de modifier également les petites dis sertations qui précèdent chaque discours, de manière à diri ger ainsi successivement l'attention de l'élève sur toutes les parties de l'art oratoire.

DISSERTATIONS.

AVERTISSEMENT.

Les jeunes gens qui ont l'esprit juste sentent aisément si e pensée est vraie ou fausse ; mais ils le sentent d'une nière vague et en quelque sorte instinctive ; ils ne sau-ent donner les raisons de leur sentiment, et ils sauraient core moins repousser une opinion qui le combattrait.

Il importe singulièrement de les exercer à la défense rai-nnée de ce qu'ils ont d'abord admis sans examen et sur la d'autrui ; c'est là le but que nous nous sommes proposé ns le travail qui suit.

Nous n'avons pas eu la prétention de traiter ici des ques-ns purement philosophiques. Nous nous sommes bornés à velopper quelques sujets de morale générale, afin de mon-r aux élèves comment on peut, en procédant avec méthode, alyser les conséquences renfermées dans un principe, faire llir les vérités secondaires contenues dans une vérité géné-le, et arriver ainsi à établir sur des preuves évidentes ce i d'abord, tout en paraissant vrai et probable, n'avait pas pendant par soi-même un caractère de certitude absolue.

LA PIÉTÉ FILIALE
EST LE PRINCIPE DE TOUTES LES VERTUS.

—

Conseils.

Cette maxime de Cicéron est vraie, sans doute; mais elle n'est point évidente par elle-même, elle a besoin d'être démontrée.

La preuve en peut être donnée de deux manières :

Soit en faisant sortir toutes les vertus possibles de la piété filiale, comme d'un principe on fait sortir des conséquences, c'est-à-dire en montrant que la piété filiale engendre l'amitié fraternelle, que l'amitié fraternelle engendre les autres affections domestiques, que des vertus domestiques naissent les vertus sociales, que les vertus sociales deviennent aisément des vertus religieuses;

Soit en disant que de l'idée de la reconnaissance due à nos parents, nous nous élevons à l'idée de la reconnaissance que nous devons à Dieu, et qu'une fois arrivés à aimer Dieu, toutes les vertus possibles dérivent d'un tel amour.

Mais nous pensons que le premier de ces deux modes de démonstration, quoique plus rigoureux, plus logique, plus irrésistible même, a l'inconvénient d'être sec et aride.

Nous lui préférons le genre d'argumentation qui comporte l'emploi des passions oratoires; un sentiment ne doit pas être analysé comme une idée.

DÉVELOPPEMENT.

La piété filiale paraît une vertu d'une pratique facile; elle est, suivant un poëte, un bienfait de la Providence,

> . . . . Qui daigna nous choisir,
> Pour le premier devoir, notre premier plaisir.

anmoins cette vertu, comme toutes les autres, nande de la force, parce qu'elle impose des sa-fices.

Qu'est-ce que la piété filiale?

Aimer nos parents, ce n'est point avoir pour eux e tendresse stérile, manifestée seulement par des roles et par des caresses; ce n'est pas, non plus, sentir heureux de leur présence et de leurs bien-ts : les paroles et les caresses ne coûtent rien, et plaisir qu'on témoigne d'un bienfait peut tenir iquement au désir d'en recevoir un autre.

La piété filiale, c'est la soumission à la volonté nos parents; c'est l'accomplissement de leurs sirs, quelque peine ou quelque sacrifice qu'il nous coûte; c'est un dévouement complet au soin de ur bonheur, dévouement auquel ni le malheur ni s fautes mêmes qu'ils pourraient commettre ne issent porter atteinte; c'est enfin un respect si ofond pour eux, que ce respect ne soit borné que ır celui que nous devons à Dieu, dont ils sont our nous l'image.

Ainsi envisagée, la piété filiale est non-seulement ne vertu par elle-même, mais elle est encore une réparation aux autres vertus.

Ainsi ont pensé les livres saints, quand ils l'ont lacée au premier rang des devoirs moraux, quand s ont recommandé l'amour des parents immédiate-ment après l'amour de Dieu.

Les noms qu'ils citent avec le plus de complai-ance, comme réveillant l'idée de la plus pure vertu, ont les noms d'enfants remarquables par leur piété iliale : les noms d'Abel, de Joseph, de Tobie, de Noémi; quand ils nous parlent du repentir de l'enfant prodigue, ils font dériver ce repentir de la pié filiale.

Le Dieu fait homme rapporte toutes ses œuvre sur la terre au principe de la soumission qu'il doit son père : « Mon père, s'écrie-t-il dans le jardin de Oliviers, faites que ce calice s'éloigne de moi! » Pu il ajoute, en nous donnant la plus admirable leçon d piété filiale : « Mon père, que votre volonté soit faite! Quand il nous enseigne à prier Dieu, dans l'*Oraiso dominicale*, il veut que nous lui disions : *Notre père* Quand il expire sur la croix, c'est pour accompli un devoir de piété filiale qu'il fait un dernier effort et qu'il dit à son disciple bien-aimé : « Voilà votr mère! »

C'est sous l'emblème d'une mère que l'Église nou est présentée : une filiale docilité à ses commande ments nous est donnée comme l'accomplissement d toute la loi; comme si aux yeux de celui qui est l vérité même, il suffisait d'avoir les vertus d'un en fant dévoué à sa mère pour avoir toutes les autres

On peut juger aussi que la piété filiale est le fon dement de toutes les vertus, par ce fait que le vice qui lui est contraire en amène beaucoup d'autres

Il faut honorer son père et sa mère, dit la sagesse évangélique, pour avoir droit à une longue vie sur la terre. Ainsi, aux yeux de Dieu, un enfant ingrat mérite d'être retranché du nombre des vivants.

Et, en effet, quelles vertus seront possibles à celui qui n'a pas même été capable d'aimer ses parents?

Un fils ingrat sera-t-il un frère tendre, un époux dévoué, un ami fidèle, un citoyen courageux, un homme compatissant? Un homme à qui le souvenir es soins que sa mère a pris de son enfance, des acrifices qu'il lui a coûtés, des périls où il l'a mise, es caresses qu'il en a reçues, ne peut inspirer un entiment de reconnaissance et d'affection, sera-t-il on pour des étrangers, charitable pour des ingrats t généreux pour des ennemis? Injuste et cruel pour eux qui l'ont aimé, que ne sera-t-il point pour le este des hommes?

Réflexions.

On pourrait terminer par cette considération, que la piété liale est un sentiment tellement naturel, qu'on le retrouve ans les pays mêmes où toutes les autres vertus semblent méconnues. Citer à l'appui de ce fait quelques exemples emruntés aux mœurs sauvages, et opposer en peu de mots la vilisation à la barbarie, ne serait pas non plus hors de ropos.

L'IGNORANCE DE L'AVENIR EST UN BIENFAIT POUR L'HOMME.

—

SUJET.

Montrer que la connaissance de l'avenir, lo d'être un bien pour l'homme, deviendrait au co traire pour lui une source de maux.

Conseils.

Pour établir la vérité de cette maxime, on dira : Il d'expérience que la prévision d'un grand malheur nous re insensibles à toutes les joies présentes. Ainsi, placé à u table splendide, honoré de l'amitié d'un roi, entouré d'e claves attentifs à ses moindres désirs, Damoclès n'est poi touché de son bonheur; il ne trouve aucune saveur aux m délicieux qui lui sont servis; et cependant, la pensée qui trouble, ce n'est point la certitude absolue, c'est seuleme la crainte vague d'un malheur possible. Que serait-ce s'il d vient certain que la chute du glaive suspendu sur sa tête inévitable, et doit avoir lieu à un moment donné? La prévisi d'une seule infortune ferait de nous autant de Damoclès. O ce n'est point une seule infortune, c'est une longue série misères que nous dérobe le voile bienfaisant jeté sur l'aver par la main de la Providence. Quel courage résisterait à vue des déceptions, des maladies, des privations, des c lomnies, des injustices qui doivent être notre partage, tous, dans cette vallée de larmes?

Si un père prévoyait l'ingratitude de ses enfants, u femme, le lâche abandon de son mari; un peuple, la tyrann de son roi; un ami, la trahison de son ami; un malade, mort prochaine; un citoyen, l'injustice de sa patrie, qu long cri de douleur s'élèverait de tous les points de cet un vers! Quel serait, d'ailleurs, le mobile de l'activité humain si le savant, si le voyageur, si le laboureur, si l'artisan connaissaient quel triste salaire est réservé aux travaux et aux sacrifices de la plupart d'entre eux? Enfin, quel affreux débordement de crimes inonderait la terre, si tous ceux qui méditent des forfaits, et qui ne doivent pas en être punis par la justice humaine, avaient d'avance cette certitude?

DÉVELOPPEMENT.

L'ignorance de l'avenir est un bienfait pour l'homme : voilà ce que la raison naturelle a fait dire au poëte Horace, ce que la philosophie a fait répéter à Vauvenargues, et ce que la religion a enseigné dans tous les temps. Ce n'est point seulement pour enchaîner notre curiosité, ni pour nous ramener sans cesse à l'étude et au bon emploi du temps present, qui seul est à nous, c'est par sa prudence, et par sa bonté toute paternelle que la main de Dieu a jeté sur l'avenir un voile que nos regards ne peuvent percer.

Le grand mobile de l'activité humaine, c'est l'espérance; ôtez au laboureur celle de la moisson, au savant celle de la renommée, au soldat celle de la gloire, au nautonier celle du retour dans sa patrie, au commerçant celle de la richesse, à l'ouvrier celle de son salaire; à l'instant même leurs travaux cessent : et cependant, si l'homme connaissait l'avenir, n'est-il pas évident qu'il connaîtrait, par là même, l'inutilité de la plupart de ses labeurs? Car il est d'expérience que beaucoup de ses efforts seront stériles ou profiteront à d'autres qu'à lui.

Non-seulement la connaissance de l'avenir nous rendrait inactifs, mais elle nous rendrait profondément malheureux.

Dans l'état actuel de l'homme, tout lui sourit, quand il entre dans la vie; il marche sous un beau ciel, il respire un air pur, il n'aperçoit que des fleur à ses côtés et devant lui : en un mot, il rêve u avenir fortuné ; mais faites-lui connaître, dans s réalité, cet avenir qui enchante son imagination ; n découvrît-il, au milieu des prospérités qui l'atten dent, qu'une seule infortune à subir, cette infortun prévue, cette infortune attendue, inévitable, suffi rait pour empoisonner toutes ses joies. Et ce n'es point une seule infortune, c'est une longue série d calamités qu'apercevraient nos regards, s'ils lisaien dans l'avenir ; car ces calamités nous attendent en effet. Un peu plus tôt, un peu plus tard, avec une violenc plus ou moins grande, nous devons être tous frap pés dans notre position, dans nos idées, dans no croyances, dans nos affections. Personne de nous n doit échapper aux traits de l'envie, de la médisance de la haine, de la calomnie, pas plus qu'aux coup de la fortune ; à l'existence de chacun de nous son attachées les souffrances physiques, les blessures, le fatigues, les maladies, et enfin la mort.

La seule connaissance du jour et de l'heure d cette mort nous rendrait la vie insupportable : ains Damoclès, assis à la table de Denys, tyran de Sicile, entouré d'esclaves qui lui obéissent en tout, placé e face des mets les plus délicieux, ne goûte aucun de plaisirs qui sont à sa portée : la seule vue du glaiv suspendu sur sa tête empoisonne tout son bonheur, e cependant il n'a pas la certitude, mais seulement la crainte de mourir ! Que serait-ce donc si, au lieu de se savoir en péril, il se savait perdu sans ressource, condamné à une mort irrévocable, et séparé seulement par quelques jours, par quelques heures, par quelques minutes, du moment suprême ? On peut e demander à ces hommes évangéliques qui vont consoler les condamnés jusque sur l'échafaud.

Enfin, la connaissance de l'avenir, qui ôterait à l'homme son activité et son bonheur, porterait également atteinte à sa moralité.

Grâce à l'ignorance où nous sommes du jour et de l'heure où il nous faudra paraître devant Dieu, nous nous abstenons des plaisirs et des actions coupables, au milieu desquels la mort peut nous frapper : la erreur nous devient une inspiration de sagesse.

Qu'arriverait-il, si nous avions la certitude qu'il nous reste encore beaucoup d'années à vivre? que nous ne sommes point exposés à rendre un compte prochain de nos fautes? que le temps de les expier nous est accordé, et qu'enfin nous pouvons ajourner notre conversion?

Qu'arriverait-il, si les débauchés, les voleurs, les meurtriers, que n'arrête pas toujours la crainte du châtiment, ni celle de l'infamie, ni même celle de l'échafaud, étaient certains de l'impunité dont doivent jouir en effet un si grand nombre de pervers sur la terre? N'est-il pas visible qu'il y aurait dans le monde un affreux débordement de crimes, et que la société humaine en serait profondément ébranlée?

D'où nous concluons, que l'ignorance de l'avenir est un bienfait pour l'homme.

Réflexions.

On pourrait rendre cette démonstration plus sensible en empruntant à l'histoire quelques exemples de personnages célèbres frappés tout à coup par le malheur ou par la mort, au milieu des plaisirs ou au faîte de la gloire; tels qu'Alexandre et Bélisaire dans l'antiquité; dans les temps modernes, Marie Stuart et Napoléon.

LA BONTÉ N'EST PAS UN INSTINCT,
MAIS UN MÉRITE DU COEUR.

SUJET.

Montrer qu'il y a dans la bonté autre chose qu'un mouvement spontané du cœur, qu'il s'y trouve aussi un sacrifice volontaire et désintéressé.

Conseils.

Pour rendre cette proposition évidente, il suffira de démontrer les vérités suivantes :

La bonté n'est réelle qu'autant qu'elle est désintéressée, intelligente, dévouée, et étendue à tout homme comme à toute chose.

Elle se développe par l'exercice.

Elle est rendue plus parfaite par la religion.

Donner des exemples de bonté, dans l'ordre de la nature.

— dans l'ordre de la société.

— dans l'ordre de la religion.

DÉVELOPPEMENT.

Dans la sympathie, il y a de l'instinct; dans la pitié, un retour sur nous-mêmes; mais, dans la bonté, tout est volontaire et désintéressé; la bonté n'est point la vertu, mais elle y dispose; elle ne suppose ni la victoire de nos passions, ni l'accomplissement de grands sacrifices, ni la fidélité à tous les devoirs de la religion; elle renferme la qualité, qui répond le mieux à cette maxime de l'Évangile : « Aimez-vous les uns les autres; celui-là accomplit la loi, qui aime son prochain comme lui-même. »

« Celui-là est bon, dit Pascal, qui fait du bien ux autres; s'il souffre pour le bien qu'il fait, il est rès-bon; s'il souffre de ceux à qui il a fait du bien, a une si grande bonté qu'elle ne peut être augnentée que dans le cas où sa souffrance viendrait à roître; et, s'il en meurt, sa vertu ne saurait aller lus loin; elle est héroïque, elle est parfaite. Le rincipe de la bonté est en nous-mêmes. » — « Lorsque Dieu, dit Bossuet, forma le cœur et les entrailles e l'homme, il y mit, premièrement, la bonté comme e propre caractère de la nature divine, et pour être omme la marque de cette main bienfaisante dont ous sortons, et, pour être en même temps le prenier attrait que nous aurions en nous-mêmes pour gagner les autres hommes. »

La véritable bonté ne doit donc pas être seulement une affection cachée dans le cœur; elle doit en sortir pour se produire par des actions.

Elle peut être le partage de tous les hommes, des iches et des pauvres, des petits et des grands du nonde.

« Il n'y a, dit un philosophe, il n'y a que les paresseux de bien faire, qui ne sachent faire du bien que la bourse à la main; les consolations, les soins, les conseils, la protection sont des ressources que a commisération nous laisse, à défaut de richesses, pour le soulagement des malheureux; souvent les opprimés ne le sont que parce qu'ils manquent d'organe pour faire entendre leurs plaintes; souvent il ne s'agit que d'un mot qu'ils n'osent dire, d'une raison qu'ils ne savent point exposer, de la porte d'un grand qu'ils ne peuvent franchir. »

Notre bonté naturelle se développe par l'exercice :

c'est en faisant le bien qu'on devient bon; la raison nous le dit, et l'expérience nous le prouve.

La bonté est aussi plus parfaite, quand elle prend un caractère religieux.

Aux yeux de la religion, tous les hommes sont également les enfants de Dieu, les membres d'une même famille, des coupables rachetés de la mort, au prix du même sang, et les héritiers du même patrimoine céleste; aux yeux de l'athée, au contraire, l'homme n'est qu'une vaine poussière, une frêle apparence de quelques jours, un fortuit assemblage d'organes dont le mouvement s'arrête à la mort : il est aisé de voir quel est celui des deux systèmes qui est le plus propre à nous rendre bons pour nos semblables.

Parmi les hommes religieux, les pauvres ont un genre de bonté qui manque aux riches.

« Sans cesse menacés par le malheur, dit madame de Staël, recourant sans cesse à la prière, inquiets chaque jour, sauvés chaque soir, ils se sentent davantage sous la main immédiate de celui qui protége ce que les hommes ont délaissé; ils ont une bonté plus pratique que celle des autres hommes. »

Les souffrances morales disposent mieux encore à la bonté que les souffrances physiques; leur effet, sous ce rapport, est plus grand, parce qu'elles sont plus fréquentes et plus vives.

Comme souvent la bonté cède à la prière, aux larmes et à l'intérêt d'autrui, elle passe aisément pour faiblesse; mais il est peu de qualités, néanmoins, qui exigent autant de fermeté; voici pourquoi : la bonté entre en lutte avec le plus difficile à vaincre de nos penchants, l'égoïsme; elle nous impose le constant oubli de nous-mêmes, le constant sacrifice de nos intérêts; elle nous oblige, à toute heure, envers tous et sur toutes choses; or, la nature humaine est plus capable de grands efforts que d'efforts durables; il faut donc un admirable courage pour être constamment bon.

Le mérite de la bonté ne peut guère être apprécié que par ceux qui ont l'habitude du dévouement, et par ceux qui voient les choses de haut et à leur vrai point de vue. « Il n'y a que les grands cœurs, dit Sophocle, qui sachent combien il y a de gloire à être bons. »

Ce qu'il y a au monde de plus propre à toucher, c'est la peinture de ce qui est bon : rien ne va plus avant dans le cœur de l'homme; un écrivain doit donc s'attacher à représenter comme bons les personnages sur lesquels il appelle l'intérêt.

Bossuet, dans l'*Oraison funèbre du prince de Condé*, a représenté ce héros occupé, au sortir des batailles, des intérêts, du bonheur et de l'instruction religieuse de ses serviteurs : « Ce n'était pas, dit l'orateur, ce n'était pas seulement pour un fils, ni pour sa famille, qu'il avait des sentiments si tendres; je l'ai vu, et ne croyez pas que j'use d'exagération, je l'ai vu, simple et naturel, changer de visage au récit de leurs infortunes, entrer avec eux dans les moindres choses, comme dans les plus importantes; je l'ai vu, dans les accommodements, calmer les esprits aigris avec une patience et une douceur qu'on n'aurait jamais attendues d'une humeur si vive et d'une si haute élévation. Loin de nous les héros sans humanité! ils pourront bien forcer le respect, ravir l'admiration, mais ils n'auront point les cœurs. »

Les grands hommes, dont l'humanité n'est point le partage, par une juste punition de leur dédaigneuse insensibilité, demeureront éternellement privés du plus grand bien de la vie humaine, je veux dire des douceurs de la société.

Ce qui nous touche dans la vie de Philopœmen, c'est moins le récit de ses exploits que celui d'un acte de bonté raconté par Plutarque de la manière suivante :

« Une femme de Mégare, avertie par son mari que le général des Achéens venait loger chez elle, se donnait beaucoup de peine pour lui préparer à souper ; Philopœmen arrive, vêtu d'un manteau fort simple ; l'hôtesse, le prenant pour un serviteur ou pour un courrier, le pria de l'aider à préparer le repas. Philopœmen, quittant son manteau, se mit à fendre du bois ; l'hôte revint, et le voyant dans cette occupation : « Que faites-vous là ! s'écria-t-il, seigneur Philopœmen. — Vous le voyez, répondit celui-ci : je paye les intérêts de ma mauvaise mine. »

Il y a, dans la *Vie de Turenne*, un trait de bonté que les historiens de sa vie ont jugé indigne de la gravité de l'histoire, mais que Plutarque, dit Rousseau, se fût bien gardé de passer sous silence.

« Un jour d'été, qu'il faisait fort chaud, Turenne, en petite veste blanche, était à la fenêtre dans son antichambre ; un de ses gens survient, et, trompé par l'habillement, le prend pour un aide de cuisine avec lequel il était familier ; il s'approche doucement par derrière, et, d'une main qui n'était pas légère, lui applique un grand coup sur les fesses ; l'homme frappé se retourne. Le valet voit en tremblant le visage de son maître, il se jette à ses genoux tout éperdu : « Monseigneur, s'écrie-t-il, j'ai cru que c'était Georges, le marmiton ! — Et quand c'eût été Georges, lui dit Turenne avec bonté, il ne fallait pas frapper si fort. »

En continuant de suivre la même gradation, nous citerons après le récit d'un acte de bonté de la part d'un héros ancien et d'un grand homme des temps modernes, un acte de bonté plus admirable encore, et que nous emprunterons à la vie d'un saint.

La simplicité d'un récit fidèle suffit seule à l'éloge de certains faits.

Parmi les forçats que saint Vincent de Paul ramenait à la soumission à la Providence, il en trouve un dont le désespoir lui résiste : c'est un jeune homme condamné par les lois fiscales à trois années de captivité sur les galères, et inconsolable de la misère où il a laissé sa femme et ses enfants. Saint Vincent de Paul, ne pouvant sécher ses larmes, profite de l'obscurité dans laquelle il s'est caché pour solliciter la liberté de cet infortuné ; il l'obtient par un moyen que l'imagination n'oserait prévoir : pour rompre la chaîne d'un esclave, il se réduit en esclavage, il se met lui-même à la place du jeune forçat.

Enfin, dans les beaux vers qui suivent, l'auteur de *Marie* a peint la bonté du Sauveur des hommes :

Or, telle de ses yeux était la douce flamme,
Qu'à le voir seulement on devinait son âme,
Et si douce sa voix, qu'un aveugle eût cru voir
Son regard angélique et pur comme un miroir ;
Tel qu'un sage d'Asie, amoureux de symboles,
De sa bouche abondaient les longues paraboles,
Des mots mystérieux sous lesquels il couvrait
Sa doctrine puisée au lac de Nazareth ;

Tous préceptes de paix, de douceur, d'indulgence,
La tendre humilité, l'horreur de la vengeance,
Et le mépris du monde, et l'espoir vers le ciel,
Qui prend soin du ciron et de la mouche à miel,
Et revêt tous les ans le lis de la vallée
D'une robe de neige et qu'il n'a point filée,
Plus belle en vérité que dans tout son pouvoir,
Le grand roi Salomon n'en put jamais avoir.
Ainsi compatissant il allait sur la terre,
Faisant fléchir la loi pour la femme adultère,
Aux hommes ne parlant que de fraternité,
Et sans faste orgueilleux prêchant la pauvreté.

Réflexions.

On pourrait, pour rendre la démonstration plus complète, réfuter ici cette triste doctrine qui, s'attachant à ternir tout ce qu'il y a de beau, de bon, de généreux dans le cœur de l'homme, a prétendu ramener la vertu à l'égoïsme, faire de l'intérêt bien entendu le mobile unique de nos actions, et ne voir qu'un retour calculé sur nous-mêmes dans les traits les plus spontanés et les plus sublimes de courage et de dévouement.

LA PATIENCE EST UNE DES VERTUS QUI DEMANDENT LE PLUS DE FORCE D'AME.

—

SUJET.

Montrer que la souffrance étant une des conditions ; la vie humaine, la résignation à cette souffrance t une admirable vertu.

Conseils.

La marche à suivre pour analyser cette vertu est la même ıe celle que nous venons de tracer dans le sujet précédent.

Patience veut dire souffrance.

La patience est une vertu d'autant plus belle, que plus on pratique, plus ceux qui en profitent sont tentés d'en abuser.

Elle n'est portée au plus haut point que par la religion.

Montrer tout ce qu'il y a de beau dans la patience.

DÉVELOPPEMENT.

Le mot de *patience* vient d'un mot latin qui si- ıifie *souffrir*, et non-seulement la patience est une ɔuleur, mais elle est une douleur prolongée ; elle ;t donc une vertu d'une pratique difficile, car nous ;pugnons à la douleur de toute la force d'une invin- ble nature.

Il y a d'autant plus de mérite dans la patience, u'on ne peut en montrer envers quelqu'un sans lui onner la tentation d'en abuser : en effet, on se hâte e demander plus à ceux qui accordent davantage, n ose plus avec ceux qui ne résistent point, on ıénage moins ceux dont on n'a rien à craindre.

Nous pouvons être patients par caractère, p
principes et par habitude de souffrir, cela est vr
mais comme tous les caractères ne sont pas tremp
avec une égale force, comme la raison ne parle n
tous ni toujours, comme enfin le temps, qui émous
la sensibilité, diminue encore plus vite les forces
corps et celles de l'âme, la patience est, à to
prendre, une admirable vertu.

Les Socrate, les Plutarque, les Épictète et
Sénèque ont dit, sur la patience, des choses admir
bles sans doute; mais ces belles choses nous laisse
froids, et sont oubliées, dès qu'il s'agit de les mett
en pratique.

Nestor recommandant la modération au fils d'A
trée, Phénix conjurant Achille d'oublier son injur
Ulysse consolant Hécube de la mort de Polyxène,
manquent point d'éloquence; mais ils ne disent ri
qui échauffe l'âme et la remue profondément; ils
donnent aux passions qu'ils attaquent aucune rais
décisive de céder à leurs discours.

« Mortel, ne garde point une haine immortell
« D'autres hommes ont souffert avant vous et comn
« vous; imitez les Prières, filles de Jupiter, qui su
« vent d'un pied boiteux l'Injure au front altier,
« qui, parcourant la terre sur ses traces, s'en vo
« réparant les maux qu'elle a faits. » Ou bien : « I
« pouvoir de la destinée est invincible; quand la N
« cessité terrible appuie sur notre poitrine sa ma
« de bronze, il faut céder. »

Voilà tous leurs moyens de consolation; ils n'o
ni remèdes pour le présent ni promesses pour l'aveni

La religion du Christ est seule habile à fortifi
les âmes contre la douleur; elle seule a des menac

pables d'arrêter la vengeance; elle seule connaît es paroles qui enchantent les plus cruelles douurs; elle seule a des prix pour les âmes d'élite, ui sont, comme dit Bossuet, douces envers le maleur, et même envers la mort.

Que peut dire un athée aux plaintes d'un Lazare ouvert d'ulcères? d'une Rachel qui pleure ses ennts? d'un larron attaché à une croix? d'une Madeine que le monde repousse? Rien autre chose que es mots : Souffrir est la loi commune, soumettezous à la nécessité. Oh! bien différent est le langage e l'Évangile, qui promet à Lazare une place dans sein d'Abraham; au larron repentant, le royaume es cieux; qui dit à Rachel, un ange vous attend dans ciel; à la pécheressse pleurant sa faute, il vous era beaucoup pardonné, parce que vous avez beauoup aimé.

« Comme le pauvre laboureur, au déclin du jour, uitte les champs, regagne sa chaumière et, assis evant sa demeure, oublie ses fatigues en regardant le el; ainsi, quand arrive le soir de la vie, le chréen mourant regagne, avec joie, la maison paterelle et, assis près de sa tombe comme au seuil d'un onde meilleur, il oublie les travaux de l'exil, dans es célestes visions de l'éternité. » Voilà quelles sont es consolations de la religion.

Réflexions.

Il y a dans l'Évangile un si grand nombre de paraboles, de éflexions et de faits propres à consoler, qu'il serait facile de emplacer les citations que nous avons faites par d'autres non oins belles et non moins touchantes; et c'est précisément arce qu'un tel travail est à la portée de l'élève, que nous 'avons pas donné au nôtre de plus larges développements.

LA PARESSE EST LA MÈRE DE TOUS LES VICE ET UNE SOURCE DE MALHEURS.

—

SUJET.

Montrer que le travail, qui est un devoir, est aus un bonheur pour l'homme.

Conseils.

Avant d'analyser un défaut, il faut le définir.

Quand il est caractérisé, il faut remonter à son princip

Quand enfin l'on a dit ce qu'il est et d'où il vient, il res à faire connaître quelles conséquences il entraîne, et p quels moyens on peut s'en préserver ou s'en guérir.

DÉVELOPPEMENT.

La paresse est cette indolence qui nous fait trouve des charmes dans l'oisiveté, et qui nous inspire d la répugnance pour toute occupation active ou sé rieuse.

Notre penchant à la paresse tient d'une part à ce invincible amour que nous avons pour nous-mêmes et qui nous porte à fuir toute fatigue de l'esprit ou d corps; et de l'autre, il tient à un sentiment d'orgue qui nous fait regarder le travail comme inutile pou nous, qui nous jugeons des hommes d'une natur supérieure. Notre indolence, enfin, est un effet d notre constitution morale.

Dieu qui a fait du travail une épreuve pou l'homme, a dû le lui rendre pénible.

Mais, d'un autre côté, si Dieu a donné à l'homme
penchant pour la paresse, il a voulu aussi que le
avail fût le père de la richesse, pour nous le faire
mer.

On a dit, et nous allons le prouver, que la paresse
t la mère de tous les vices.

La paresse, qui naît de l'orgueil, contribue à le
urrir : car le désœuvré ne s'occupe guère que de
i-même, et dans les rêves de son oisiveté, qui sont
seule occupation, les images qui lui plaisent et
'il rappelle sans cesse, sont des images de granur, de félicité, de gloire et de mérite.

Comme il n'y a ni progrès ni succès possible sans
avail, la paresse qui ne peut acquérir de mérite,
rte envie à celui des autres.

Il est impossible qu'un homme, à qui son indo-
nce interdit de rien acquérir, ne soit pas jaloux et
are de ce qu'il possède.

Si notre âme est comme l'eau qui a besoin d'être
itée pour rester pure, l'oisiveté doit être une cause
ochaine de la corruption des mœurs.

Enfin, un paresseux, forcé de renoncer aux sa-
factions de l'esprit et à celles du cœur, n'en est
e plus porté à satisfaire ses appétits corporels ; les
ies honteuses de la débauche sont les seules qui
ient à son niveau et à sa portée, et il s'y livre alors
ec excès, parce que rien ne l'en détourne.

Un paresseux, c'est-à-dire un homme incapable
efforts, est toujours un homme faible, qui a non-seu-
ment ses défauts personnels, mais ceux des autres.

Il y a mille chances pour qu'un paresseux soit un
t, un égoïste et un méchant : incapable d'étude, il
apprend rien ; incapable de dévouement, il n'aime

personne ; incapable de résistance, il cède à toute les mauvaises pensées.

Chose étrange ! les hommes tiennent à la vie, et il ne craignent pas de perdre le temps dont la vie est faite

L'indolent oublie que l'avenir n'est pas, que l passé n'est plus, et qu'il ne possède que le présent dont il ne sait que faire.

La paresse est, dans l'ordre des idées sociales, u si grand désordre, qu'elle amènerait inévitablement si elle était générale, la misère d'abord, et ensuit la ruine du genre humain, qui ne subsiste que pa le travail.

Réflexions.

Une pareille démonstration a le genre de mérite qu'ell comporte, si la liaison des idées y est rendue visible, et néanmoins la forme du raisonnement n'y a pas un caractèr exclusivement philosophique ; il faut que la charpente d discours disparaisse sous les ornements du style, comme dans le corps humain, les os disparaissent sous les contou des chairs et grâce au coloris du sang.

. QUOI TIENT L'AMOUR DU SOL NATAL,
ET QUELLE EN EST L'INFLUENCE.

—

SUJET.

Rechercher les diverses causes et les conséquences l'attachement que portent tous les hommes au ys qui les a vus naître.

Conseils.

On peut répondre que cet amour tient à plusieurs causes, it nous indiquons les principales en peu de mots :

Aux vues de la Providence, qui a voulu que chaque pays des habitants;

A l'empire de l'habitude;

Aux affections, aux plaisirs, et surtout aux souffrances, it le souvenir se lie à celui des lieux où nous les avons ouvées;

A la reconnaissance des services que nous y avons reçus nos parents, de nos amis, de nos voisins, de nos compaotes.

Les causes de l'amour du sol natal une fois connues, il te à parler de ses effets :

Sur la moralité;

Sur le bonheur des hommes.

DÉVELOPPEMENT.

Sur ce sujet, nous ne pouvons mieux faire que de er d'abord l'auteur du *Génie du Christianisme*. « Le plus beau, dit-il, le plus moral des instincts ectés à l'homme, c'est l'amour du sol natal; si tte loi n'était soutenue par un miracle toujours subsistant, et auquel, comme à tous les autres, nous ne faisons nulle attention, tous les hommes se précipiteraient vers les zones tempérées, en laissant le reste du globe désert; on peut se figurer quelles calamités résulteraient de cette agglomération du genre humain sur un seul point de la terre. Pour éviter ces malheurs, la Providence a attaché les pieds de chaque homme au sol qui l'a vu naître par un aimant invisible : les glaces de l'Islande et les sables embrasés de l'Afrique ne manquent point d'habitants.

« Il est même digne de remarque que, plus le sol d'un pays est ingrat, plus le climat en est rude, ou, ce qui revient au même, plus on a souffert dans ce pays d'injustices et de persécutions, plus il a de charmes pour nous. Chose étrange et sublime, qu'on s'attache par le malheur, et que ce soient ceux qui n'ont perdu qu'une chaumière qui regrettent davantage le toit paternel : la raison de ce phénomène, c'est que le bonheur et la prodigalité d'une terre trop fertile détruisent, en nous enrichissant, la simplicité des liens naturels qui se forment de nos besoins.

« Tout confirme la vérité de cette remarque : un sauvage tient plus à sa hutte, qu'un prince ne tient à son palais; et le montagnard trouve plus de charme à sa montagne, que l'habitant de la plaine n'en trouve à son sillon. Demandez à un berger écossais s'il voudrait changer son sort contre celui du premier potentat de la terre : loin de sa tribu chérie, il en porte partout le souvenir; partout il redemande ses troupeaux, ses torrents, ses nuages; il n'aspire qu'à manger le pain d'orge, à boire le lait de la chèvre, à chanter dans la vallée ces ballades que chantaient ses aïeux; il périt s'il ne retourne au lieu natal :

c'est une plante de la montagne, il faut que sa racine soit dans le rocher ; elle ne peut prospérer, si elle n'est battue des vents et des pluies ; la terre, les abris et le soleil de la plaine la font mourir. »

Ulysse, dit Homère, eût donné toutes les délices de l'île de Circé, et l'immortalité qui lui était offerte par la déesse, pour le bonheur d'apercevoir de loin, au-dessus de la cime des arbres de sa pauvre Ithaque, la fumée de son palais rustique.

Il peut être curieux de rapprocher ce qui précède du morceau suivant emprunté à Bernardin de Saint-Pierre :

« Il y a en Suisse un air de musique antique et fort simple, appelé le *ranz des vaches;* cet air est d'un tel effet, qu'on fut obligé de défendre de le jouer, en Hollande et en France, devant les soldats suisses de ces deux pays, parce qu'il les faisait déserter tous l'un après l'autre. Je m'imagine que ce *ranz des vaches* imite le mugissement des bestiaux, le retentissement des échos et d'autres convenances locales qui rappelaient à ces pauvres soldats les vallons, les lacs, les montagnes de leur patrie, et en même temps les compagnons du premier âge, les premières amours, les souvenirs des bons aïeux.

« L'amour de la patrie semble croître à proportion qu'elle est innocente et malheureuse ; voilà pourquoi les peuples sauvages aiment plus leur pays que les peuples policés, et ceux qui habitent des contrées âpres et rudes, comme les habitants des montagnes, que ceux qui vivent dans des plaines fertiles et sous de beaux climats. Jamais la cour de Russie n'a pu engager aucun Samoïède à quitter les bords de la mer Glaciale pour s'établir à Pétersbourg. On amena, le siècle passé, quelques Groënlandais à la cour de Copenhague, et ils moururent en peu de temps de chagrin : plusieurs d'entre eux se noyèrent en voulant retourner en chaloupe dans leur pays. Il y en avait un qui pleurait toutes les fois qu'il apercevait une femme portant un enfant dans ses bras ; on conjectura que cet infortuné était père. »

Dans les pays froids et tristes, les impressions sont d'autant plus vives et d'autant plus durables, qu'elles sont moins variées. Cela est visible même chez les animaux : les oiseaux qui habitent des sites sauvages sont ceux qu'il est impossible de dépayser.

Un gouverneur de Cayenne, dit Alibert, avait fait venir des abeilles d'Europe, et leur avait assigné une habitation exposée au soleil, parfumée de fleurs, à l'abri des vents, et de tout point enchantée et délicieuse ; mais le lendemain, quand il alla pour les visiter, elles avaient disparu ; on les retrouva bientôt attachées au mât du vaisseau qui les avait apportées d'Europe.

Si la Judée n'eût pas été un pays triste et aride, il est douteux que le malheur d'en être éloignés eût inspiré aux Hébreux la belle et touchante élégie : *Au pied des saules qui bordent l'Euphrate.*

Quand Virgile exprime le regret d'un exilé, il fait de cet exilé un berger qui n'a dans son pays qu'un petit champ entouré d'une haie d'aubépine, quelques chèvres et une grotte.

Il y a dans les *Natchez* un chant consacré à la patrie absente, et ce chant de douleur est mis dans la bouche d'un pauvre sauvage qui habitait le désert, où il ne trouvait que l'eau du torrent, des fruits amers et le tombeau de ses ancêtres.

« Heureux ceux qui n'ont point vu la fumée des ètes de l'étranger et qui ne se sont assis qu'aux fes-ins de leurs pères.

« Si le geai bleu du Meschacébé disait à la nonpa-areille des Florides : Pourquoi vous plaignez-vous i tristement? n'avez-vous pas ici de belles eaux, de rais ombrages? — Oui, répondrait la nonpareille fu-;itive ; mais mon nid dans le jasmin, qui me l'appor-era? Et le soleil de ma savane, l'avez-vous?

« Heureux ceux, etc.

« Après les heures d'une marche pénible, le voya-;eur s'assied tristement ; il contemple autour de lui es toits des hommes ; le voyageur n'a pas un lieu où eposer sa tête ; le voyageur frappe à la cabane, il net son arc derrière la porte et demande l'hospitalité ; e maître fait un geste de la main, le voyageur re-)rend son arc et retourne au désert.

« Heureux ceux, etc.

« Merveilleuses histoires racontées autour du foyer, endres épanchements du cœur, longues habitudes l'aimer, si nécessaires à la vie, vous avez rempli les ournées de ceux qui n'ont point quitté leur pays natal ; leurs tombeaux sont dans leur patrie avec le soleil couchant, les pleurs de leurs amis et les charmes de la religion. »

Il se peut que beaucoup de Troyennes eussent consenti sans trop de peine à s'éloigner de leur patrie, quand elle était florissante ; mais quand Ilion est tombé sous l'effort des Grecs, elles ne peuvent plus quitter ses ruines :

Aux bords du Simoïs, les Troyennes captives,
Ensemble rappelaient, par des hymnes pieux,

De leurs félicités les heures fugitives,
Et le deuil sur le front, les larmes dans les yeux,
Adressaient, de leurs voix plaintives,
Aux restes d'Ilion, ces éternels adieux :

« Adieu, champs où fut Troie! adieu, terre chérie!
Et vous, mânes sacrés des héros et des rois!
Doux sommeil de l'Ida, beau ciel de la patrie,
Adieu pour la dernière fois! »

Des vainqueurs nous verrons les fêtes,
Nous dresserons aux Grecs la table du festin;
Leurs épouses riront de notre obéissance;
Et dans les coupes d'or où buvaient nos aïeux,
Debout, nous verserons aux convives joyeux,
Le vin, l'ivresse et l'arrogance.

Chantez cette Ilion proscrite par les dieux;
Chantez, nous diront-ils, misérables captives,
Et que l'hymne troyen retentisse en ces lieux;
O fleuves d'Ilion, nous chantions sur tes rives,
Quand des murs de Priam les nombreux citoyens,
Enrichis dans la paix, triomphaient dans la guerre,
Mais les hymnes troyens
Ne retentiront pas sur la rive étrangère.

« Adieu, mânes sacrés des héros et des rois!
Adieu, terre chérie!
Doux sommeil de l'Ida, beau ciel de la patrie,
Vous entendez nos chants pour la dernière fois! »

« Ainsi, en nous attachant à la patrie, même la plus triste, la Providence justifie toujours ses voies, et nous avons pour notre pays mille et mille raisons d'amour. L'Arabe n'oublie point le puits du chameau, la gazelle, et le cheval compagnon de ses courses dans ses solitudes paternelles; le nègre se rappelle toujours sa case et son bananier.

« Nous ne pouvons aimer notre pays sans aimer ceux qui l'habitent et auxquels nous attachent, d'ailleurs, l'habitude, le besoin et la reconnaissance des services reçus, Dieu, dans sa prévoyance, nous inspire plus d'affection pour ceux avec qui nous devons avoir plus de rapport; il définit admirablement l'amour des hommes, l'amour du prochain.

« C'est lorsque nous sommes éloignés de notre pays que nous sentons surtout l'instinct qui nous y attache; à défaut de réalités, on cherche à se repaître de songes; car le cœur est expert en tromperies, et quiconque a été nourri au sein de la femme, a bu à la coupe des illusions; tantôt, c'est une cabane qu'on aura disposée comme le toit paternel; tantôt, c'est un bois, un vallon, un coteau à qui l'on fera porter quelques-unes de ces douces appellations de la patrie; Andromaque donne le nom de *Simoïs* à un ruisseau qui retrace un grand fleuve de la terre natale. Loin des bords qui nous ont vus naître, toute la nature est comme diminuée et n'est plus que l'ombre de celle que nous avons perdue.

« Que si l'on nous demandait : Quelles sont donc ces fortes attaches, par lesquelles nous sommes enchaînés au lieu natal? nous avouons que nous aurions de la peine à répondre. C'est peut-être le sourire d'un père, d'une mère, d'une sœur; c'est peut-être le souvenir du bon pasteur qui nous éleva, et des jeunes compagnons de notre enfance; ce sont peut-être les soins que nous avons reçus d'une nourrice, d'un vieux serviteur, partie si essentielle de la maison; enfin, ce sont les circonstances les plus simples, si l'on veut même, les plus triviales : un chien qui aboyait la nuit dans la campagne, un rossignol qui revenait tous les ans dans le verger, le nid de l'hirondelle à la fenêtre, le clocher de l'église qu'on apercevait au-dessus des arbres, l'if du cimetière, le tombeau gothique, voilà tout ; mais ces petits moyens démontrent d'autant mieux la réalité d'une Providence, qu'ils ne pourraient avoir une pareille puissance, si Dieu ne l'avait ordonné ainsi. »

Les idées que renferment ce dernier paragraphe se retrouvent dans la romance suivante du même auteur ; les deux exilés qu'il y a mis en scène avec une naïveté si gracieuse, sont deux pauvres petits montagnards élevés dans une chaumière, et qui n'ont perdu d'autres richesses que celles du cœur :

Combien j'ai douce souvenance
Du joli lieu de ma naissance ;
Ma sœur, qu'ils étaient beaux ces jours
De France ;
O mon pays ! sois mes amours
Toujours !

Te souvient-il que notre mère,
Au foyer de notre chaumière,
Nous pressait sur son cœur joyeux,
Ma chère,
Et nous baisions ses blancs cheveux
Tous deux ?

Te souvient-il du lac tranquille,
Qu'effleurait l'hirondelle agile ;
Du vent qui courbait le roseau
Mobile,
Et du soleil couchant sur l'eau
Si beau ?

Ma sœur te souvient-il encore
Du rocher que baigne la Dore,
Et de cette tant vieille tour
Du Maure,
Où l'airain sonnait le retour
Du jour ?

Te souvient-il de cette amie,
Tendre compagne de ma vie,
Et des bois où cueillant la fleur
Jolie,
Hélène appuyait sur mon cœur
Son cœur?

Oh! qui me rendra mon Hélène,
Et la montagne, et le vieux chêne;
Leur souvenir fait tous les jours
Ma peine;
Mon pays sera mes amours
Toujours.

La patrie nous est aussi plus chère quand il faut la quitter.

Un des personnages du drame de *Christine* compare dans les vers suivants le climat glacé de la Suède aux riantes campagnes de l'Italie :

La terre, comme nous, a son heure mortelle,
Et son linceul de neige est froid aussi pour elle.
Italie! Italie! en tes heureux climats,
Toujours le ciel est pur et le sol sans frimas.
Oh! pourquoi, dans l'espoir d'un brillant esclavage,
Beau fleuve de l'Arno quittai-je ton rivage?
Champs paternels, villa qu'habitaient mes aïeux,
Je vous revois encor quand je ferme les yeux;
Tout est là.

C'est en partant pour la sombre Écosse que Marie Stuart trouve la France si belle, et qu'elle lui adresse des adieux si touchants :

Adieu, charmant pays de France,
Que je dois tant chérir;
Berceau de mon heureuse enfance,
Adieu! te quitter, c'est mourir.

Toi que j'adoptai pour patrie,
Et d'où je crois me voir bannir;
Entends les adieux de Marie,
France, et garde son souvenir :
Le vent souffle, on quitte la plage;
Et, peu touché de mes sanglots,
Dieu pour me rendre à ton rivage,
Dieu n'a point soulevé les flots!
Adieu, etc.

Lorsqu'aux yeux du peuple que j'aime,
Je ceignis les lis éclatants,
Il applaudit au rang suprême
Moins qu'aux charmes de mon printemps.
En vain la grandeur souveraine
M'attend chez le sombre Écossais :
Je n'ai désiré d'être reine
Que pour régner sur des Français.
Adieu, etc.

L'amour, la gloire, le génie
Ont trop enivré mes beaux jours;
Mais l'inculte Calédonie
De mon sort va changer le cours;
Hélas! un présage terrible
Doit livrer mon cœur à l'effroi :
J'ai cru voir, dans un songe horrible,
Un échafaud dressé pour moi.
Adieu, etc.

France, du milieu des alarmes,
La noble fille des Stuarts,
Comme en ce jour qui voit ses larmes,
Vers toi tournera ses regards;
Mais, Dieu! le vaisseau trop rapide
Déjà vogue sous d'autres cieux;
Et la nuit, dans son voile humide,
Dérobe tes bords à mes yeux!

Adieu, charmant pays de France,
  Que je dois tant chérir!
Berceau de mon heureuse enfance,
Adieu! te quitter, c'est mourir.

C'est dans sa prison de Fotheringhay, qu'elle charge les nuages qui traversent librement les airs de ses vœux pour son ancienne patrie, et qu'elle envie aux oiseaux le bonheur de s'envoler vers son rivage.

L'entrevue d'Énée et d'Andromaque est un admirable tableau des longues tristesses qu'entretient au fond du cœur le souvenir de la patrie absente ; le mouvement du héros qui baise la porte d'une ville étrangère, uniquement parce que cette porte s'appelle la *porte de Scées*, est tout à fait dans la nature.

Il n'y a pas moins de vérité dans le cri qui lui échappe à la vue des tableaux suspendus sous les portiques du palais de Didon, et où il reconnaît les champs troyens.

Un sauvage amené d'Amérique en France, et se promenant au Jardin des plantes, y aperçut un arbre de son pays ; il courut à lui, et, en l'embrassant, fondit en larmes.

Racine a supposé que les petits oiseaux eux-mêmes, ne quittent point sans regret le lieu de leur naissance :

Ceux qui, de nos hivers redoutant le courroux,
Vont se réfugier dans des climats plus doux,
Ne laisseront jamais la saison rigoureuse
Surprendre parmi nous leur troupe paresseuse.
Dans un sage conseil par les chefs assemblé,
Du départ général le grand jour est réglé.
Il arrive, tout part ; le plus jeune peut-être
Demande en s'éloignant du lieu qui l'a vu naître,
Quand viendra ce printemps par qui tant d'exilés
Dans les champs paternels se verront rappelés.

Enfin, l'homme, arrivant aux portes du tombeau,

semble s'attacher avec plus de force à cette terre qu'il va quitter ; il la regrette, comme témoin, comme théâtre de ses joies et de ses peines : ainsi que Philoctète au moment de quitter sa grotte, il ne peut lui dire adieu sans attendrissement, alors même qu'il y a beaucoup souffert. Ainsi Chaulieu s'écriait :

Fontenai, lieu délicieux
Où je vis d'abord la lumière,
Bientôt, au bout de ma carrière,
Chez toi je joindrai mes aïeux.
Muses qui dans ce lieu champêtre
Avec soin me fîtes nourrir,
Beaux arbres qui m'avez vu naître,
Bientôt vous me verrez mourir.

Ainsi un poëte allemand disait après Chaulieu :

« Comme l'oiseau de passage qui, à la fin de l'hiver, revient visiter son île et sa demeure, je reviens à toi, ô ma terre natale, je cherche le repos évanoui de mes jours d'enfance.

« Depuis que j'ai quitté tes rives aimées, j'ai traversé bien des mers, j'ai passé bien des années de tristesse, j'ai versé bien des larmes amères.

« Me voici de retour ; je reconnais la baie, les flots, les champs et les rochers, tout le monde de mes anciens jours.

« Tout est comme autrefois dans la même vallée, l'arbre s'élève avec la même couronne de verdure, et le même chant retentit dans les bois et dans les airs.

« Tout est comme autrefois ; mais moi je ne suis plus le même. O mon pays bien-aimé ! mon visage a pâli, mes artères battent moins vite et ma joie s'est éteinte.

« Je ne sais plus apprécier ce qu'il y a de doux dans ta beauté, de bon dans tes présents; je ne comprends plus le murmure de tes ruisseaux, ni le langage de tes fleurs.

« Quand je partis, j'étais si riche, si riche et si plein d'espérance, j'emportais de tes frais ombrages tant de pensées brillantes comme l'or. J'emportais le souvenir de tes beaux printemps et la paix de tes campagnes et des bons génies qui avaient étendu leurs ailes sur mon innocence.

« Et maintenant, qu'ai-je rapporté du monde lointain? des cheveux blancs, un cœur malade, et l'envie de mourir.

« Je ne te redemande pas, ô mon pays bien-aimé! ce que j'ai perdu; donne-moi seulement une tombe au pied des peupliers, au bord de la source plaintive. »

Le même sentiment, et parfois aussi les mêmes idées, se retrouvent dans les vers suivants de Lamartine, les plus doux, les plus mélodieux qu'aient jamais inspirés les muses :

Mon cœur lassé de tout, même de l'espérance,
N'ira plus de ses vœux importuner le sort,
Prêtez-moi seulement, vallons de mon enfance,
Un asile d'un jour pour attendre la mort.

Voici l'étroit sentier de l'obscure vallée,
Du flanc de ces coteaux pendent des bois épais
Qui, courbant sur mon front leur ombre entremêlée,
Me couvrent tout entier de silence et de paix.

Là, deux ruisseaux cachés sous des ponts de verdure,
Tracent en serpentant les contours du vallon;
Ils mêlent un moment leur onde et leur murmure,
Et non loin de leur source ils se perdent sans nom.

La source de mes jours comme eux s'est écoulée,
Elle a passé sans bruit, sans nom et sans retour;
Mais leur onde est limpide, et mon âme troublée
N'aura pas réfléchi les clartés d'un beau jour.

La fraîcheur de leur lit, l'ombre qui les couronne,
M'enchaînent tout le jour sur les bords des ruisseaux :
Comme un enfant bercé par un chant monotone,
Mon âme s'assoupit au murmure des eaux.

Ah! c'est là qu'entouré d'un rempart de verdure
De l'horizon borné qui suffit à mes yeux,
J'aime à fixer mes pas, et seul dans la nature,
A n'entendre que l'onde, à ne voir que les cieux.

J'ai trop vu, trop senti, trop aimé dans ma vie,
Je viens chercher vivant le calme du Léthé;
Beaux lieux, soyez pour moi les bords où l'on oublie;
L'oubli seul désormais est ma félicité.

Chateaubriand prête à un sauvage un regret touchant d'une patrie qu'il ne doit plus revoir :

« Un soir, j'errais sur les grèves; mes yeux, parcourant l'étendue des flots, tâchaient de découvrir dans le lointain les côtes de ma patrie : je me figurais que ces flots avaient baigné les rives américaines; dans l'illusion de ma douleur, la mer me semblait murmurer des plaintes comme celles des arbres de mes forêts; alors, je lui racontais mes malheurs, afin qu'elle les redît à son tour aux tombeaux de mes pères, la rêverie vint planer autour de moi; elle m'envoya la plus douce des tristesses du cœur, celle de la patrie absente. »

Il y a un charme qui tient à la même cause, dans les paroles suivantes :

« Ainsi, quand de pauvres matelots ont embarqué avec eux cet oiseau vigilant qui annonce au laboureur le retour de l'aurore et des travaux des champs, si, au milieu des ténèbres de la nuit et parmi le bruit des flots qui battent les flancs du navire, la voix du chantre rustique vient à se faire entendre, le nautonier réveillé par cette voix, revole par la pensée aux lieux qu'il a quittés, et donne un souvenir au toit paternel. »

Réflexions.

Nous avons multiplié les citations et montré comment tous les écrivains, poëtes et prosateurs, qui ont eu à parler de l'amour du pays natal, ont cherché à rendre le caractère impérieux et mélancolique à la fois de ce sentiment. Ces digressions multipliées nous ont un peu détournés du plan méthodique qu'on doit généralement se proposer dans une dissertation; mais on ne doit pas oublier que tous les sujets n'ayant pas le même caractère, ne peuvent être assujettis aux mêmes règles, rigoureuses et absolues.

L'HOMME EST NÉ POUR LA SOCIÉTÉ.

—

SUJET.

Le seul énoncé de cette maxime en indique le sens, la portée et le caractère.

Conseils.

Les preuves de ce fait résultent des vues de la Providence sur l'homme, de ses instincts, de ses besoins, de ses facultés, de sa destination.

Mais pour mettre de l'ordre et de la suite dans les raisons qu'on apporte à l'appui de cette assertion, il sera bon de considérer l'homme dans ses trois principes : physique, moral et intellectuel.

DÉVELOPPEMENT.

Dieu, qui a créé l'homme pour la société, l'a créé faible, nu et souffrant, pour lui faire mieux sentir le besoin de la protection, le prix de la bienfaisance et la douceur de la pitié d'autrui.

Il l'a créé ignorant et curieux, pour l'obliger à recourir aux lumières des autres.

Par le besoin d'amour qu'il a mis dans son cœur, il l'a lié à sa famille, à sa patrie, à l'humanité ; il n'y a peut-être point de souffrances morales plus affreuses que celles de l'isolement.

Ainsi, il suffit de voir quelle est la constitution de l'homme pour reconnaître qu'il est né pour la société.

L'histoire atteste ce que la raison démontre, tous les hommes ne fussent pas nés du même père, comme le raconte la *Genèse*, s'ils n'eussent été destinés à se regarder comme frères et à ne former qu'une seule famille.

Ce qui existe depuis la création du monde ne peut être contraire à la nature et à la destination de l'homme. Or, de tout temps, les sauvages mêmes ont formé des peuplades, les peuples nomades se sont réunis en tribus.

L'homme qui vit seul n'a d'expérience que la sienne, et de lumières que ses lumières personnelles ; sa raison est nécessairement stationnaire ; ses vertus, s'il en a, ne profitent à personne ; il n'est excité au bien ni par les discours, ni par les exemples d'autrui ; il n'y a en lui aucun principe d'activité morale ; sa sensibilité n'ayant point d'objet sur lequel elle puisse se porter, se replie sur elle-même et devient de l'égoïsme.

Les réflexions suivantes de Buffon confirment ce qui précède :

« L'homme a d'abord mesuré sa force et sa faiblesse ; il a comparé son ignorance et sa curiosité ; il a senti que seul il ne pouvait ni suffire ni satisfaire à la multiplicité de ses besoins ; il a reconnu l'avantage qu'il aurait à renoncer à l'usage illimité de sa volonté pour acquérir un droit sur la volonté des autres ; il a recherché surtout l'idée du bien et du mal ; il l'a gravée au fond de son cœur à la faveur de la lumière naturelle qui lui a été départie par la bonté du Créateur ; il a vu que la solitude n'était pour lui qu'un état de danger et de peine ; il a cherché la sûreté et la paix dans la société ; il y a porté ses forces et ses lumières pour les augmenter, en les réunissant à celles des autres; cette réunion est l'ouvrage le meilleur de l'homme; c'est l'usage le plus sage de sa raison; en effet, il n'est tranquille, il n'est fort, il n'est grand, il ne commande à l'univers, que parce qu'il a su se commander à lui-même, se dompter, se soumettre et s'imposer des lois; l'homme, en un mot, n'est homme, que parce qu'il a su se réunir à l'homme. »

Une autre preuve que nous sommes nés pour la société, c'est le besoin que nous sentons de l'estime de nos semblables.

« Nous avons, dit Pascal, une si grande idée de l'âme de l'homme, que nous ne pouvons souffrir d'en être méprisé, et de n'être pas dans son estime; toute la félicité des hommes consiste dans cette estime. »

Ce qui ne laisse aucun doute sur l'instinct social de l'homme, c'est la considération qui suit.

Nos idées, nos opinions, nos croyances sont soumises à l'influence d'autrui; notre nature nous porte à penser et à parler d'après les autres; il est même d'expérience qu'en matière de religion, de politique et de philosophie, presque toujours nous cédons à l'entraînement de l'exemple, et que les opinions reçues par d'autres sont facilement adoptées par nous.

Nous ne sommes pas moins sympathiques aux autres hommes par le cœur que par l'esprit et par les sens. Ainsi, nous prenons volontiers les affections ou les haines de nos proches, de nos amis, de nos concitoyens et de nos voisins.

Nous éprouvons le besoin d'aimer ceux qui nous aiment, d'admirer ceux qui nous admirent, de serir ceux qui nous servent, comme de rendre haine our haine, mépris pour mépris, et dommage pour ommage. Le principe de nos amitiés, de nos affecions, c'est toujours une conformité quelconque de a personne aimée avec nous, ou, ce qui revient au nême, l'harmonie d'une de ses qualités ou de l'un de es défauts avec une de nos qualités ou avec un de nos éfauts; car il y a tout à la fois des sympathies par onvenance et des sympathies par opposition; ainsi, ar exemple, les natures fortes s'allient bien avec es natures faibles, les caractères vifs avec les huneurs douces et patientes.

Le fait de la sympathie de l'homme pour autrui tant une fois établi, examinons quelles en sont les onséquences pour l'homme lui-même et pour la ociété. La première de ces conséquences est notre onheur.

L'homme est heureux des sympathies qu'il resent et de celles qu'il inspire; il jouit mieux d'un eau spectacle, quand il le contemple avec quelu'un qui partage son admiration; il est moins ffecté de son malheur, quand il voit quelqu'un y ompatir; quand la joie qu'il éprouve est partagée, l la goûte avec plus d'ivresse.

Si la sympathie d'autrui est pour lui un élément le bonheur, elle est aussi pour lui un élément de orce; l'homme, isolé et pris à part des autres, est aible; la puissance de la pensée, l'énergie de la voonté, la chaleur du sentiment, la force physique, ui font également défaut. Pour qu'il soit fort, il aut qu'il y ait, au dehors, des efforts, des pensées, les affections qui répondent à ses efforts, à ses pensées et à ses affections; il faut que, par la sympathie, il puisse ajouter à sa puissance personnelle la puissance commune de ses semblables.

Les hommes sont comme les aimants : quand il s'unissent, ils donnent à leur union bien au delà d leurs forces individuelles.

Partout où l'on a vu de grands travaux s'exécuter, de grands monuments s'élever, de grandes entreprises s'achever, il y a eu sympathie de volonté et concours de travaux vers un même but.

Partout où a éclaté l'enthousiasme, il y a eu l'action sympathique d'un sentiment ou d'une idée commune sur plusieurs.

Réunissez des groupes de jeunes garçons et d jeunes filles, si vous voulez que l'enfance ait toute s beauté; mariez les voix humaines, si vous voule qu'elles soient délicieuses; réunissez tout un peupl aux pieds des autels, si vous voulez que le culte ai toute sa grandeur; adressez vos paroles à la foule si vous voulez qu'elles soient éloquentes.

Si la sympathie contribue au bonheur et à l puissance de l'homme, elle contribue aussi à s moralité.

Les hommes se touchent, mais ils se touchen surtout par les beaux côtés de la nature humaine Ainsi, la vérité unit mieux les intelligences que l'erreur; ainsi, un commun enthousiasme exalte plu les âmes qu'une aversion commune; ainsi, une piti universelle est plus vive qu'une joie générale : d'o il suit que, par la sympathie, les hommes sont, e général, ramenés au sentiment du beau et à la pratique du bien.

Si les sympathies étaient fondées sur les ressemblances, nous en aurions autant pour les homme vicieux que pour les hommes honnêtes, attendu que les uns nous ressemblent autant et peut-être plus que les autres; mais il n'en est rien. Nous sommes ambitieux, avares, envieux, colères et ingrats, et l'ambition, l'avarice, la colère, l'ingratitude nous sont antipathiques; ce qui nous touche, c'est un trait de génie, c'est un trait d'héroïsme, c'est une merveille de la nature ou de l'art; c'est, en un mot, ce qu'il y a de bon dans notre nature. Et cela est si vrai, que l'on a vu des hommes dépravés, sur qui la vertu semblait avoir perdu tout empire, se montrer sensibles à la touchante influence de ce qui est beau, de ce qui est bien. Ainsi, l'Arioste voit, grâce à son génie, ses assassins devenir ses admirateurs : ainsi, dans nos prisons, il n'est pas rare que des condamnés prêtent à des histoires morales une attention pleine d'intérêt.

Ce principe domine même nos sympathies pour les animaux. Ceux de leurs instincts qui nous les attachent le plus, sont ceux qui se rapprochent davantage des belles qualités de l'homme : ainsi, nous aimons le chien à cause de la fidélité de ses affections; le cheval, à cause de son intelligence; le cygne, à cause de sa beauté.

A l'appui de notre opinion, nous citerons le passage suivant, d'Adam Smith, si bien traduit par M. Cousin :

« Il est d'expérience que nous faisons toujours effort pour accorder nos sentiments avec ceux d'autrui; nous affaiblissons instinctivement l'expression de nos croyances, de nos intérêts, de nos passions, quand nous les savons contraires aux croyances, aux intérêts et aux passions de ceux avec qui nous

nous trouvons, et ceux-ci, à leur tour, modifient le leurs dans un sens contraire. »

Réflexions.

Un philosophe a dit : *Il n'y a que le méchant qui vit seul* Cette thèse est la contre-partie de la nôtre : prouver que de instincts pervers et de mauvaises pensées peuvent seul conduire à l'isolement et s'y complaire, n'est-ce pas établi en même temps que l'homme bon et généreux ne peut vivr séparé de ses semblables?

DE L'ENTHOUSIASME ET DE SES EFFETS.

—

SUJET.

L'enthousiasme est à la fois pour l'homme la ɔurce de grandes jouissances et d'amères décep- ons.

Conseils.

L'élève devra d'abord rechercher ce que c'est que l'en- ıousiasme et le définir. L'enthousiasme est une exaltation u cœur ou de l'esprit qui entraîne des conséquences heu- euses ou déplorables, suivant les causes qui le font naître ou but qu'il fait poursuivre.

Il faut donc l'étudier dans ses sources qui sont diverses, et ans ses tendances qui ne sont pas toujours les mêmes.

Il y a l'exaltation du poëte, de l'artiste, du savant, du hilosophe, comme il y a l'exaltation du patriotisme et de la eligion; tout ce qui est de nature à saisir vivement notre me peut inspirer de l'enthousiasme.

Un enthousiasme religieux, s'il est aveugle, conduit au natisme; un amour immodéré de la liberté conduit à la cence; un zèle trop ardent pour la science conduit à la ɔlie.

Après avoir examiné quelle est l'influence de l'enthou- iasme sur le moral et sur l'intelligence de l'homme, on peut xaminer s'il contribue ou non à son bonheur; si pour une emme il n'y a pas plus de périls que pour un homme à s'y bandonner.

DÉVELOPPEMENT.

Les âmes n'ont la plénitude de leur puissance que ar l'enthousiasme, qui donne au sentiment toute la chaleur, à l'intelligence toute sa portée, à la volonté toute son énergie.

Il y a dans l'enthousiasme l'oubli, ou plutôt l'insouciance momentanée de tout péril, de tout intérêt, de toute affection vulgaire.

Par lui, nous nous détachons de la terre et nous nous transportons à une hauteur qui nous donne quelque chose de divin en nous rapprochant du ciel.

Dans la science, on n'a fait de grandes choses que par l'enthousiasme. Colomb voyait, dans un passage de l'Écriture sainte, la prédiction de ses découvertes ; c'est parce qu'il se croyait une sorte de Messie dans le monde scientifique que Képler parvint à deviner les lois de la mécanique céleste. L'âme a besoin de prendre son élan de quelque hauteur pour atteindre au sublime.

Madame de Staël, qui a écrit tant de pages admirables, ne s'est peut-être jamais élevée plus haut que dans les lignes suivantes, où elle dépeint l'enthousiasme sous des couleurs à la fois si vives et si vraies :

« Les philosophes que l'enthousiasme inspire sont peut-être ceux qui ont le plus d'exactitude et de patience dans leurs travaux ; ce sont en même temps ceux qui songent le moins à briller : ils aiment la science pour elle-même, et ne se comptent pour rien dès qu'il s'agit de l'objet de leur culte.

« Ce sont aussi ceux qui ont le plus de chances de succès dans leurs recherches, car on ne rencontre jamais le vrai que par l'élévation de l'âme.

« La société développe l'esprit, mais c'est la contemplation seule qui forme le génie.

« Le talent a besoin de confiance ; il faut croire

dmiration, à la gloire, à l'immortalité, pour éprouer l'inspiration.

« On accuse l'enthousiasme d'être passager; mais est précisément parce qu'elles se dissipent aisément ı'il faut s'occuper d'émotions si belles, parce ı'elles donnent à l'âme de la dignité et de la granur, et un bonheur d'illustre origine qui relève les eurs abattus.

« Il n'est aucun devoir, aucun plaisir, aucun sennent qui n'emprunte de l'enthousiasme une noulle puissance.

« S'agit-il, pour les hommes, de marcher au seurs de la patrie, chaque battement de leur cœur t une pensée d'amour et un mouvement de fierté ; ıe le signal se fasse entendre, que la bannière naınale flotte dans les airs, et vous verrez des rerds, jadis si doux, si prêts à s'attendrir à l'aspect ı malheur, animés tout à coup par une volonté inte et terrible ; ni les blessures, ni le sang même feront plus frémir ; ce n'est plus de la douleur, ce est plus la mort, c'est une offrande au Dieu des mées ; nul regret, nulle incertitude ne se mêlent ors aux résolutions les plus désespérées, et, quand cœur est tout entier dans ce qu'il veut, l'on jouit lmirablement de l'existence, alors même qu'on en fait le sacrifice. »

On ne peut pas, non plus, nier l'influence morale e l'enthousiasme.

Cette disposition de l'âme a de la force malgré sa ouceur, et celui qui la ressent sait y puiser une oble constance ; les orages des passions s'apaisent, s plaisirs de l'amour-propre se flétrissent ; l'enthouasme seul est inaltérable : l'âme elle-même s'affaisserait dans l'existence physique, si quelque chose d fier et d'animé ne l'arrachait au vulgaire ascendan de l'égoïsme; cette dignité morale, à laquelle rie ne saurait porter atteinte, est ce qu'il y a de plu admirable dans le don de l'existence; c'est pour ell que, dans les peines les plus amères, il est encor beau d'avoir vécu comme il serait beau de mourir

Il y a quelque chose de piquant dans la méchan ceté; il y a quelque chose de faible dans la bonté L'admiration pour les grandes choses peut être dé concertée par la plaisanterie; et celui qui ne me d'importance à rien a l'air d'être au-dessus de tout Si donc l'enthousiasme ne défend pas notre cœur e notre esprit, ils se laissent prendre de toutes part par ce dénigrement du beau, qui réunit l'insolenc à la gaîté.

Les travaux de l'esprit ne semblent, à beaucou d'écrivains, qu'une occupation presque mécanique et qui remplit leur vie comme toute autre occupatio pourrait le faire : de tels hommes ont-ils l'idée d sublime bonheur de la pensée, quand l'enthousiasm l'anime? Savent-ils de quel espoir on se sent pénétré quand on croit manifester, par le don de l'éloquence une vérité profonde, une vérité qui forme un géné reux lien entre nous et toutes les âmes en sympathi avec la nôtre? Dans ce monde, on se sent oppress par ses facultés, et l'on souffre souvent d'être se de sa nature au milieu de tant d'êtres qui vivent si peu de frais; mais le talent créateur suffit, pou quelques instants du moins, à tous nos vœux; il ses richesses et ses couronnes; il offre à nos regar les images lumineuses et pures d'un monde idéal.

La nature peut-elle être sentie par des homme

ns enthousiasme? ont-ils pu lui parler de leurs oids intérêts, de leurs misérables désirs? Que ré-ndraient la mer et les étoiles aux vanités étroites : chaque homme pour chaque jour? Mais si notre ne est émue, si elle cherche un Dieu dans l'uni-rs, si même elle veut encore de la gloire et de mour, il y a des nuages qui lui parlent, des tor-nts qui se laissent interroger; et le vent, dans la uyère, semble daigner nous dire quelque chose : ce que nous aimons.

Les hommes sans enthousiasme croient goûter des uissances pour les arts; ils aiment l'élégance du xe; ils veulent se connaître en musique, en pein-re, afin d'en parler avec grâce, avec goût, et ême avec ce ton de supériorité qui convient à homme du monde. Mais tous ces arides plaisirs, que ont-ils à côté du véritable enthousiasme? En con-mplant le regard de Niobé, de cette douleur calme t terrible qui semble accuser les dieux d'avoir été loux du bonheur d'une mère, quel mouvement 'élève dans notre sein? Quelle consolation l'aspect de beauté ne fait-elle pas éprouver? car la beauté est ussi une perception de l'âme, et l'admiration qu'elle ıspire est noble et pure. Pour admirer l'Apollon, ne aut-il pas sentir en soi-même un genre de fierté qui oule aux pieds tous les serpents de la terre? Ne faut-il as être chrétien, pour pénétrer la physionomie des ierges de Raphaël et du saint Jérôme du Domini-uin; pour retrouver dans la grâce enchanteresse t dans le visage abattu, dans la jeunesse éclatante t dans les traits défigurés, la même expression qui art de l'âme et traverse, comme un rayon céleste, 'aurore de la vie et les ténèbres de l'âge avancé?

Y a-t-il de la musique pour ceux qui ne sont p
capables d'enthousiasme ? Une certaine habitude le
rend nécessaires les sons harmonieux ; ils en joui
sent comme de la saveur des fruits ou de la décora
tion des couleurs. Mais leur âme tout entière a-t-el
retenti comme une lyre, quand, au milieu de la nui
le silence a été tout à coup troublé par des chants c
par des instruments qui ressemblent à la voix h
maine ? Ont-ils alors senti le mystère de l'existen
dans cet attendrissement qui réunit nos deux nature
et confond dans une même jouissance les sensatio
et les sentiments ?

Quelle beauté le langage de l'affection n'emprunt
t-il pas de l'enthousiasme pour la poésie et les beau
arts ? Qu'il est beau d'aimer par le cœur et par l
pensée ; de varier ainsi de mille manières un sent
ment qu'un seul mot peut exprimer, mais pour leque
toutes les paroles du monde ne sont encore que m
sère ; de se pénétrer des chefs-d'œuvre de l'imagi
nation qui relèvent tous de l'amour, et de trouver
dans les merveilles de la nature et du génie, quel
ques expressions de plus pour révéler son propr
cœur !

L'enthousiasme est, de tous les sentiments, celu
qui donne le plus de bonheur moral.

Quelle misérable existence que celle de repousse
sans cesse les mouvements généreux qui naissen
dans le cœur, comme une maladie de l'imagination
Quelle pauvre existence aussi que celle de beaucou
de gens qui se contentent de ne pas faire de mal
et qui traitent de folie la source d'où découlent le
grandes pensées et les belles actions !

Ils se condamnent à cette monotonie d'idées, à

tte froideur de sentiment qui laisse passer les jours as en tirer ni fruits, ni progrès, ni souvenirs.

Quelques raisonneurs prétendent que l'enthousme dégoûte de la vie commune, et que, ne pount pas toujours rester dans cette disposition, il ut mieux ne l'éprouver jamais. Et pourquoi donc t-ils accepté d'être jeunes, de vivre même, puisque la ne devait pas toujours durer? pourquoi donc t-ils aimé, puisque la mort pouvait les séparer s objets de leur affection? Quelle triste économie e celle de l'âme, qui nous a été donnée pour être veloppée, perfectionnée, prodiguée même dans noble but!

On dit encore que plus on se rapproche de l'exisnce matérielle, plus on diminue les chances de uffrances; mais il y a, dans la dégradation, une ouleur dont on ne se rend pas compte. L'homme la conscience du beau comme celle du bon, et la rivation de l'un lui fait sentir l'ennui, comme la éviation de l'autre lui fait sentir le remords.

L'enthousiasme qui enivre l'âme de bonheur, outient encore dans l'infortune, et laisse après lui e ne sais quelle trace lumineuse et profonde qui ne ermet pas même à l'absence de nous effacer du œur de nos amis; il nous sert aussi d'asile à nousnêmes contre les peines les plus amères; il ne s'éeint pas sous les glaces de l'âge; et c'est le seul entiment qui puisse se calmer sans nous refroidir.

Les affections les plus simples, celles que tous es cœurs se croient capables de sentir, l'amour maernel, l'amour filial, peut-on se flatter de les avoir connues dans leur plénitude, quand on n'y a pas mêlé l'enthousiasme? N'est-ce pas l'enthousiasme qui exalte en nous la pitié, la sympathie, le bonhe d'être nécessaire? Quand nous avons perdu celui c nous a donné la vie, n'est-ce pas lui qui rassem dans notre sein quelques étincelles de l'âme enlev dans les cieux, et qui nous fait croire que s image attendrie se penchera vers nous pour no soutenir avant de nous rappeler?

Enfin, quand arrive la grande lutte, quand faut, à son tour, se présenter au grand combat la mort, sans doute l'affaiblissement de nos faculté la perte de nos espérances, cette vie si forte q s'obscurcit, cette foule d'idées et de sentiments q habitaient dans notre sein et que les ténèbres de tombe enveloppent, ces intérêts, ces affection cette existence qui se changent en fantôme avant s'évanouir, tout cela fait mal; et l'homme vulgair quand il expire, paraît avoir moins à mourir. Di soit béni, cependant, pour le secours qu'il no prépare encore en cet instant; nos paroles sero incertaines, nos yeux ne verront plus la lumièr nos réflexions, qui s'enchaînent avec clarté, arr veront, isolées, sur de confuses traces; mais l'e thousiasme ne nous abandonnera pas : ses ail brillantes planeront sur notre lit funèbre; il soul vera les voiles de la mort; il nous rappellera c moments où, pleins d'énergie, nous avions senti q notre cœur était impérissable, et nos derniers sou pirs seront peut-être comme une noble pensée q remonte vers le ciel.

Qu'il nous soit permis d'opposer à ces belles in spirations du génie, des réflexions d'une moind portée intellectuelle, mais d'une application pl ordinaire.

Dieu a donné aux femmes une organisation plus délicate, une imagination plus vive et un cœur plus tendre; ces dons précieux, développés dans une juste mesure, peuvent être, pour elles, un principe de sagesse et un gage de bonheur; mais ils peuvent devenir aussi une cause d'erreurs et une occasion de souffrances.

Le premier malheur d'une jeune fille enthousiaste et d'un caractère romanesque, c'est d'être un objet de moquerie pour la foule.

En effet, il est rare qu'une telle femme puisse conserver dans son maintien, dans ses actions et dans son langage, cette mesure, cette dignité et cette décence, qui sont, pour son sexe, la plus belle des parures.

On pardonne aux hommes qui s'élèvent, par leur talent, au-dessus de la foule, la bizarrerie des manières et l'étrangeté du langage. Il est reçu qu'un homme de génie peut être impunément taxé d'originalité; mais, à tort ou à raison, on ne croit pas au génie des femmes, et encore moins à celui des jeunes filles; toutes celles à qui l'enthousiasme de leurs idées donne quelque chose d'extraordinaire, sont accusées de manquer aux convenances, et, pour une femme, cette accusation est assurément très-grave; car les convenances sont pour elle des devoirs.

D'un autre côté, l'exaltation des idées se trouvant dans une opposition prononcée avec la destinée des femmes, il en résulte, pour celles qui s'y livrent, une autre cause de ridicule.

L'enthousiasme est le mobile des grandes actions; mais ce qu'on demande aux femmes, c'est uniquement d'en faire de bonnes; il faut de l'enthousiasme à l'imagination du poëte, à la pensée d l'artiste, au courage du guerrier et à l'éloquence d l'orateur; mais les femmes ne sont appelées à mon ter ni sur le Parnasse, ni à l'assaut, ni à la tribune la vie qui les attend est une vie paisible : il ne fau donc pas d'éclat aux vertus qu'on leur demande, il y a quelque chose de risible à voir des Bellone ou des Muses au milieu d'un ménage.

Les femmes ordinaires, qui ne croient pas à l'en thousiasme, parce qu'elles ne peuvent le concevoir traitent d'insensées toutes celles qui en éprouvent elles regardent l'enthousiasme comme le dédain in jurieux des qualités communes qui sont leur par tage; elles voient en lui une prétention qu'elle n'ont pas, et dont elles s'offensent.

Les hommes jugent ce travers avec plus de sévé rité encore : une femme exaltée est, à leurs yeux une femme rebelle aux devoirs de son sexe; ce hommes si exagérés dans leurs opinions politiques dans leurs passions et dans leurs systèmes, s'indi gnent de l'exaltation des femmes; tout en se plaçan beaucoup au-dessus d'elles, ils leur demandent un raison qu'ils n'ont pas eux-mêmes.

Si l'exaltation expose au ridicule, elle expos aussi à beaucoup d'autres inconvénients.

L'homme enthousiaste est comme frappé d'aveu glement; il ne voit les objets qu'à travers un prism qui les embellit ou les rend difformes; de là, sa fa cilité à se passionner, en dépit de la raison qui cher che à l'éclairer. Or, si la passion aveugle les hommes elle aveugle surtout les femmes; si peu clairvoyan que soit un jeune homme, le bandeau qui lui couvr les yeux ne l'empêche point de marcher assez droi vers les dignités, les honneurs et la fortune ; mais, pour une femme exaltée, il n'y a plus d'autre intérêt que celui du cœur.

Nous insistons d'autant plus sur le danger de l'enthousiasme, qu'il n'enflamme ordinairement que les âmes pures et candides. Les âmes ambitieuses attendent, pour s'attacher, un rang, des titres, la fortune et la gloire ; elles sont préservées de toutes les affections qui ne promettent aucun de ces avantages ; mais un cœur généreux, qui les compte pour rien, est plus imprudent ; il a moins de considérations qui le retiennent dans ses premiers mouvements ; et, comme d'ailleurs on peut moins se tromper sur sa fortune, sur son rang et sur sa naissance, qui sont des choses visibles, que sur des sentiments qui sont cachés, il s'ensuit qu'il y a plus de chances d'erreurs pour un cœur enthousiaste et généreux, que pour un cœur froid qui ne considère que le côté positif de la vie.

L'enthousiasme ajoute, en apparence, à la puissance morale de l'homme ; il imprime un mouvement rapide à ses facultés ; il l'élève, pour un moment, au-dessus de lui-même ; il paraît, en un mot, vouloir le rapprocher du ciel et l'unir à Dieu ; mais les forces qu'il lui prête ne sont pas durables ; la fatigue qui leur succède l'épuise et le tue : de l'exaltation à la folie, il n'y a qu'un pas. La plupart des grands hommes qui ont marqué par leur enthousiasme, sont morts insensés.

La même disposition d'esprit qui compromet la raison d'une femme, compromet aussi son bonheur.

L'enthousiasme nous cause, il est vrai, la plus délicieuse des émotions ; mais, par cela même, il fait sentir le néant des autres ; et, comme on ne l'éprou guère qu'en écoutant des paroles sublimes, en voya de belles actions, en rencontrant de nobles sent ments, toutes choses qui sont fort rares, il s'ens que le bonheur de l'enthousiasme n'est jamais qu'u lueur passagère, et que les hommes modérés, q sont heureux à moins de frais, le sont plus souver

Si les jouissances de l'enthousiasme sont rare parce qu'il y a peu d'objets qui puissent l'inspirer, ell le sont encore plus par notre impuissance à les goût longtemps ; le bonheur de l'enthousiasme posséd il est vrai, la pureté, l'éclat et le parfum des fleur mais aussi, comme les fleurs, il n'a guère qu'u saison dans la vie ; le temps nous l'enlève avec to le reste : à mesure que nous avançons en âge, à m sure que nous acquérons de l'expérience, à mesu que notre raison et nos lumières s'étendent, nous a mirons moins les hommes, parce que nous les co naissons mieux ; notre cœur se glace pour eu notre enthousiasme se refroidit, et le bonheur q cet enthousiasme nous donne, ne tarde pas à no échapper.

Cette perte est, pour une femme, plus gran que pour un homme ; il reste à celui-ci, quand a perdu les illusions du cœur, quand il est tristeme éclairé sur la vanité des affections et l'inconstan des vertus humaines, il lui reste les illusions de l'o gueil, l'espoir des grandeurs et les charmes de l' tude ; mais, pour la femme qui a cessé d'aimer d'être aimée, la perte de ses espérances est une mo anticipée. Ce sentiment est toute la vie d'une femm toute son âme est dans son cœur.

L'enthousiasme avait créé pour elle un monde fa

astique, où son regard n'apercevait que des fleurs, où son esprit n'imaginait que des perfections, où son cœur ne pressentait que de nobles sentiments. L'illusion a été de courte durée; de ce monde enchanté, où s'égarait son imprévoyance, elle retombe dans le monde réel, où elle voit les fleurs remplacées par les épines, les grossiers détails de la vie domestique succédant à la poésie des créations intellectuelles, et les sordides calculs de l'intérêt venant dissiper les rêves de son imagination.

De là, pour elle, une série de réflexions amères; de là, son mépris injuste pour des avantages que, dans une autre disposition d'esprit, elle eût appréciés; de là, enfin, une accusation cruelle portée au fond du cœur contre le monde qui l'environne, contre sa position, contre sa famille peut-être; plus étaient admirables les biens que se promettait son enthousiasme, plus affreux est son désespoir de les avoir perdus. Elle avait rêvé des félicités suprêmes; son supplice est celui d'un ange tombé du ciel; et, entrant dans le froid abîme du monde réel, elle a laissé sur le seuil de ce monde toutes ses espérances.

Oh! combien de femmes ont éprouvé les vives et poignantes douleurs de ces désenchantements! sur combien de fronts, jeunes encore, les regrets ont gravé les rides prématurées que l'âge seul devait y imprimer!

Si la femme exaltée souffre de ce qu'elle perd en idée, elle souffre plus encore de ce qu'elle trouve en réalité dans le monde.

Sa vie y est malheureuse, par cela seul qu'elle y est agitée et bouleversée par le choc continuel d'impressions opposées; or, les femmes sont comme des fleurs, les orages ne peuvent les briser sans les flétrir.

L'enthousiasme éveille dans une femme une foul de passions qui ne peuvent être satisfaites; l'enthousiasme, pour elle, c'est le tourment de l'ambitio sans la puissance, c'est la lutte du damné mythologique qui essaye de gravir une montagne avec un rocher qui retombe éternellement.

Un homme, du moins, un homme enthousiaste avec du talent, du génie ou de la patience, peu écarter ou briser les obstacles qui l'arrêtent dans s marche; l'énergie de sa volonté est pour lui un levie avec lequel il peut soulever le monde.

Il marche dans sa force et dans sa liberté; mais dans une femme, cet être faible, le feu de l'enthousiasme est un feu qui la consume inutilement; les préjugés, les institutions sociales, l'opinion sont de chaînes qui pèsent sur son génie; son supplice es celui du malheureux Prométhée; elle est fatalemen liée à la destinée que lui ont faite le hasard et la naissance, la volonté d'un père ou celle d'un mari L'exaltation d'idées qui la porte à secouer des chaîne que rien ne brisera jamais, est pour elle une sourc de tourments, ou plutôt cette exaltation rend so bonheur impossible.

Ce qui ajoute au malheur d'une femme exaltée c'est qu'elle fait celui des autres, quand elle est détrompée : comme elle ne voit rien dans ce qui l'environne qui lui paraisse mériter l'estime, l'affectio et la bienveillance, elle prend communément le part de n'aimer qu'elle-même, et devient égoïste; e alors inévitablement le monde lui rend l'indifférenc qu'elle a pour lui; de là, de nouvelles souffrances nfin, il y a peu d'hommes disposés à faire le boneur d'une femme exaltée; la tâche est trop rude; e bonheur est mis à des conditions que ne peuvent emplir les hommes vulgaires; il exige d'eux un dé-ouement si complet, des sentiments si généreux, des dées si sublimes, des ménagements si délicats, et urtout une abnégation si absolue de leur propre vo-onté, qu'ils refusent communément de s'en charger.

Une femme exaltée est donc forcément isolée dans a famille et dans le monde; elle est condamnée à la lus triste des solitudes, celle du cœur; comme il 'y a pas d'âme qui la comprenne, il n'y en a point qui lui réponde; à mesure qu'elle avance en âge, elle st de plus en plus condamnée à une tristesse invin-ible; car, toutes ses pensées, refoulées au fond du œur, y deviennent des souffrances; elle perd ainsi out le bonheur de la vie réelle, parce qu'elle a voulu elui qui n'est pas à sa portée.

Réflexions.

Nous avons essayé de faire sentir tout ce que l'enthousiasme nous donne de force et de jouissance morale; mais nous avons dû surtout insister sur les déceptions qu'il nous prépare, quand nous nous y abandonnons avec trop d'entraînement.

LA CHARITÉ
EST UNE VERTU ESSENTIELLEMENT CHRÉTIENNE.

—

SUJET.

Montrer en quoi la charité est supérieure à la bonté, à la bienfaisance; pourquoi elle a été une vertu inconnue des anciens; comment Jésus-Christ l'a enseignée et pratiquée.

Conseils.

La supériorité de la charité chrétienne sur celles des vertus purement humaines qu'on pourrait lui comparer, doit être établie de plusieurs manières :

1°. Par le rapprochement des maximes de la sagesse philosophique et des maximes de l'Évangile ;

2°. Par la comparaison des belles actions inspirées par la bonté naturelle, et des belles actions inspirées par le christianisme;

3°. Par le tableau de l'influence exercée dans le monde par la charité chrétienne, opposé à celui de l'influence qu'y avait exercée la simple humanité avant Jésus-Christ.

DÉVELOPPEMENT.

L'humanité des païens ne dépassait guère les frontières de leur pays; leurs seuls compatriotes étaient pour eux des hommes, tous les autres étaient des barbares.

L'humanité antique n'avait rien de cette bonté affectueuse qui double le prix des bienfaits, parce u'elle permet à celui qu'on oblige de penser qu'on 'oblige pour lui-même.

Enfin, elle ne s'étendait ni à toutes les misères, ni toutes les douleurs.

Mais la charité chrétienne embrasse tous les ommes, s'étend à tous les besoins, et donne, non-eulement de la main, mais du cœur; par sa croyance la communion des saints, elle unit, comme avec une haîne d'or, le ciel à la terre, et la terre aux limbes.

Elle a des soins pour ceux qui vivent, des prières our ceux qui ne sont plus, des alarmes pour ceux ui doivent naître, de la pitié pour les infirmités de a vieillesse, des larmes pour les faiblesses du jeune ge : les misères du cœur, les égarements de la rai-on, les souffrances du corps, attirent tous ensemble on attention; au malade, elle envoie ces vierges ont la douce voix enchante les douleurs; au pauvre auvage, les missionnaires qui l'instruisent; elle a es bons pasteurs, qui vont à la recherche des brebis garées; ses guides du voyageur, qui font sentinelle ur la montagne; ses pères du désert, qui défrichent es terres incultes; ses hommes de miséricorde, qui ont au loin racheter les captifs, ou panser les bles-és sur les champs de bataille, ou recueillir, au ond des cachots, les adieux de ceux qui vont mou-ir. La bienfaisance est, sans doute, une admirable ertu; mais elle ne fait aucun bien que la charité e puisse faire, et la charité en fait beaucoup que 'humanité n'a jamais fait. La religion va bien loin ans sa charité, puisqu'elle l'étend au crime même; 'est elle qui dit au chrétien :

Ah! de tous les malheurs le crime est le plus grand;

Le crime, dont l'aspect t'irrite et t'importune,
A besoin de pitié plus qu'une autre infortune.

Nous sommes humains par sympathie, bienfaisants par devoir, et charitables par religion ; cela suffit pour faire voir que la charité est la plus étendue, la plus délicate et la plus désintéressée des affections, et qu'elle a nécessairement la pureté et la force de son principe, qui est l'amour de Dieu.

Dans l'ordre des idées religieuses, tous les hommes sont enfants de Dieu et membres de la même famille ; ils ont été rachetés du même sang, et ils sont appelés au même bonheur ; ils ont tous, enfin, une âme également précieuse. Il n'y a donc que la religion qui nous apprenne à les aimer autant qu'ils le méritent. Un Brame, qui se croit d'une nature supérieure à celle d'un Paria, un athée qui ne voit dans ses pareils que des animaux mieux organisés que les autres, ne peuvent avoir de charité pour ceux qu'ils méprisent ainsi.

« La charité, dit Chateaubriand, est une sorte de bienfaisance plus sublime que l'on doit au christianisme ; et le peu d'humanité qu'on remarque chez les anciens, ils le devaient eux-mêmes à leur culte ; l'hospitalité, le respect pour les suppliants et pour les malheureux, tenaient à des idées religieuses. Pour que le misérable trouvât quelque pitié sur la terre, il fallait que Jupiter se déclarât son protecteur : tant l'homme est féroce sans religion ! »

Jésus-Christ a fait de la charité l'obligation en quelque sorte unique du christianisme. « Celui, dit-il, qui aime son prochain comme lui-même a accompli la loi. » — « Aimez-vous les uns les autres,

omme je vous ai aimés, » voilà quelle a été sa der-
ıière parole à ses disciples. L'exemple chez lui se oignait au précepte. Toutes ses œuvres ont été des euvres de charité pour les autres: *Pertransiit bene-aciendo,* il a passé sur la terre en faisant le bien; il 'a fait des miracles ni pour frapper l'imagination, ni our inspirer l'effroi; il les a faits pour rendre un fils nique à la veuve de Naïm, pour rendre la vue aux veugles, l'ouïe aux sourds, le mouvement aux pa-alytiques et la santé aux malades; il a mis sa puis-ance au service de sa bonté; il a été, avant tout, e Dieu des miséricordes, le Dieu sauveur, le Dieu e la charité.

Après la religion, ce qui nous dispose le plus à la harité, c'est le malheur.

Réflexions.

Cette dernière pensée fournirait encore de longs dévelop-ements, et pourrait elle-même devenir le sujet d'une disser-tion nouvelle, destinée à montrer que la souffrance rend homme meilleur, et qu'elle développe en lui les principes de ympathie et de sensibilité, qui, bien souvent, sont étouffés ar la jouissance et le bien-être. Mais, nous le répétons, notre ut est bien moins ici de traiter à fond de hautes questions de hilosophie, que de faire voir comment on peut developper ertaines idées générales, et donner à certaines vérités mo-les, par la discussion, un caractère plus frappant de cer-tude et d'évidence. Nous indiquons la route, c'est mainte-ant aux élèves à la parcourir.

Remarquons ici que les sujets empruntés aux idées reli-ieuses sont, de tout point, les plus riches et les plus utiles traiter, à les considérer même sous le rapport littéraire.

Ici se terminent les différentes séries d'exercices sur la omposition littéraire. Nous croyons n'avoir omis aucun enre essentiel et avoir successivement exercé l'élève à traiter toute espèce de sujets, depuis la traduction, timide essai, dans lequel il s'initiait aux premières difficultés de l'art d'écrire, jusqu'aux dissertations, qui fournissent une vaste et libre carrière à sa pensée.

Les règles que nous avons eu l'occasion de poser et d'expliquer, à mesure qu'elles se rencontraient sur notre route, forment comme une théorie élémentaire de l'art d'écrire. Que l'enfant les médite, qu'il les applique à l'occasion, et qu'il y ajoute quand la lecture et l'analyse des bons écrivains lui auront formé le goût; c'est là tout ce qu'il est utile de lui recommander; c'est là tout le secret de la composition littéraire.

PRÉCEPTES LITTÉRAIRES.

AVERTISSEMENT.

Nous ne prétendons pas, en exposant ces préceptes, faire un traité de rhétorique; nous voulons seulement passer rapidement en revue les différents moyens qui peuvent le mieux donner à une œuvre quelconque du mouvement, de la grâce, et surtout un caractère pathétique; car il est plus nécessaire quelquefois de toucher le cœur que d'instruire et de convaincre les esprits.

Il y en a trois qui peuvent conduire à ce résultat :

1°. L'examen des morceaux les plus pathétiques de nos grands écrivains;

2°. L'étude des divers sentiments du cœur;

3°. L'emploi de certaines formes de style.

Nous avons, dans un précédent ouvrage [1], développé les deux premiers, disons ici quelques mots du troisième.

[1] *Traité du Pathétique*, par M. Anot de Maizières, 2 vol. in-12. Paris, librairie de L. Hachette et Cie.

DES FORMES DU STYLE.

S'il est vrai que, pour être éloquent, il soit bon surtout de s'adresser au cœur ; s'il n'y a de véritable puissance oratoire que dans le pathétique, il est vrai aussi que, pour toucher le cœur, il faut commencer par éclairer l'esprit.

Telle est la nature essentiellement raisonnable de l'homme, qu'il n'est ému que de ce qu'il comprend, et que la chaleur ne vient à son âme que par la lumière.

Quand donc un écrivain a trouvé les choses qu'il faut dire, c'est d'abord à l'esprit de ses auditeurs qu'il doit les présenter; il doit raisonner avant de chercher à émouvoir.

Or, si, pour émouvoir par une idée, il faut d'abord la faire comprendre, il s'ensuit que les formes de style qui lui donnent plus de clarté, sont aussi celles qui lui donnent un caractère plus pathétique.

Les images nous paraissent avoir cet avantage avec beaucoup d'autres.

DES IMAGES.

—

Une pensée revêtue d'une image, attirant plus aisément l'attention, il s'ensuit que l'esprit a plus de facilité pour la comprendre.

D'un autre côté, une image donne de la pensée qu'elle exprime une double explication : l'une, de mots que saisit l'esprit, et l'autre, de peinture qui frappe les yeux. D'ailleurs, dans toute image, il y a une comparaison empruntée à la nature physique, qui nous est mieux connue que la nature morale, et qui, par conséquent, nous aide à comprendre celle-ci.

La justesse de cette pensée : « La force du génie tient à la pureté du cœur, » n'est pas évidente pour tout le monde.

Vous la rendrez plus claire en l'exprimant à l'aide d'une image, comme dans la phrase qui suit : « Jamais le flambeau du génie ne jette une flamme plus vive que quand il brûle dans un air pur. » La vérité physique explique la vérité morale.

Les images ont encore un autre mérite, c'est de donner de la vraisemblance aux pensées ; comme il n'y a guère de vérité intellectuelle ou morale qui n'ait un symbole dans la nature physique, par cela seul qu'une pensée se présente à nous avec une image, elle nous donne une raison de la croire juste.

Quand vous dites, en philosophe : « Les passions sont aveugles, » on ne doute point d'une maxime dont la vérité est confirmée par l'expérience; mais enfin on la reçoit avec plus de confiance, sous la forme que lui donne la phrase suivante :

« Dans l'ivresse des passions, le nuage qui s'étend sur notre intelligence, la rend aveugle. » Sans doute encore on a toute raison de dire que « le mouvement des sociétés est nécessaire à leur moralité; » mais ceux qui l'affirment de cette manière, trouvent des incrédules, au lieu que dans la phrase qui suit, la vérité énoncée est déjà à demi prouvée par la forme qu'on lui donne :

« Le monde est comme l'Océan; les tempêtes politiques qui l'agitent, l'empêchent aussi de se corrompre. »

Si Napoléon, à Cannes, se fût contenté de dire à ses soldats : « Nous marcherons en vainqueurs jusqu'à Paris, » son assertion n'eût pas eu la vraisemblance qu'elle reçut de la phrase suivante :

« Nos aigles voleront, de clocher en clocher, jusqu'aux tours de Notre-Dame. »

Béranger a dit de la France un moment vaincue :

Tu peux tomber, mais c'est comme la foudre
Qui se relève et gronde au haut des airs.

La gradation est une autre manière d'augmenter le pathétique du style.

DE LA GRADATION.

—

Dans une gradation, il y a division d'un ensemble en plusieurs parties, qu'on dispose ensuite dans un certain ordre ; il y a insistance sur le même objet, ce qui permet de le mieux étudier ; il y a variété dans le mode de l'envisager, ce qui permet de s'y arrêter sans ennui : de là des impressions plus vives.

Dans une gradation, il y a non-seulement passage d'une idée à une autre, mais passage d'une idée à une idée plus élevée ; de là une surprise, une admiration et un enthousiasme excités peut-être par la seule disposition matérielle des phrases, mais qui pourtant ne peuvent par là exalter l'âme, sans lui donner une chaleur qui la rend plus active.

D'un autre côté, toutes les fois qu'il y a progression littéraire dans les idées, il y a dans l'effet moral qu'elles produisent une progression beaucoup plus rapide encore.

Le genre de gradation qui se trouve dans le passage suivant nous paraît avoir tous les genres de mérite :

« Ni les troubles, Zénobie, qui agitent votre empire, ni la guerre que vous soutenez virilement contre une nation puissante, depuis la mort du roi votre époux, ne diminuent rien de votre magnificence : vous avez préféré, à toute autre contrée, les rives de l'Euphrate pour y élever un superbe édifice ; l'air y est sain et tempéré, la situation en est riante, un bois sacré l'ombrage du côté du couchant ; les dieux de Syrie, qui habitent quelquefois la terre, n'y auraient pu choisir une plus belle demeure : la campagne, autour, est couverte d'hommes qui taillent et qui coupent, qui vont et qui viennent, qui roulent ou qui charrient le bois du Liban, l'airain et le porphyre ; les grues et les machines gémissent dans l'air, et font espérer à ceux qui voyagent vers l'Arabie, de revoir, à leur retour en leurs foyers, ce palais achevé, et dans cette splendeur où vous désirez le porter avant de l'habiter, vous et les princes vos enfants. N'y épargnez rien, grande reine : employez-y l'or et tout l'art des plus excellents ouvriers ; que les Phidias et les Zeuxis de votre siècle déploient toute leur science sur vos plafonds et sur vos lambris ; tracez-y de vastes et délicieux jardins, dont l'enchantement soit tel qu'ils ne paraissent pas faits de la main des hommes. Épuisez vos trésors et votre industrie sur cet ouvrage incomparable ; et, après que vous y aurez mis, Zénobie, la dernière main, quelqu'un de ces pâtres qui habitent les sables voisins de Palmyre, devenu riche par les péages de vos rivières, achètera un jour à beaux deniers comptants cette royale maison, pour l'embellir et la rendre plus digne de lui et de sa fortune. »

Que veut montrer La Bruyère? que le luxe des parvenus surpasse celui des rois ; et pour cela que fait-il ? Il réunit toutes les circonstances qui peuvent donner une haute idée d'une magnificence royale, pour élever ensuite au-dessus de cette magnificence celle des traitants de son époque.

Si l'on examine avec attention tous les détails de ce beau tableau, on verra que tout y est préparé, disposé, gradué avec un art infini pour produire un grand effet. Quelle noblesse dans le début! quelle importance on donne au projet de ce palais! que de circonstances adroitement accumulées pour en relever la magnificence et la beauté!

La royauté dont il vante la splendeur est une royauté d'Asie; le luxe asiatique est proverbial : cette royauté est celle d'une femme, à qui plaisent davantage les décorations du pouvoir; l'emplacement de Palmyre est admirable : *les dieux de Syrie, qui habitent quelquefois la terre, n'y auraient pu choisir une plus belle demeure.*

Ce tableau seul des préparatifs de la construction projetée en donnent une idée si merveilleuse, que, pour ceux qui voyagent vers l'Arabie, *ce serait un bonheur de la voir achevée à leur retour.*

Tous les artistes les plus célèbres doivent concourir à son embellissement; ni l'or ni le porphyre n'y doivent être épargnés.

La reine, enfin, doit y mettre la dernière main, avant de l'habiter, elle et les princes ses enfants.

« Alors, continue Suard, nous est amené quelqu'un de ces *pâtres* qui habitent les *sables* voisins de Palmyre, et qui, enrichi par les *péages* des rivières, achète à beaux *deniers comptants* cette *royale* demeure pour l'*embellir,* et la rendre *plus digne* de lui et de sa fortune. »

Pour émouvoir, il faut non-seulement dire les choses avec clarté, au moyen des images; avec une force toujours croissante, au moyen de la gradation; il faut encore les rappeler sans cesse à l'esprit, au moyen de la répétition.

DE LA RÉPÉTITION.

—

Ni l'esprit ne saisit du premier coup d'œil qu'il jette, ni le cœur ne s'émeut à la première impulsion qu'on lui donne ; la lumière la plus vive, si elle ne brillait qu'un instant aux regards du premier, ne ferait que l'éblouir ; l'action du feu le plus ardent ne pourrait échauffer l'autre, si elle était passagère ; car il n'y a d'illuminations soudaines que pour le génie, qui est une exception ; et il n'y a d'enthousiasmes instantanés que dans les âmes héroïques, qui sont toujours rares.

S'il en est ainsi, si la conviction s'opère lentement, si l'émotion ne peut naître que par degrés, semblable à un nuage qui se forme peu à peu dans l'air jusqu'à ce qu'il se résolve en pluie, il s'ensuit qu'un discours devient pathétique autant par la multiplicité que par la puissance des moyens qu'on emploie pour lui donner ce genre de mérite, et qu'un orateur, par conséquent, a besoin de frapper longtemps et à plusieurs reprises le point qu'il veut ébranler.

Si les répétitions sont utiles, il faut savoir les employer sans causer ni ennui, ni fatigue au lecteur.

Or, nous sommes si aisément dupes des apparences, qu'il suffit de nous présenter un même objet sous des formes différentes, pour nous empêcher de le reconnaître. Bourdaloue et Massillon, dans tous leurs sermons, ne recommandaient qu'une seule chose, *l'amour de la vertu*. Et pourtant ces grands orateurs, parlant constamment sur ce seul sujet, excitaient une attention continue. Pourquoi? parce qu'en présentant toujours le même objet, ils le présentaient sous une face toujours nouvelle; parce qu'en affirmant toujours la même vérité, ils donnaient de cette vérité des preuves toujours différentes; parce qu'enfin, en nous entraînant toujours vers le même but, ils nous préservaient de l'ennui d'une longue route, par la variété du spectacle qu'ils nous y montraient.

Il y a d'ailleurs une manière indirecte de revenir sur les mêmes choses, qui ôte à la répétition sa monotonie, qui lui laisse sa force propre, et qui même ajoute à cette force.

Les idées qui nous reviennent par des voies détournées nous émeuvent davantage, à cause de la surprise que nous cause leur retour inattendu, et parce qu'aussi nous sommes moins préparés à leur résister; il y a, de plus, dans la réserve avec laquelle elles se produisent, une sorte de timidité qui nous les fait mieux accueillir; enfin, quand, par nous-mêmes, nous achevons de découvrir ce qu'on n'a fait que nous montrer à demi, la satisfaction qu'en éprouve notre amour-propre nous rend plus docile aux impressions qu'on veut nous donner.

Voici la preuve de notre première assertion : Dans la pièce de vers de Chénier qui a pour titre *la Jeune captive*, il n'y a, à proprement parler, qu'une seule chose : le vœu de ne pas mourir, que forme une jeune fille. De là une évidente nécessité de répétition, dont l'auteur a su éviter les inconvénients par la variété des routes qu'il a prises pour revenir toujours au même point. Ainsi il fait successivement de la jeune captive *une pèlerine* qui a dépassé à peine les premiers ormeaux qui bordent sa route ; *une vigne* à peine couronnée de pampres, *un épi* qui n'est point encore mûr pour la moisson, *une fleur* non encore épanouie ; et, de la conformité qu'il y a entre ces divers objets et la jeune fille qui leur est comparée, il tire la conclusion qu'elle doit naturellement espérer avoir leur destinée : ainsi il ne quitte point son idée, mais il la reproduit sous des formes diverses. Il nous montre d'abord la jeune fille elle-même, puis ensuite il nous la montre dans les emblèmes qui nous rappellent le mieux son image ; et par là, il réussit à nous émouvoir de plus en plus, sans affaiblir notre émotion par l'ennui.

Dans la pièce qui a pour titre *la Pauvre fille*, il n'y a également qu'un seul sentiment : le regret d'un enfant qui n'a pas de mère, et ce sentiment revient à chaque phrase, à chaque ligne et, pour ainsi dire, à chaque mot ; mais comme aussi, il revient avec une expression toujours nouvelle, il se trouve, à la fin de la pièce, avoir une puissance admirable.

Pour justifier notre seconde allégation, nous pouvons citer le passage de Racine où Iphigénie, à plusieurs reprises, mais toujours d'une manière indirecte, conjure son père de lui laisser la vie :

Mon père,
Cessez de vous troubler....

La première raison de l'épargner qu'elle donne à

ı père est tellement détournée, qu'elle semble ɜsque avoir un but opposé :

Quand vous commanderez, vous serez obéi ;
Ma vie est votre bien ; vous voulez le reprendre :
Vos ordres sans détour pouvaient se faire entendre.
D'un œil aussi content, d'un cœur aussi soumis
Que j'acceptais l'époux que vous m'aviez promis,
Je saurai s'il le faut, victime obéissante,
Tendre au fer de Calchas une tête innocente.

Mais qui ne voit que cette résignation même de la ctime est son titre le plus sacré, le plus beau, le us touchant à la pitié de son père ?

Dans la prière plus positive d'être épargnée que nferment les vers suivants :

Si pourtant ce respect, si cette obéissance
Paraît digne à vos yeux d'une *autre récompense*,
Si d'une mère en pleurs vous plaignez les ennuis,
J'ose vous dire ici qu'en l'état où je suis,
Peut-être assez d'honneurs environnaient ma vie,
Pour ne point souhaiter qu'elle me fût ravie,
Ni qu'en me l'arrachant un sévère destin
Si près de ma naissance en eût marqué la fin ;

'y a-t-il pas un reproche *indirect* de cruauté ans la douceur même de l'expression qu'Iphigénie mploie pour caractériser le traitement qu'on lui répare ? Elle demande s'il n'y a pas, pour sa piété liale, une *autre récompense* que la mort ; et, plus e qu'elle appelle une récompense est un acte af-'eux de cruauté commis envers elle, plus, en la ommant de ce nom, elle en fait ressortir l'odieux.

Dans les vers suivants, elle paraît momentané-nent se détourner de son sujet ; elle paraît renoncer des supplications pénibles pour celui qui les écoute ;

mais il y a encore une demande de vivre dans le souvenirs qu'elle rappelle à celui qui veut la sacrifier

Fille d'Agamemnon, c'est moi qui la première,
Seigneur, vous appelai de ce doux nom de père;
C'est moi qui, si longtemps le plaisir de vos yeux,
Vous ai fait de ce nom remercier les dieux,
Et pour qui, tant de fois prodiguant vos caresses,
Vous n'avez point du sang dédaigné les faiblesses.
Hélas! avec plaisir je me faisais conter
Tous les noms des pays que vous allez dompter,
Et, déjà d'Ilion présageant la conquête,
D'un triomphe si beau je préparais la fête.

Nous voilà loin, en apparence, du but que s• propose la suppliante; mais bientôt on s'aperçoi qu'elle n'a fait que prendre un circuit pour y reve- nir d'une manière imprévue. Je ne m'attendais pas dit-elle, après avoir tracé un brillant tableau d• triomphe de son père,

Je ne m'attendais pas que, pour le commencer,
Mon sang fût le premier que vous dussiez verser.

N'est-ce point l'inattendu de cette réflexion qui l• rend si pathétique?

Il est donc possible d'insister longtemps sur l• même point, sans paraître se répéter.

Un autre moyen de jeter de la variété dans le• discours, lequel est aussi par lui-même un élémen de pathétique, c'est l'emploi des contrastes.

DES CONTRASTES.

—

De tous les moyens d'impressionner vivement le lecteur, celui-là nous paraît le plus puissant.

Deux objets différents sont plus faciles à distinguer pour nos yeux, quand ils sont rapprochés l'un de l'autre ; deux sentiments contraires qui se succèdent immédiatement dans notre âme l'agitent davantage ; deux idées opposées se font ressortir par leur opposition même. Les raisons de ce phénomène sont faciles à donner.

Comme l'homme est un être simple, il est porté naturellement dans ses idées, dans ses sentiments et dans ses sensations, à ramener tout à l'unité, et, par conséquent, ce qui contrarie cette tendance doit surtout l'affecter.

Comme il a, d'ailleurs, une indolence instinctive qui le fait répugner au mouvement, comme il aime à se reposer sur une idée, sur un sentiment et sur une sensation, il n'est jamais arraché brusquement à ce repos sans être fortement ému.

Les grands écrivains ont bien connu ce double caractère de la nature humaine : et ils en ont tenu compte dans la composition de leurs ouvrages, où ils ont multiplié les contrastes ; il suffit, pour s'en convaincre, d'examiner ces mêmes ouvrages, en commençant par ceux de l'ordre le plus élevé.

L'*Iliade* d'Homère fait contraster deux mondes, l'Europe et l'Asie ; deux causes, celle de la justice, défendue par les Grecs, et celle de la violence, défendue par les Troyens ; ce premier contraste en amène un autre.

Dans ce même camp des Grecs, qui se sont armés pour la justice, règnent la discorde, la vengeance et l'impiété.

Dans les murs de cette Troie, qui protége l'adultère Hélène, règnent les plus douces vertus.

Les scènes qui se passent sous les tentes des Grecs sont des scènes de cruauté ; les personnages qu'on voit y figurer, l'impie Diomède, le brutal Ajax, l'orgueilleux Agamemnon, l'impitoyable Achille, l'insolent Thersite, le fourbe et cauteleux Ulysse, y représentent tous les vices ; le tableau que nous présente le palais de Priam est, au contraire, le tableau d'une famille où règnent les plus douces affections, où nous admirons la tendresse maternelle d'Hécube, la piété filiale d'Énée, l'amitié fraternelle de Pâris et d'Hector, le mutuel amour d'Hector et d'Andromaque, et la tendresse paternelle de Priam.

Non-seulement Homère a fait sortir des contrastes de la nature de son sujet, mais il en a fait naître aussi de l'ordre qu'il a donné aux diverses parties de sa composition ; c'est ainsi qu'il nous a fait passer des adieux d'Hector et d'Andromaque à une tentative de réconciliation entre les Troyens et les Grecs, d'une assemblée des Grecs à une réunion des dieux de l'Olympe, d'une scène de carnage au festin que donne Achille aux envoyés d'Agamemnon.

Le Tasse a, sous ce rapport, imité Homère. « L'art avec lequel, dit Chateaubriand, il vous transporte d'une bataille à une scène d'amour, d'une scène d'amour à un conseil, d'une procession à un palais agique, d'un palais magique à un camp, d'un assaut à la grotte d'un solitaire, du tumulte d'une ille assiégée à la cabane d'un pasteur; cet art, isons-nous, est admirable. »

Dans la composition des caractères, la même cience des contrastes est remarquable.

Dans Homère :

L'égoïsme d'Agamemnon, qui a sacrifié sa fille à ambition, contraste avec la tendresse paternelle e Priam, qui pardonne même à ses enfants coupables; la ruse cauteleuse d'Ulysse fait ressortir le ourage emporté de Diomède; Hector fait valoir chille; l'impudique Hélène est mise en regard de a chaste Andromaque.

Dans le poëme du Tasse :

La férocité d'Argant est opposée à la générosité e Tancrède; la grandeur de Soliman à l'éclat de enaud; la sagesse de Godefroy à la ruse d'Aladin; n'y a pas jusqu'à l'ermite Pierre qui ne fasse un eau contraste avec l'enchanteur Ismen : quant aux emmes, la sensibilité d'Herminie se trouve opposée la coquetterie d'Armide et à l'indifférence de Cloinde.

Considéré même isolément, chacun des caractères racés par ces beaux génies présente encore des ontrastes.

Ainsi, de ce même Achille qui a soif de vengeance et de sang, quand il est offensé, de ce même chille qui crie aux malheureux qui lui demandent grâce sur le champ de bataille : « Meurs, Patrocle est bien mort; » de ce même Achille qui, après avoir ué Hector, traîne encore son cadavre dans la poussière, Homère a fait le plus tendre des fils, le plus dévoué des amis, le plus compatissant des hommes pour de pauvres esclaves.

Les écrivains qui ont bien connu la nature humaine ont évité de donner aux femmes les qualités de l'homme ; ils n'en ont fait ni des guerrières, ni de puissants génies. Les femmes d'Euripide : Antigone, Polyxène, Iphigénie et Chrysotémis ; les femmes de Shakespeare : Ophélia, Juliette, Cordélia, Desdémona ; les femmes de Byron : Médora, Haidée, sont de frêles et douces créatures, qui ont, de l'enfant la grâce naïve, de la fleur le doux éclat, et de l'ange le divin sourire ; et c'est par là précisément qu'elles nous paraissent de si admirables créations.

Et, en effet, les charmes délicats les font mieux contraster avec la nature énergique des hommes auprès desquels elles se trouvent placées, des hommes tels qu'Égisthe, Etéocle et Créon ; tels que Hamlet et Othello ; tels que Harold et Lara.

Les grands orateurs, comme les grands poëtes, ont fait usage des contrastes.

Bossuet, dans son *Oraison funèbre du prince de Condé*, s'est élevé à toute la hauteur de l'art oratoire ; la péroraison de ce discours en est la partie la plus sublime, et la beauté de cette péroraison tient surtout aux contrastes.

Nous voyons dans la vie du prince de Condé un magnifique tableau des grandeurs humaines, et, à sa mort, nos regards tombent sur un tableau tout différent, sur celui des misères de l'homme, et c'est là précisément ce qui nous frappe. Bossuet nous a montré son héros au milieu des pompes d'une cour, au milieu des trophées d'un champ de bataille, ou entouré dans sa retraite de toutes les illustrations de la guerre, de la science, de la poésie et de la religion, et il finit par nous le montrer étendu sur la poussière, couché sous un marbre que ce mort si puissant ne soulèvera jamais. Il nous a fait parcourir une longue carrière de gloire; puis, au terme de cette carrière, il nous montre.... quoi? un cercueil. L'impression soudaine que cette vue produit contraste avec celle qui naît de nos récents souvenirs ; de là, la vivacité et la profondeur de nos émotions.

Il y a dans le même passage d'autres contrastes plus saillants encore que celui-ci, et qui en augmentent l'effet.

Ainsi, après avoir comme enseveli sous nos yeux la grandeur, la puissance, la gloire du prince de Condé dans son tombeau, Bossuet rassemble autour de ce même tombeau d'autres grandeurs, d'autres puissances et d'autres gloires, pour leur enseigner, à elles aussi, le néant des choses humaines.

« Venez, peuple, dit-il, venez maintenant; mais venez plutôt, princes et seigneurs, et vous, qui jugez la terre, et vous, qui ouvrez aux hommes les portes du ciel, et vous plus que tous les autres, princes et princesses, nobles rejetons de tant de rois, lumières de la France, mais aujourd'hui obscurcies et couvertes de votre douleur comme d'un nuage; venez voir le peu qui nous reste de tant de grandeur et de tant de gloire. *Jetez les yeux de toutes parts*, etc. »

Plus loin, s'il nous fait remarquer les *titres* et les *inscriptions* qui décorent le tombeau du prince ; c'est pour nous dire que ces titres et ces inscriptions qui promettent l'immortalité, *sont la vaine marqu de ce qui n'est plus;* s'il nous montre des figures qu *semblent pleurer* autour de son tombeau, il ajout que ces figures sont les vaines images *d'une douleu que le temps emporte avec tout le reste;* s'il nou montre des colonnes qui semblent vouloir porte jusqu'au ciel un magnifique témoignage, c'est pou ajouter que ce magnifique témoignage est celui d *notre néant.*

Quand ensuite il s'adresse à ceux qui couren avec tant d'ardeur dans la carrière de la gloire, i fait contraster le peu qu'ils ont obtenu au servic des rois de la terre avec ce qu'ils ont à espérer d service de Dieu : « Il les adjure de se donner à u maître si généreux et si bienfaisant, à ce roi si plei de miséricorde, qui leur comptera un soupir et *u verre d'eau* donné en son nom, plus que tous le autres ne feront jamais *tout leur sang répandu.* »

L'orateur ne craint pas non plus de mettre e parallèle avec la gloire militaire du prince, avec se triomphes de Fribourg et de Rocroi, *la véritabl victoire, celle qui met le monde sous nos pieds,* la foi chrétienne.

Enfin, n'y a-t-il point une belle opposition dans les dernières paroles que prononce l'orateur, et où il se représente, averti par ses cheveux blancs, de songer moins à déplorer la *mort des autres* qu'à sanctifier la *sienne?*

Que si, après avoir examiné les grandes compositions dans leur ensemble, dans leurs parties principales, et avoir reconnu que partout les grands effets de style résultent de l'emploi des contrastes, nous arrivons à l'examen des détails de chaque ouvrage, à l'examen d'un passage, d'une pensée ou d'une phrase détachée, nous n'en serons que plus affermis dans notre opinion.

Commençons par nous placer dans le monde intellectuel.

L'épitaphe suivante d'un roi d'Asie réunit, pour ainsi dire, les deux extrémités des choses humaines : elle nous montre, d'un côté, une puissance sans bornes et assez prodigieuse pour exécuter ce qui paraît impossible, et de l'autre, elle nous fait voir une tombe où tout s'engloutit :

J'ai bâti Tarse et Anchiale en un jour,
Et maintenant je suis mort.

Nous lisons dans la Genèse : « Dieu dit : Que la lumière soit, et la lumière fut. »

Qu'est-ce qui nous frappe dans ces quelques lignes, si souvent citées comme exemple du sublime? Une seule chose, le contraste de l'idée du *néant* et de l'idée de l'*existence*; le contraste d'une simple *parole* et de l'*effet* de cette parole à laquelle le néant obéit.

Une des plus admirables scènes de l'*Iliade* est assurément celle qui se passe sous la tente d'Achille, lorsque le vieux Priam y arrive pour redemander le corps de son fils Hector. « Priam, dit Chateaubriand, Priam, tombé du sommet de la gloire, et dont les grands de la terre avaient recherché la faveur, *dum fortuna fuit*, maintenant les cheveux souillés de cendres, le visage baigné de pleurs, seul, au milieu de la nuit, a osé pénétrer dans le camp des Grecs; humilié aux genoux de l'impitoyable Achille, baisant ses mains terribles, ses mains dévorantes, qui fumèrent tant de fois du sang de ses enfants, il redemande le corps de son Hector. »

A quoi tient le pathétique de cette scène, si ce n'est à ce contraste qu'elle nous présente de l'antique puissance de Priam et de son humiliation présente; de sa condition de père et de vieillard, qui devait naturellement le faire mourir avant son fils, et du devoir d'amour paternel qu'il rend à ce même fils qui était destiné à lui fermer les yeux; au contraste de la haine qu'il doit au meurtrier de ses enfants, et des prières qu'il est forcé de lui adresser? Placez aux pieds d'Achille un autre suppliant, faites d'Achille un autre homme, et toute la beauté de ce passage disparaît.

Quand, au retour de son expédition de Troie, Ulysse arrive à Ithaque, ses amis, son fils, son père, sa femme, le méconnaissent et le prennent pour un étranger; il n'est reconnu que par le pâtre et par le chien à qui était confiée la garde de ses troupeaux : pourquoi sommes-nous émus de cette fidélité de souvenir dans un vieux serviteur et dans un pauvre animal? pourquoi? C'est parce qu'elle contraste avec l'oubli que trouve ailleurs le roi d'Ithaque.

Le drame n'est pas moins soumis que l'épopée à la condition des contrastes.

Dans la pièce de *Zaïre*, Orosmane serait excusable de se défier de Zaïre, car, par caractère, il est jaloux; comme sultan, il doit mépriser une esclave; comme Tartare, il doit avoir des femmes l'opinion qu'on en a dans un pays où on les enferme; comme amant, il doit avoir les craintes qui accompagnent l'amour. Quand, néanmoins, on le voit témoigner à la jeune fille qu'il épouse une confiance entière, cette confiance nous paraît admirablement belle, parce qu'elle contraste avec les raisons qui semblaient la rendre impossible.

La puissance des contrastes n'est nulle part plus visible que dans la comédie, qui doit châtier les mœurs en riant, et qui ne peut exciter le rire qu'en mettant en relief les travers et les ridicules; ce à quoi lui servent merveilleusement les oppositions de caractères, de situations et de langages. Consultez Molière, et vous verrez qu'il a tiré des contrastes la plupart de ses effets comiques. Dans *Harpagon*, l'avarice n'est-elle pas mise aux prises avec la passion qui lui est le plus opposée, l'amour? Le sordide vieillard n'est-il pas entouré d'un fils prodigue, d'une fille coquette, d'une intrigante avide, de valets affamés, qui assiégent sa cassette? Dans *les Femmes savantes*, la bonhomie de Chrysale n'est-elle pas le repoussoir naturel de la bégueulerie de sa sœur, de l'humeur acariâtre de sa femme, du pédantisme de Vadius et de Trissotin? Dans *le Bourgeois gentilhomme*, les prétentions de M. Jourdain aux belles manières ne sont-elles pas rendues plus visiblement ridicules par les rudes admonestations qu'il reçoit de sa servante Nicole? Le bourru Alceste, dans *le Misanthrope*, n'est-il pas, de tout point, l'opposé de la coquette Célimène, du doucereux Philinte, de la prude Arsinoé, du vaniteux Oronte, du grand flandrin de Clitandre qui n'est qu'un sot, du petit marquis qui n'est qu'un fat, et même de son valet Dubois? Dans ce chef-d'œuvre, est-il une passion, est-il une situation, est-il une scène, est-il une repartie qui ne contraste avec une autre passion, une autre situation, une aut scène et une autre repartie?

Il en est de même dans les compositions d'u ordre secondaire.

Le poëte Gilbert a été abandonné de tous ses amis et, quand on croit qu'indigné de cet abandon il v maudire les ingrats qui en sont coupables, on es vivement ému de l'entendre faire des vœux pou leur félicité, et souhaiter que, plus heureux qu lui, ils puissent voir longtemps encore les mer veilles de la nature, dont il quitte le spectacle ave tant de regret :

Salut, champs que j'aimais, et vous, douce verdure,
Et vous, riant exil des bois;
Ciel, pavillon de l'homme, admirable nature,
Salut, pour la dernière fois!

Ah! puissent voir longtemps votre beauté sacrée,
Tant d'amis sourds à mes adieux;
Qu'ils meurent pleins de jours, que leur mort soit pleurée,
Qu'un ami leur ferme les yeux!

Dans une pièce de Soumet, une pauvre fille, aprè avoir exposé toutes les souffrances auxquelles l'a condamnée l'abandon de sa mère, ne forme qu'un seul vœu, celui de la revoir :

Reviens, ma mère, je t'attends
Sur la pierre où tu m'as laissée.

Le contraste est aussi beau dans le passage suivant d'*Euripide* :

« Mon père, dit Polyxène, mon père était un roi puissant; l'espoir de la destinée la plus heureuse souriait à mon adolescence, un roi seul eût mérité d'obtenir ma main; objet d'envie pour les jeunes

Troyennes, je passais auprès de leurs mères avec la fierté d'une déesse, n'ayant de la condition humaine que d'être mortelle.... Et maintenant, je suis esclave? »

Ce qui est vrai dans le monde intellectuel et dans le monde moral, est également vrai dans le monde physique.

Dans le tableau de la Transfiguration, la divine sérénité qui se voit sur le visage du Sauveur, est rendue plus sensible par l'agitation convulsive qu'on remarque dans les traits du possédé qui est sur le premier plan.

Dans un tableau où il a peint les danses des bergers, le Poussin a placé un tombeau sur lequel on lit ces mots :

Et moi, je fus aussi berger dans l'Arcadie !

Ce qui ajoute à l'effet des riantes images que nous offre l'Éden de Milton, c'est la présence du serpent.

Dans le poëme du Tasse, c'est parce que nous venons de quitter un champ de bataille, que nous suivons avec tant de plaisir Herminie chez les bergers.

« Lorsqu'Alceste, dit madame de Staël, a résolu de mourir pour Admète, et que ce sacrifice secrètement offert aux dieux a rendu son époux à la vie, le contraste des airs joyeux qui célèbrent la convalescence du roi et des gémissements étouffés de la reine condamnée à le quitter, est du plus grand effet tragique. »

Oreste, dans *Iphigénie*, dit : « Le calme rentre dans mon âme, » et l'air qu'il chante exprime ce sentiment; mais l'accompagnement de cet air est sombre et agité; les musiciens, étonnés de ce contraste, voulaient adoucir cette partie de la musique; en l'exécutant, Gluck s'en irritait, et leur criait : « N'écoutez point Oreste; il dit qu'il est calme, mais il ment. »

Ajax frappé par la foudre et défiant les dieux, Marius assis sur les ruines de Carthage, Moïse endormi sur les eaux, saint Vincent de Paul recueillant un enfant que sa mère abandonne, ne nous plaisent tant que par le contraste.

Si les moyens d'émouvoir doivent être nombreux, s'ils doivent varier pour le fond des idées et pour le mode de les présenter, il faut aussi qu'ils soient ramenés à l'unité par une convergence d'efforts vers le même but, par une dépendance harmonique de caractères et de physionomies.

DE L'HARMONIE
DANS LES DIVERSES PARTIES D'UN ENSEMBLE.

—

Ce n'est point seulement un beau spectacle pour la pensée que celui d'une vaste composition dont toutes les parties sont d'accord entre elles ; il y a dans cette harmonie même une grande puissance de pathétique ; car, sans l'intelligence de l'esprit, il n'y a pas d'émotion pour le cœur, et l'esprit ne saisit bien que ce qui est régulier ; d'un autre côté, dans le cœur lui-même, toute distraction donnée à nos sentiments les affaiblit ; toute émotion, pour être profonde, doit être unique.

Il en résulte qu'un écrivain doit s'attacher à nuancer, à dégrader et à fondre habilement entre elles les diverses parties de son tableau, afin de rendre plus vive l'impression commune qu'elles doivent produire.

Voici des réflexions de Condillac qui appuient les nôtres :

« Les rayons de lumière tombent sur les corps, et se réfléchissent les uns sur les autres ; par là, les objets se renvoient mutuellement leurs couleurs ; il n'en est point qui n'emprunte des nuances aux autres ; il n'en est point qui ne leur en prête, et aucun d'eux, lorsqu'ils sont réunis, n'a exactement la couleur qui lui serait propre s'ils étaient séparés. De ces reflets naît cette dégradation de lumières qui, d'un objet à l'autre, conduit la vue par des passages imperceptibles ; les couleurs se mêlent sans se co fondre, elles se contrastent sans dureté, elles s'ado cissent mutuellement, elles se donnent réciproqu ment de l'éclat : l'art du peintre est de copier cet harmonie.

« C'est ainsi que nos pensées s'embellissent m tuellement; aucune d'elles n'est par elle-même qu'elle est avec le secours de celles qui la précède et de celles qui la suivent; il y a entre elles le refl qui porte des nuances de l'une sur l'autre, et ch cune doit à celles qui l'approchent tout le charn de son coloris : l'art de l'écrivain est de saisir cet harmonie. »

DES CONCESSIONS.

—

Il est une dernière forme de style dont la puissance est admirable, et dont nous dirons quelques mots.

Ordinairement, un orateur défend sa cause par tous les moyens qui sont en son pouvoir; il ne cède rien à son adversaire de ce qu'il peut lui disputer; aux objections qu'on lui fait ou à celles qu'il prévoit, il oppose les meilleures raisons qu'il peut donner; enfin, quand il cesse de compter sur le raisonnement, il a recours, s'il le faut, aux supplications et aux larmes.

Ces moyens de succès sont légitimes : la raison et l'expérience en démontrent l'efficacité.

Mais quelquefois aussi l'orateur va mieux à son but par une voie tout opposée, c'est-à-dire en accordant tout ce qu'on lui demande, et même en allant au-devant des coups qu'on lui porte, en acceptant tout le malheur qu'on lui prépare.

A quoi tient l'heureux effet que produit ce genre d'éloquence? A l'orgueil de la nature humaine, que l'on flatte en s'abaissant devant elle, et que l'on désarme en cédant à ses exigences; à la générosité de cette même nature humaine, qui rougit parfois de sa cruauté, quand on n'essaye point de lutter contre elle, ou qui perd le désir de vaincre, quand on cesse de lui disputer la victoire; enfin, à la pitié qu'on ressent toujours pour le malheur accepté sans murmure.

DE LA SENSIBILITÉ.

—

Si l'on est touchant par la forme qu'on donne à ses pensées, on l'est plus encore par le fond même de ses pensées.

Nous sommes donc amenés à examiner, comment on peut rendre plus vives les émotions du cœur.

Remarquons d'abord que nous avons tous un certain fonds de sensibilité que nous recevons de la nature; que cette sensibilité est faible chez les uns et profonde chez les autres, délicate chez ceux-ci et rude chez ceux-là.

Remarquons ensuite que notre sensibilité naturelle se modifie par des causes qui sont indépendantes de notre volonté; que l'âge, par exemple, que les divers événements de la vie, et surtout que les souffrances morales, l'augmentent ou l'affaiblissent.

Mais reconnaissons, d'un autre côté, et proclamons hautement que la sensibilité de l'âme tient aussi à des causes dont l'action dépend de nous; reconnaissons qu'un cœur pur est plus tendre qu'un autre, que la satisfaction qui naît de la vertu dispose à la bienveillance, à la pitié, à la gratitude, et, en général, à toutes les affections douces; reconnaissons, en un mot, que le vice glace le cœur par l'égoïsme, et que, une fois glacé, le cœur est stérile comme tout ce qui est froid.

Sachons en conclure que la moralité d'un écrivain développe sa sensibilité personnelle, lui donne plus d'aptitude à émouvoir celle des autres, et qu'ainsi une leçon de vertu est une leçon d'éloquence.

A défaut de cette sensibilité naturelle que tous les hommes n'ont pas, à défaut de celle qui tient à des causes placées hors de nous ou à des vertus qui nous manquent souvent, il en est une en quelque sorte factice, et qui se développe en nous par sympathie, quand nous lisons quelque chose de pathétique.

Un entretien avec un livre est pour nous comme un entretien avec un homme ; il exerce sur nos idées, sur nos sentiments, une influence qui les modifie ; vous ne lisez pas un Démosthène, un Cicéron, un Mirabeau, sans que la chaleur qui anime leurs discours ne se communique à votre cœur. Quand les âmes se touchent, quel que soit le mode de leur contact, regards, paroles, écrits, signe ou symbole, le feu de l'une agit toujours sur l'autre.

Bossuet, avant de composer une oraison funèbre, lisait un chant d'Homère ou de Virgile, et certes il ne voulait emprunter à ces deux poëtes ni le fonds de leurs idées, ni leur méthode de composition ; il n'y avait entre son travail et le leur que des analogies lointaines, si même il y en existait aucune ; et, néanmoins, il avouait retirer de cette manière de communiquer avec deux hommes de génie un immense avantage : il y gagnait d'exalter son imagination, d'échauffer son cœur, d'élever ses idées, et de donner ainsi à son âme une plus grande puissance intellectuelle et morale.

Comme, à la vue d'un visage inondé de larmes, notre propre visage prend de lui-même une expres-

sion de tristesse, de même une âme est impre
sionnée par une autre âme ; un homme absolume
personnel, un homme sur qui rien d'humain
pourrait agir, un homme que toute idée, tout se
timent et toute sensation étrangère trouveraient in
passible, qui serait inhabile à rien recevoir des autr
comme à leur rien donner, ne serait pas un homm

Si toute lecture d'un chef-d'œuvre accroît not
aptitude générale à bien faire, on comprend qu'u
étude spéciale de tous les sentiments du cœur no
donne les moyens particuliers d'exprimer chacu
d'eux avec plus de vérité et de force. C'est là
qui nous a donné la pensée de composer notre *Trai*
du pathétique.

BIBLIOTHÈQUE ROYALE

FIN.

TABLE DES MATIÈRES.

DESCRIPTIONS.

LETTRES.

DISCOURS.

Pages.

DISSERTATIONS.

PRÉCEPTES LITTÉRAIRES.

BIBLIOTHEQUE ROYALE I

FIN DE LA TABLE DES MATIÈRES.

[illegible] OUVRA[illegible]

[illegible] T A [illegible]

[illegible] en prose [illegible] [illegible] distributions des prix [illegible] volumes grand in-18. Prix, broché [illegible]

[illegible] poétiques et littéraires [illegible] [illegible] des auteurs les plus [illegible] notices biographiques, et de la [illegible] chaque écrivain, par le même auteur. [illegible] grand in-18. Prix, broché.

Petit dictionnaire raisonné [illegible] de la langue française [illegible] in-18. Prix, cartonné [illegible]

Ouvrage autorisé par l'Université.

Éléments [illegible] sur l'origine et les [illegible] générale et sur les principales [illegible] professeur au collège [illegible] cartonné.

Ouvrage autorisé par l'Université.

Nouvelles [illegible] d'exercices [illegible] broché [illegible]

[illegible]

www.ingramcontent.com/pod-product-compliance
Ingram Content Group UK Ltd.
Pitfield, Milton Keynes, MK11 3LW, UK
UKHW020317200726
13857UKWH00001B/193

9 782012 999510